XIANDAI ZHIYE JIAOYU

TIXI BEIJING XIA

YINGYONGXING XUEKE

SHENGTAIHUA

FAZHAN YANJIU

现代职业教育体系背景下

应用型学科生态化发展研究

罗 静 陈昌芸 侯长林 等◇著

U0724994

重庆大学出版社

图书在版编目(CIP)数据

现代职业教育体系背景下应用型学科生态化发展研究 /
罗静等著. --重庆：重庆大学出版社，2021.12
ISBN 978-7-5689-3032-1

Ⅰ.①现… Ⅱ.①罗… Ⅲ.①职业教育—学科发展—
研究—中国 Ⅳ.①G718.5

中国版本图书馆 CIP 数据核字(2021)第 243378 号

现代职业教育体系背景下应用型学科生态化发展研究

罗 静 陈昌芸 侯长林 等著

策划编辑：贾 曼

责任编辑：李桂英 黄菊香 版式设计：贾 曼
责任校对：刘志刚 责任印制：张 策

*

重庆大学出版社出版发行

出版人：饶帮华

社址：重庆市沙坪坝区大学城西路 21 号

邮编：401331

电话：(023) 88617190 88617185(中小学)

传真：(023) 88617186 88617166

网址：http://www.cqup.com.cn

邮箱：fxk@ cqup.com.cn (营销中心)

全国新华书店经销

重庆俊蒲印务有限公司印刷

*

开本：787mm×1092mm 1/16 印张：12.75 字数：273千
2021 年 12 月第 1 版 2021 年 12 月第 1 次印刷
ISBN 978-7-5689-3032-1 定价：48.00 元

职业教育是教育的重要组成部分,党的十九大报告明确提出要"完善职业教育与培训体系,深化产教融合、校企合作"。在这样的时代背景下,如何实现从中职、高职、本科到研究生教育的衔接与贯通,如何破解职业教育"断头路"和升学无门的困境,如何构建具有"贯通""衔接""立交"和"融合"特点的现代职业教育体系。这些问题的解决都需要打破职业教育体系内部各要素之间的壁垒,形成相互协调、相互促进的教育生态,使职业教育能够与人的终身发展相结合,最终实现人的可持续发展。基于这样的思考,如果要从职业教育体系的学科要素切入开展研究,就应该以中职教育的学科为起点,一直贯通到专业学位研究生教育,研究各个阶段学科发展的有效衔接与贯通。

铜仁学院罗静教授持续关注职业教育体系学科建设,具有在中等职业学校、高职专科院校、应用型本科高校的教学、科研和管理工作经历,对现代职业教育体系下的应用型学科建设有丰富的实践经验。同时,罗静教授既有生物学、生态学等自然科学学科背景,也有职业教育学、高等教育学等人文社会科学学科背景,对高等职业教育发展和学科生态化建设均有比较清晰的认识和独到的见解。2019年,她主持的全国教育科学"十三五"规划2016年度教育部重点课题《现代职业教育体系背景下应用型学科生态化发展研究》顺利结题,被评为"良好"等级。这本书正是在该课题的研究成果基础上,进一步深化、拓展、完善而成的。

作为这一批课题的评审专家,我对该课题的研究成果有比较全面的了解和接触。罗静教授及其团队成员为我国现代职业教育体系建设贡献智慧,值得称赞。

读完整本书稿,我认为,该书具有三个方面的创新:

第一,实践与理论兼备。该书针对我国中职教育和高职专科教育只讲专业、基本不谈学科的实践困境,将现代职业教育的层级体系及内部学科(应用型学科)与"生态化发展"的理念要求结合起来开展研究,将研究成果落实在现代职业教育体系与区域创新发展的大地上,具体到院校实践行动中。一方面,该书有理论探索的高屋建瓴,抓住了研究的关键节点,以"统摄性理论"和"哲学基础"为理论基石。另一方面,该书有实践调研的细致入微,对选取案例进行深入剖析,边研究边实践。简而言之,该书鲜明地展现了研究问题来源于实践困境、理论研究指导实践探索的特点,实现了实践逻辑与理论逻辑的有机统一。

第二,现实和历史兼有。该书虽立足现实,解决现实问题,但又不局限于现实场域,从回溯历史中深挖核心概念内涵,实现了历史意蕴与现实图景的有机结合。这主要表现在两个方面:一方面是基于时代背景,以现实问题为导向,围绕研究议题——应用型学科生态化发展,顺应了国家现代职业教育体系的建设规划,契合了现代职业教育体系构建与应用型学科发展的内在诉求,大体勾勒出了应用型学科生态系统的现实图景——从中职教育的应用型学科萌芽,到专业学位研究生教育的应用型学科发展壮大,各层次各阶段的学科生态位相互衔接与贯通。另一方面是该书在总结归纳大量文献资料的基础上,通过回顾"现代职业教育体系""应用型学科""学科生态"的历史,在明晰概念的基础上,追问中职学校要不要谈学科,高职专科教育如果不建设学科,专业的支撑点在哪儿,开展创新型人才培养的土壤在哪儿,诸多问题,以此从历史中找寻答案,打破了旧有的思维束缚,明确提出"学科是教师的归属""中职学校的技能型人才培养不谈学科,但教师应该有学科思维和学科意识""学科缺失是高职教育专业内涵发展的短板"等观点。

第三,多元与一体兼顾。该书从生态视角研究现代职业教育体系中的学科建设,在"生态化发展"的宏大内涵下,构建起"多元一体"与"一体多元"研究框架,实现了职业教育学与生态学之间的跨界与交融。其一,针对"生态化发展"的理念具有宏观性、全面性和系统性的特点,该书以"学科生态位"为主轴,以学科问题及其发展研究为主线,初步探索形成了不同层级的应用型学科错位发展,多元共生于一体,共同统一于现代职业教育应用型学科体系。其二,该书基于现代职业教育体系中的学科发展绝非简单问题的现实考量,从产教融合背景、"双创"教育背景、应用转型背景、"双一流"建设背景、开放办学背景等着眼,从多元背景中,聚焦一个中心——学科发展,以此构建起学科建设的多元发展路径。

此外,该课题研究团队实力雄厚。团队成员中多人多年来一直从事中职、高职、本科等不同层次职业教育的研究,已形成了部分具有一定影响力的研究成果。如侯长林教授长期致力于高等教育及高职教育发展研究,先后在《教育研究》《高等教育研究》《中国高教研究》《中国高等教育》和《人民日报》《光明日报》《中国教育报》等发表文章100余篇,具有非常丰富的科研经验和深厚的教育学理论基础。该课题研究成果丰硕。课题研究团队成员已发表论文17篇,其中1篇论文发表在社科类 CSSCI 期刊,4 篇发表在全国中文核心期刊,2 篇被人大复印资料全文转载。同时,该课题研究成果已在部分中职学校、高职院校及应用型本科高校得到应用,如其阶段性成果《应用型学科的内涵及发展方略》和《对现代职业教育体系中应用学科生态位的探讨》被铜仁学院采纳应用,对贵州省现代职业教育体系的构建和完善产生了积极影响。这些都充分展现着这本书的丰厚、丰富与丰硕。

总之,该书是一部对现代职业教育体系背景下应用型学科生态化发展问题进行专题性、系统性研究的探索之作,在对应用型学科的生态化发展问题进行文献研究、现状调查、比较分析、案例剖析与经验总结的基础上,采用文献法、调查法、比较研究及案例研究等多种研究方法,基于现代职业教育体系背景,阐述了应用型学科生态位的现状,明晰了应用学科与基础学科的关系、学科生态位宽度评价等内容,论述了应用型学科的基本概念、存在问题和发展状况,总结提炼了应用型学科实践探索经验,从中等职业教育、高等职业教育以及应用本科高校层面,对应用型学科的发展问题进行了较为系统的理论研究,对促进现代职业教育体系的构建和应用型人才的培养具有重要意义。

是为序。

北京大学教育学院教授、博士研究生导师
北京大学中国教育财政科学研究所客座研究员 郭建如
2021 年 11 月

目录
MULU

第一章 绪 论

一、问题的提出 ……………………………………………………………… 1

(一) 顺应国家现代职业教育体系的建设规划 ………………………… 1

(二) 解决应用型学科发展问题 ………………………………………… 1

(三) 契合现代职业教育体系构建与应用型学科发展的内在诉求 …… 2

二、研究的设计 ……………………………………………………………… 3

(一) 研究对象 …………………………………………………………… 3

(二) 研究方法 …………………………………………………………… 3

(三) 研究思路 …………………………………………………………… 4

(四) 研究创新 …………………………………………………………… 4

第二章 现代职业教育体系背景下应用型学科生态化发展的研究综述

一、核心概念 ………………………………………………………………… 6

(一) 现代职业教育体系 ………………………………………………… 6

(二) 应用学科 …………………………………………………………… 8

(三) 学科生态 …………………………………………………………… 10

二、研究现状 ………………………………………………………………… 11

(一) 应用型学科相关研究 ……………………………………………… 11

(二) 学科生态发展相关研究 …………………………………………… 15

(三) 未来的发展趋势 …………………………………………………… 16

三、理论基石 ·· 17

　　（一）学科发展的空间：大学的统摄性理论 ·················· 17

　　（二）学科生长的根基：大学的哲学基础 ···················· 25

第三章　现代职业教育体系背景下应用型学科生态位现状研究

　一、内涵下定位：学科生态位概念的全面诠释 ················· 32

　　（一）学科、基础学科、应用学科及学科生态位的概念及内涵 ······ 32

　　（二）应用型学科生态位存在的问题和强化应用型学科生态位的对策

　　　　·· 33

　二、对比中生长：基础学科与应用学科的关系 ················· 39

　　（一）基础学科与应用学科的关系 ·························· 39

　　（二）应用学科的生长内涵及路径 ·························· 43

　三、实践中论证：地方院校学科生态位宽度评价研究——以铜仁学院为例

　　　·· 46

　　（一）学科生态位建构 ···································· 47

　　（二）学科生态位宽度模型 ································ 47

　　（三）学科生态位分析 ···································· 48

　　（四）结论及对策 ·· 55

第四章　现代职业教育体系背景下应用型学科的问题研究

　一、对中等职业教育学科问题的探讨 ························· 57

　二、对高等职业教育学科问题的探讨 ························· 58

　　（一）学科意义：高等职业教育质量提升的关键 ·············· 58

　　（二）学科缺失：高等职业教育专业内涵发展之"短板" ········ 67

第五章　现代职业教育体系背景下应用型学科发展研究

　一、产教融合背景：学科视域下中职教师专业能力的调查研究 ····· 79

　　（一）学科视域下中职教师专业能力的研究方案 ·············· 79

　　（二）学科视域下中职教师专业能力的现状调查 ·············· 86

　　（三）学科视域下中职教师专业能力发展存在的问题及因素分析 ···· 96

　　（四）学科视域下中职教师专业能力提升对策 ··············· 100

　二、"双创"教育背景：高职院校"双创"教育共生联动模式的构建可助推

　　学科发展 ··· 105

（一）学科生长基础：高职院校构建"双创"教育共生联动模式的必要性和可行性 ……………………………………………………………… 105

（二）学科生长点：高职院校"双创"教育共生联动模式的结构要素 ……………………………………………………………………… 108

（三）学科生长保障：高职院校"双创"教育共生联动模式的运行机制 ……………………………………………………………………… 110

三、应用转型背景：学科生态建设衍生教学服务型大学系列研究 ……… 113

（一）办学基础：教学服务型大学的办学定位困境及突破策略 …… 113

（二）建设举措：教学服务型大学学科生态化发展探讨 …………… 121

（三）落地实践：教学服务型大学入学教育生态体系的构建 ……… 129

四、"双一流"建设背景：地方院校发展策略助力一流学科建设 ……… 133

（一）合理定位建一流，精准学科目标 ……………………………… 133

（二）扎根地方建一流，明确学科服务 ……………………………… 135

（三）特色发展建一流，挖掘学科特点 ……………………………… 136

（四）突出应用建一流，实现学科契合 ……………………………… 137

（五）开放办学建一流，寻求学科共生 ……………………………… 138

五、开放办学背景："康奈尔计划"经验启示学科建设 ………………… 140

（一）借鉴："康奈尔计划"的形成与发展 ………………………… 141

（二）反思：我国新型大学建设的现状及困境 ……………………… 143

（三）启示：推动新型大学建设，支持学科发展 …………………… 146

第六章　现代职业教育体系背景下应用型学科实践探索经验

一、学科服务实践：知识溢出视角下"新型大学·特色小镇"建设模式探讨 ……………………………………………………………………… 151

（一）知识溢出理论 …………………………………………………… 151

（二）"新型大学·特色小镇"是国家推进产业转型升级和创新驱动发展的战略抉择 ……………………………………………………… 152

（三）知识溢出视角下"新型大学·特色小镇"建设模式探讨 …… 153

二、典型指导案例：对铜仁学院"铜仁需求·国家标准"办学理念的解析 ……………………………………………………………………… 156

（一）"铜仁需求·国家标准"的来源 ……………………………… 157

（二）"铜仁需求·国家标准"的内涵 ……………………… 158

（三）"铜仁需求·国家标准"办学理念的启示 ……………… 160

第七章　现代职业教育体系背景下应用型学科生态化发展研究的结论与反思

一、研究结论 ……………………………………………… 164

（一）背景分析层面 ……………………………………… 164

（二）理论探究层面 ……………………………………… 167

（三）实践验证层面 ……………………………………… 168

二、研究反思 ……………………………………………… 171

（一）案例样本选择的范围问题 ………………………… 171

（二）针对研究对象的偏颇问题 ………………………… 171

参考文献

一、著作类 ………………………………………………… 173

二、论文类 ………………………………………………… 175

三、其他类 ………………………………………………… 183

附　录

中等职业学校教师群体的问卷调查 ……………………… 187

后　记 ……………………………………………………… 191

第一章　绪　论

一、问题的提出

(一) 顺应国家现代职业教育体系的建设规划

关于现代职业教育体系,国外在职业教育体系构建方面已经做了比较深入的研究,形成了比较典型的职业教育体系,比如以美国为代表的普职融合的单轨制职业教育体系、以澳大利亚为代表的国家资格框架下的职业教育体系、以中国台湾为代表的完全双轨制职业教育体系和以德国为代表的双元制职业教育体系。

我国也非常重视职业教育体系的构建,《国务院关于加快发展现代职业教育的决定》(国发〔2014〕19号)中已经明确,现代职业教育的办学层次有中等职业教育、高职专科教育、应用型本科教育和专业学位研究生教育,这样的决定彻底打破了职业教育是"天花板"教育的局面。职业教育的"升级"通道得以畅通,人才培养的"直通车"与"立交桥"就会成功构建。因为现代职业教育学科体系关乎现代职业教育体系的命脉,所以现代职业教育体系背景下应用型学科生态化发展研究问题的提出,顺应了国家构建现代职业教育体系的战略规划。

(二) 解决应用型学科发展问题

从国内外研究现状来看,虽然关于应用型学科研究取得了不少成果,但仍需亟待关注、解决其发展问题。国外研究现状:美国哈佛大学教育研究生院茱丽·A.罗宾(Julie A. Reuben)博士出版的《现代大学的形成》(1996)一书涉及了美国大学的学科发展;法国著名思想家米歇尔·福柯(Michel Foucault)的《规训与惩罚》(1975)一书对学科规训权力的诞生进行了系谱学考察;华勒斯坦(Wallerstein)等人在福柯的研究基础上明确提出了学科制度的概念,在《开放社会科学》(1997)一书中对社会科学各门学科之间的区分有效性提出了质疑。在 ProQuest、Kluwer、SpringerLink、ISTP 等数据库搜集国外博士学位论文、期刊论文和会议论文,发现国外关于学科的研究主要有两个特征:一是学科研究的维度基本上是从学校的科目和学校纪律或规训两方面展开;二是学科研究的内容主要包括某一(些)学科发展问题的探讨、对组织与学科关系的研究和对跨学科、多学科问题的研究三个方面。

国内对学科进行研究的学者也不少。孔寒冰(2001)①、杨天平(2004)②、万力维(2005)③等对学科概念进行了阐释;陈学东(2004)④研究了学科的特征;潘云鹤、顾建民讨论了大学学科的发展与重构(1999)⑤;宣勇、凌健对学科进行了考辨(2006)⑥;陆军、宋筱平、陆叔云对学科、学科建设等相关概念进行了探讨(2004)⑦;孙绵涛(2004)⑧进行了学科论研究。

关于学科与生态的研究,近几年也有学者开始关注,王玉良、陈映江等的研究成果就属于这方面的。王玉良从生态学视角对大学学科建设进行了研究(2011)⑨;陈映江研究了高等学校学科生态位理论构建与应用(2011)⑩。

梳理结果和研究动态表明,姜大源、范唯、马树超、郭扬、李进、关晶、陈鹏、庞学光、周建松、孔寒冰、杨天平、万力维、陈学东、潘云鹤、顾建民、宣勇、凌健、陆军、宋筱平、陆叔云、孙绵涛、王玉良、陈映江等学者,已取得的有关现代职业教育体系、学科及应用型学科、学科与生态方面的研究成果,代表了国内在这些领域的高水平研究。但是将现代职业教育体系、学科及应用型学科、学科与生态等几个要素全部结合起来进行研究几乎还是空白,即现代职业教育体系背景下应用型学科生态化发展研究是一个全新的话题,拓展和创新的空间很大,所以急需研究并解决应用型学科发展问题。

(三)契合现代职业教育体系构建与应用型学科发展的内在诉求

现代职业教育体系构建需要应用型学科支持,但关于应用型学科的研究目前主要集中在本科阶段。高职专科院校和中职学校的学科建设研究几乎没有,更没有见到关于中职教育、高职专科教育、应用本科教育、专业学位研究生教育的学科体系方面的研究成果。比如张克非、王乐、吴智泉、刘欣、李静、肖凤翔、唐锡海、孙建京等研究均涉及的是本科阶段应用型学科问题。张克非研究了高校应用学科建设(1996)⑪;王乐对基础学科与应用学科的协调发展问题进行了讨论(2007)⑫;吴智泉研究了应用型大学发展的应用性学科建设(2008)⑬;刘欣提出了应用型本科教育的学科理论体系建设问题(2010)⑭;李静对新建本科

① 孔寒冰,邹碧金,王沛民.高等学校学术结构重建的动因探析[J].清华大学教育研究,2001,22(2):78-82.
② 杨天平.学科概念的沿演与指谓[J].大学教育科学,2004(1):13-15.
③ 万力维.学科:原指、延指、隐指[J].现代大学教育,2005(2):16-19.
④ 陈学东.近代学科规训制度的中国本土化[J].山西大学学报(社会科学版),2004,31(2):66-72.
⑤ 潘云鹤,顾建民.大学学科的发展与重构[J].高等工程教育研究,1999(3):8-12.
⑥ 宣勇,凌健."学科"考辨[J].高等教育研究,2006(4):18-23.
⑦ 陆军,宋筱平,陆叔云.关于学科、学科建设等相关概念的讨论[J].清华大学教育研究,2004,25(6):12-15.
⑧ 孙绵涛.学科论[J].教育研究,2004,25(6):49-55.
⑨ 王玉良.生态学视角下的大学学科建设刍议[J].黄冈师范学院学报,2011,31(1):140-141,144.
⑩ 陈映江,张仁陟,陈英,等.基于生态位理论的学科生态位构建及应用研究[J].高等农业教育,2012(1):46-50.
⑪ 张克非.试论高校应用学科建设[J].兰州大学学报(社会科学版),1996(2):97-102.
⑫ 王乐.论基础学科与应用学科协调发展:兼论大学学科建设[J].襄樊职业技术学院学报,2007,6(6):40-42.
⑬ 吴智泉.2008应用性本科教育国际研讨会会议综述[J].北京联合大学学报(人文社会科学版),2008,6(4):132-136.
⑭ 刘欣.我国应用型本科教育学科建构的基本理论探讨[J].理工高教研究,2010,29(4):8-14.

院校应用型学科建设问题进行了理论探索(2012)[①];肖凤翔、唐锡海对我国职业教育学科自觉进行了思考(2013)[②];孙建京等研究了地方大学应用型学科专业建设问题(2015)[③]。由此看来,此后的职业教育体系学科方面的研究,应该从中职教育的学科建设贯通到专业学位研究生教育的学科建设,并深入研究相互的衔接与贯通,形成相互协调、相互促进的生态系统。故从生态视角研究现代职业教育体系中的学科建设是很好的选择,也能促进跨学科研究,简而言之,研究问题契合现代职业教育体系构建与应用型学科发展的内在诉求。

二、研究的设计

(一) 研究对象

1.被试对象

中等职业教育、专科层次职业教育、本科层次职业教育、专业学位研究生层次职业教育。

2.内容对象

一是学术型学科与应用型学科的差异性;二是从中等职业教育到专业学位研究生教育四个不同层次职业教育的应用型学科的生态位;三是应用型学科生态化体系构建;四是应用型学科生态化发展的现状、问题、原因及对策。

(二) 研究方法

1.文献研究法

通过查阅本课题的相关文献资料,掌握本课题研究的现状,阐述国内外针对学科生态化建设研究已达到的层面、研究方法及研究深度等,进而分析本课题研究的背景及意义,提出现代职业教育体系下应用型学科生态化发展对策。

2.实地调查法

选择现代职业教育体系内部分职业院校、应用型本科高校和有专业学位研究生教育的高校,对它们的专业人才培养、应用型学科建设、学科队伍状况等进行实地深入调查,并随机对个别教师和部门采用半结构式访谈的形式进行调查,深层次地了解问题,获取更有价值的学科建设和发展信息。最后进行材料收集和整理分析,深入分析不同层次的职业教育应用型学科发展现状,找出存在的问题和产生问题的原因。

3.逻辑分析法

运用演绎、对比、推理等逻辑分析方法,将职业教育理论、学科理论及生态化理论进行推理分析,对学术型学科与应用型学科进行差异性比较研究,结合实际,分析出应用型学科发展的特点,构建出应用型学科生态化体系,并尝试提出不同层次职业教育中应用型学科生态化发展对策。

---

① 李静.新建本科院校应用型学科建设问题的理论探索[J].广西民族师范学院学报,2012,29(1):140-142.
② 肖凤翔,唐锡海.我国职业教育学科自觉的思考[J].教育研究,2013(1):113-118.
③ 孙建京,吴智泉.地方大学应用型学科专业建设探讨[J].北京教育(高教版),2015(5):66-68.

4.归纳法

运用归纳法总结研究结果,得出本课题的研究结论。

(三) 研究思路

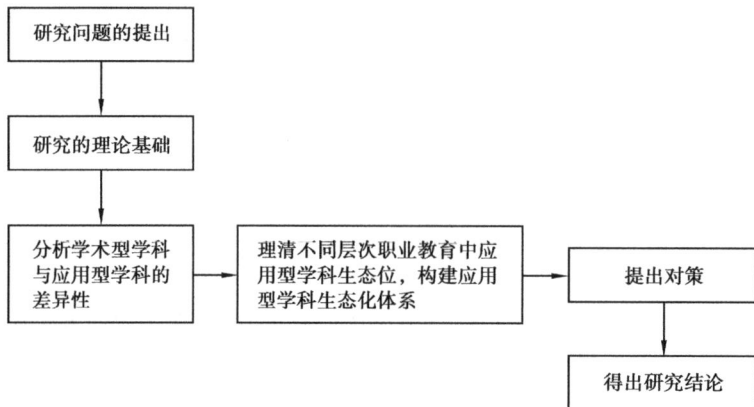

(四) 研究创新

1.学术价值

分析学术型学科与应用型学科的差异性。何为学术型学科与应用型学科?尤其是它们之间的差异性,是理清应用型学科生态化发展思路的基础和前提。

找准不同层次职业教育应用型学科的生态位。目前,我国的中职教育和高职专科教育只讲专业,基本不谈学科。这是片面的,事实上有知识的地方都有学科,学科是知识的分类,只不过中职教育和高职专科教育的学科属于应用型学科。既然有学科,就同它们在现代职业教育体系内的生态位一样,也有学科的生态位问题。只有把不同层次职业教育应用型学科的生态位搞清楚,才能更好地建设应用型学科及其学科体系。

构建应用型学科生态化体系。要建立现代职业教育体系,没有中职教育、高职专科教育、应用型本科教育、专业学位研究生教育的学科体系的支撑是不可能的,即应用型学科体系是现代职业教育体系的重要组成部分,缺失应用型学科体系,现代职业教育体系就是不完整的。

2.应用价值

应用型学科生态化发展是一个全新的课题。对中职教育、高职专科教育、应用型本科教育和专业学位研究生教育学科生态化发展对策的研究,就是为了给现代职业教育体系内不同层次应用型学科建设提供理论指导,尤其是能够纠正中职教育、高职专科教育不谈学科的问题。中职教育、高职专科教育在发展的初期,只谈专业不提学科是可以理解的,但是当职业教育已经发展到现在,还不提学科,专业的支撑点在哪儿,进行创新型人才培养的土壤在哪儿?所以,这些都是本课题研究的应用价值所在。

应用型学科生态化发展研究对地方本科院校转型发展也是一个全新的课题。部分地方本科院校在转型发展过程中,已开始出现"重专业、轻学科",甚至"只谈专业、不谈学科"的苗头,如不及时调整,任其生长,将严重影响地方本科院校转型的健康发展。本课题对应用型本科高校学科生态化发展进行研究,找出应用型本科高校学科建设存在的问题并进行原因分析,丰富应用型学科建设内涵,探索应用型学科生态化发展对策,对地方本科院校转型发展有较高的指导和参考价值。

第二章　现代职业教育体系背景下应用型学科
生态化发展的研究综述

《国务院关于加快发展现代职业教育的决定》的颁布,扩展了现代职业教育体系内涵,打破了我国职业教育体系处于"天花板"教育的局面,使职业教育中人才培养的"直通车"与"立交桥"得以构建。在这样的背景下,现代职业教育学科体系建设至关重要。如何建设应用型学科体系、如何促进应用型学科生态化发展等诸多问题值得探讨,需要对当前的相关研究现状进行深入了解。现代职业教育体系背景下应用型学科发展中核心概念如何理解?相关研究情况如何?研究者是如何进行研究的?研究理论基石是怎么样的?这一系列问题急需一个综述性的回答。

基于中国知网(CNKI)全文数据库和贵州数字图书馆,以主题词"现代职业教育体系""学科""应用型学科""学科生态"进行初级检索,不同主题词检索的文献年代分布如图 2-1 所示。剔除一些质量不高或不相关文献后,经过梳理,截至 2017 年 4 月 2 日,相关研究成果分布情况为会议论文 1 篇、报纸上发表论文 1 篇、硕博士论文 13 篇、期刊上发表论文 64 篇。

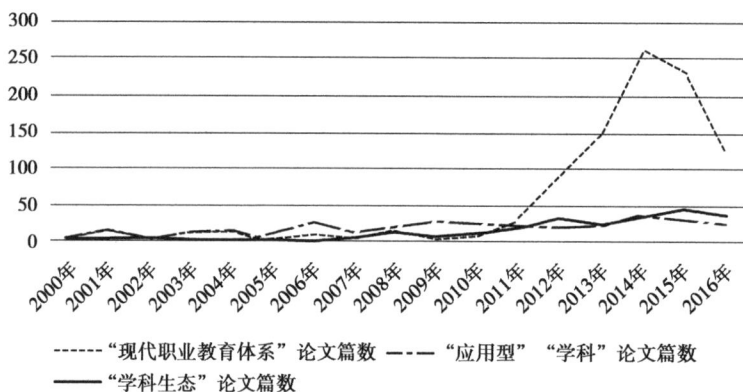

图 2-1　不同主题词检索的文献年代分布

一、核心概念

(一)现代职业教育体系

关于现代职业教育体系,其概念最早出现于李燕铭(1995)[①]、王珉(1995)[②]的文章中,如何理解现代职业教育体系,主要分为三个角度:词源解析、限定边界、特征描述。

[①]　李燕铭.关于苏南建立现代职业教育制度的思考[J].职教论坛,1995(5):6-7.
[②]　王珉.实施科教兴省战略　建立现代职业教育制度[J].职业技术教育,1995(5):10-11.

1.词源学角度下现代职业教育体系

在词源学角度下,主要通过分解概念,追溯词源,从而推导出内涵,以此来理解现代职业教育体系。研究内容如下:其一,将"现代职业教育体系"概念分解为"现代""职业""教育""体系",提出现代职业教育体系具备"现代性""职业性""教育性"和"体系性"的特征。① 其二,从现代职业教育体系是一种体系出发,通过对"体系""教育体系""职业教育体系""现代职业教育体系"这些词语进行逐一地推导来解读其概念。② 还有从"现代"着眼,强调现代职业教育体系中的"现代"二字不仅是一个时间概念,也代表着一种特殊的"类",以此区别于以往的职业教育体系。③

2.限定边界角度下现代职业教育体系

这方面主要通过限定现代职业教育体系的边界来确定其概念。如薛淑娟(2010)提出职业教育体系一般包括初等、中等、高等、继续职业教育等,各层级间相互协调共同实现体系功能。④ 张静(2015)从学历(学位)职业教育体系角度,提出现代职业教育体系主要由初等职业教育、中等职业教育、高等职业教育、专业学位研究生教育四个部分构成。⑤ 为描述简便,本书将中等职业教育简称为中职教育,将高等职业教育简称为高职教育,将中等职业学校简称为中职学校,将高等职业院校简称为高职院校。

3.特征描述角度下现代职业教育体系

这一方面的研究分为两点:其一,根据体系中各部分的关系,总结现代职业教育体系的特征,以此区别现代职业教育体系与非现代职业教育体系。如现代职业教育体系具有"外部适应性""内部适应性"和"内在系统自身的协调性"的特征。⑥ 其二,主要通过对现代职业教育体系特征进行分类、归纳并凝练出其本质特征,去理解其内涵,如现代职业教育体系应该具有"现代性、系统性"⑦或"区域性、开放性、灵活性、稳定性、层次性、连续性"⑧等。

综上所述,所谓的"现代职业教育体系"概念重心在"体系"二字。⑨ 而体系又蕴含"若干有关事物或某些意识互相联系而构成的整体"⑩之意,应用型学科作为体系中的重要组成部分,如何促进其良性发展、如何通过应用型学科体系的构建来衔接体系中各要素值得深思。

---

① 陈鹏,庞学光.大职教观视野下现代职业教育体系的构建[J].教育研究,2015,36(6):70-78.
② 马树超,范唯,郭扬.构建现代职业教育体系的若干政策思考[J].教育发展研究,2011(21):1-6.
③ 关晶,李进.现代职业教育体系研究的边界与维度[J].中国高教研究,2014(1):90-93.
④ 薛淑娟.武汉城市圈"中-高-研"职业教育体系设计研究[D].武汉:湖北工业大学,2010:23.
⑤ 张静.现代职业教育体系构成要素研究[D].天津:天津大学,2014:31.
⑥ 徐松如.李进.中国现代职业教育体系建设[N].社会科学报,2012-08-23(04).
⑦ 张振元."现代职业教育体系"命题探析[J].职教论坛,2011(28):4-9.
⑧ 欧阳育良,戴春桃.论我国现代职业教育体系的构建[J].职业技术教育,2004,25(1):56-59.
⑨ 闫智勇.现代职业教育体系建设目标研究[D].天津:天津大学,2013:59-62.
⑩ 中国社会科学院语言研究所词典编辑室.现代汉语词典(汉英双语)[M].2002年增补本.北京:外语教学与研究出版社,2002:1885.

（二）应用学科

从生态的角度看，"学科有其如同自然界生命体一样的自身的新陈代谢……有诞生、成长、盛年、老年以及衰亡的生命历程"[①]。应用学科作为学科中的一种类型，自然也如此。对应用学科进行考察，理清其发展规律及内涵，有利于发挥高校的主观能动性，推进应用学科长足发展。

应用学科在欧洲出现很早，几乎和现代大学同时产生。我们知道，现代意义上的大学诞生于中世纪后期的欧洲。那时大学的"主要任务是职业训练，培养专业性应用型人才"[②]。中世纪大学一般都设有文学院、法学院、医学院、神学院，但文学院只是为进入高级学院学习做准备，设在其他三个学院之下，而其他三个学院属于为培养专业人才而设立的高级学院。因此，"中世纪大学以应用学科为主"[③]。西方国家普遍比我国更加重视科学技术，这与应用学科悠久的历史传统有关。

我国应用学科的产生则相对较晚，始于洋务运动时期。当时，为了满足国家急需的翻译兼译述人才、海陆军将才和制船造械技术人才的需求，国家创办了学习方言的方言学堂和学习军备的水军、陆军学堂，如京师同文馆、广州同文馆、福建船政学堂、天津水师学堂、湖北武备学堂、山西武备学堂等。在这些学校中，左宗棠 1866 年创办的福建船政学堂既是我国近代第一所高等学校，也是第一所应用技术学堂，"其人才培养过程和特点反映了当时国穷民弱，急需大批能够运用先进的科学技术来改造社会的专业应用型人才"[④]。为此，潘懋元等还将福建船政学堂作为我国近代最早出现的应用型高校代表，对其应用型人才培养进行过专门讨论，肯定了应用型办学目标、分系科和专业培养的方式、厂校一体的办学体制以及应用型人才培养质量。1904 年 1 月，清政府批准的《奏定学堂章程》（"癸卯学制"）正式颁布后，我国近代新式学堂得到了迅猛发展。据相关资料记载，从 1907 年至 1909 年的短短 3 年时间，实业学堂数由 137 所增长至 254 所，学生数由 8 693 人增长至 16 649 人，在这 3 年中，实业学堂数增加 85.4%，学生规模增加 91.5%[⑤]，形成了我国近代应用型人才培养历史上的第一个高潮。之后，从 1917 年至 1925 年的 9 年时间，我国应用型技术学校的发展出现了第二次高潮，据中华职业教育社发表的全国职业教育机关统计表明：至 1925 年 12 月止，甲、乙两种实业学校大量涌现，全国已达到 1 006 所，职业传习所及讲习所次之，有 167 所，设有职业专修科的大学及专门学校有 77 所，设有职业科的中学有 42 所，职业补习学校及补习科学技术 86 所，实业机关附设的职业教育机关 18 所等，总共 1 548 所。[⑥]20 世纪 30 年代初至 1937 年左右，还出现了同类学校发展的第三次高潮。20 世纪 30 年代初期，国民政府比较重视应

① 罗静.教学服务型大学学科生长性考察[J].铜仁学院学报,2016,18(5):43-46.
②④ 潘懋元,石慧霞.应用型人才培养的历史探源[J].江苏高教,2009(1):7-10.
③ 侯长林,罗静,叶丹.应用型大学视域下新建本科院校办学定位选择[J].教育研究,2015,36(4):61-69.
⑤ 周予同.中国现代教育史[M].福州:福建教育出版社,2007:205.
⑥ 周予同.中国现代教育史[M].福州:福建教育出版社,2007:212.

用型人才培养,公布了《职业学校法》《职业学校规程》《修正职业学校规程》等一系列法令法规,促进职业教育发展。1931 年至 1936 年 6 年间,职业学校数量增幅较大,从 266 所增加到了 494 所,增长率为 85.7%,学生数从 40 393 人发展到了 56 822 人,增长率为 40.7%。[①] 中华人民共和国成立后的一段时期,我国应用技术教育有一定的发展,但重点在中等职业教育,高职院校基本没有增加,真正的大发展是 20 世纪 80 年代以后,尤其是国务院在 1996 年 6 月组织召开的第三次全国职业教育工作会议上提出了"积极发展高等职业教育"以后,我国应用技术教育进入了发展快车道。据教育部公布:到 2015 年止,全国独立设置的高职院校已经发展到 1 341 所,招生人数达到 348 万,毕业生人数 322 万,在校学生人数达到 1 048 万,占高等教育学生总数的 41.2%[②]。这些数据表明,高等职业教育无论是学校数量还是学生人数,都已经约占高等教育的半数,成为我国高素质应用型人才培养的重要力量。但是,作为应用型人才培养质量的重要保障,应用学科的概念在我国提出较晚。笔者只在 1993 年 2 月出台的《中国教育改革和发展纲要》(中发〔1993〕3 号)中查询到有"重点发展应用学科"的提法。客观地说,尽管这份文件对应用学科的发展提出了要求,但并未受到大家的重视,在高等教育领域关注更多的仍然是基础学科。

那么,到底什么是应用学科呢? 这要从现代科技研究的内容说起。就一般情况而言,现代科技包括基础研究、应用研究和开发研究三个层次。所谓基础学科就是关于基础研究的学科。根据联合国教科文组织(1974)的学科分类,基础学科包括数学、逻辑学、天文学和天体物理学、地球科学和空间科学、核物理学、化学、生命科学七大类,各基础学科又包含若干分支。显然,这七大基础学科的划分只是自然科学范畴内的基础学科,还不包括人文社会科学的基础学科,比如文学、历史学、哲学等。应用学科顾名思义,与应用有关,应用研究是应用,开发研究也是应用,即应用学科就是关于应用研究和开发研究的学科。要理清它的内涵,还得先了解应用研究和开发研究的含义。联合国教科文组织认为:"应用研究是指具有特定的应用性目的的实验研究和理论研究。"也就是说,应用研究具有特定的实际目的或应用目标,是将单纯的理论研究发展成为实际运用的形式。应用研究介于基础研究和开发研究之间,是连接二者及科学技术和生产力的纽带与桥梁,是一种中期投资,成果一般在 5 年至 10 年最多 20 年内能够对社会生产力发挥作用,并有明显成效。因此,应用研究有时也被称为"发展性研究"。正因为如此,许多发达国家都特别重视应用研究。比如:在 20 世纪 80 年代初,美国用于应用研究的科研经费相当于基础研究经费总和的 10 倍;日本第二次世界大战后经济的腾飞,也基本上是依赖发展性研究的成果。而我国则恰好相反,比较重视基础研究,应用研究长期处于边缘化的状态。著名物理学家杨振宁先生曾十分明确地指出:从现实考虑,国家不宜将重点放在基础研究上,而应该调整政策,关注能够带来巨大经济效益的

① 彭干梓,夏金星.中国职业教育发展史中的三次高潮[J].职教论坛,2009(19):61-64.
② 刘奕湛.我国高等职业教育院校数超 1 300 所[EB/OL].(2016-06-28)[2017-02-15].新华网.

实用研究,因为绝大部分基础研究的成果都远离经济价值①。开发研究是利用基础研究和应用研究的成果,以及现有的知识与技术,创造生产新产品或完成工程技术任务等进行的研究活动,比如,著名的美国发明家和电学家爱迪生,一生致力于应用研究和开发研究,有两千多项发明创造,为人类的进步和文明作出了卓越的贡献。不过,值得庆幸的是,随着我国经济社会的转型升级,应用研究和开发研究越来越受到人们的重视,其发展与繁荣,催生了一大批新兴应用学科的诞生。这些应用学科,“与传统学科相比,它们面对的是更为复杂的研究对象,具有更开阔的视野、更大的学科跨度、更强的实践和创新能力”②。

总之,笔者以为要把握应用学科的内涵,重在把握应用研究和开发研究的内涵,即应用学科就是关于具有特定的实际应用目标,将单纯的理论研究转化为实际运用,以及利用基础研究、应用研究的成果进行开发研究的学科。

需要特别指出,在本研究中,“应用学科”“应用型学科”“应用性学科”概念虽有字样不同,但皆具有相同的内涵,无本质区别。

(三)学科生态

在学科研究领域,“生态”“生态系统”作为外来词,在保留原本内涵的基础上,又被赋予了新的内涵,拓展了学科研究的视角。

(1)学科生态的内涵研究

学科生态中的“生态”源于希腊文,而希腊文中“Eco-”是由词根“oikos”演化而来的,所谓的“oikos”表示住所,有“家”“栖息地”之意。③ 引入学科领域后,崔建华(2009)④从三方面界定了学科生态的内涵:其一,学科自身的诞生、成长、发展、变化;其二,学科与学科之间相互交融、共同生长;其三,学科与学科环境之间相互影响、相互作用,主要分为学科主体和学科环境子系统。由此可以看出,学科生态要形成学科自身生态发展、学科与其他要素之间生态发展最终和谐共生的局面。

(2)学科生态系统的内涵研究

生态系统最早由英国生物学家 A.G.坦斯利(1935)提出,其概念强调生物体与环境之间的交互、统一。⑤ 在我国,孙儒泳所著的《动物生态学原理》关于“生态系统”的定义,是指系统各要素间有机地组织,彼此间相互作用、相互依赖的统一整体。⑥ 在学科研究领域中,陈映江(2011)指出,学科生态系统是指在一定的区域(国家或地区)和历史时期内,学科与其周围的环境之间通过物质、信息和能量交换所构成的体系。⑦ 郭树东(2011)也指出:学科生态

① 杨振宁.对于中国科技发展的几点想法[N].光明日报,1982-03-05(02).
② 张克非.试论高校应用学科建设[J].兰州大学学报(社会科学版),1996(2):97-102.
③ 黄辉.法学方法论生态化的界定[J].东南学术,2005(5):159-161.
④ 崔建华.北京高等教育的学科生态特征分析[J].北京工业大学学报(社会科学版),2009,9(6):75-80.
⑤ 奥德姆,巴雷特.生态学基础:第五版[M].陆健健,王伟,王天慧,等译.北京:高等教育出版社,2009:15.
⑥ 孙儒泳.动物生态学原理(第三版)[M].北京:北京师范大学出版社,2001:22.
⑦ 陈映江.高等学校学科生态位理论构建与应用[D].兰州:甘肃农业大学,2011:12.

系统是由学科之间、学科和与之相对应的生态环境之间相互作用而形成的整体性的生态系统。① 学科生态系统强调学科与学科外界环境各要素之间的系统关系。

二、研究现状

（一）应用型学科相关研究

关于应用型学科的表述最早出现在 1993 年中共中央、国务院发布的《中国教育改革和发展纲要》中"重点发展应用学科"。其研究内容主要从应用型学科内涵、发展存在的问题及其原因分析、发展策略研究四大板块来加以阐述。

1.应用型学科内涵

不管对应用型学科如何定义，应用型学科首先是学科中的一种，然后属于应用型，具有应用特色。

（1）应用型学科具备学科的基本内涵

关于学科的概念，内涵极其丰富，主要分为词源学和组织学视角下的学科。前者强调知识的分类，后者凸显相关知识要素的组合体系。在词源学视角下，所谓"学科"：汉语中，《辞海》将其解释为"学术的分类"和"教学的科目"；英文中，"discipline"一词由拉丁语"disciplina"演化而来，有"知识的分类""学习科目""知识和权利"等含义②。从中不难看出，学科是人们对主客观世界的认识结果的一种分类，在此基础上，宜勇（2002）将其细化为学术分支说和教学科目说③。在组织学视角下，学科被视为一个组织系统，是一个由学者、相关知识信息及物质资源等要素构成的体系，在这个组织系统里，需要通过学科制度来处理各部分之间关系，以此形成相应的规章程序保证其有条不紊地运行。④ 何为"学科"，概言之，可以从知识形态的学科和组织形态的学科来加以理解。所谓知识形态的学科，即按一定的分类标准而划定的不同知识类别；所谓组织形态的学科，是由诸多要素（学者、学科知识、学科环境、学科文化、学科规章、学科制度等）构建而成的体系。⑤

（2）应用型学科凸显"应用"特征

广泛的学科领域中，除了应用型学科，还包括其他类型的学科，如基础学科，这就意味着应用型学科与其他学科类型相比，更凸显"应用"二字。换句话而言，"应用型"是其区别于其他学科的根本标志，应用型学科需要在具备学科的基本内涵的基础上要兼有并体现"应用"特点才能称为"应用型学科"。因此，研究的关键就在于如何理解"应用型"，而现实状况是"应用型"虽然使用广泛（如应用型高校、应用型人才、应用型学科等），但缺乏清晰而明确的定义。词源学中对于"应用型"的相关解释——"适应需求，以供使用"无法回答适应怎样

① 郭树东.研究型大学学科生态系统发展模型及仿真研究[M].北京:北京交通大学出版社,2011:14.
② 庞青山,曾山金.大学学科制度内涵探析[J].现代大学教育,2004(4):16-20.
③⑤ 宜勇.基于学科的大学管理模式选择[J].中国高教研究,2002(4):43-44.
④ 宜勇,钱佩忠.知识增长与学科发展的关系探析[J].大学(研究与评价),2007(1):21-26.

的需求、怎么衡量判断是否满足需求。① 所以如何定义"应用型学科"内涵仍需深入研究。

综上所述,所谓应用型学科可以看作庞大学科体系的一个分支,是其中的一种类型,"应用"二字是其理论应用于实践,是应用型学科的基本特征②,其学科建设以人才培养为中心,通过应用型人才培养质量,研究和解决地方问题来衡量学科水平的高低③。在其学科建设过程,强调凸显"应用",要求在教学、科研、社会服务等方面都要以实践应用为导向。在人才培养方面,能够满足社会对应用型人才的需求;在科学研究方面,开展应用型研究;在社会服务方面,实现应用型学科与社会服务的共同发展,能够满足地方或区域多样化服务需求。④

2.应用型学科发展存在问题的相关研究

在这一部分,其研究对象集中于高职院校和地方本科院校,研究内容具体分为高职院校、地方本科院校(特别是新建地方本科院校)两个层面,面对新环境、新情况,应用型学科发展存在的问题仍待进一步挖掘并理清。

(1)高职教育中应用型学科发展存在问题的相关研究

在高职教育领域,相关文献主要从高职教育属性、发展要求两个方面来论证其发展需要应用型学科加以支撑,意在突破原本的学科归属,丰富学科的内涵,拓展学科适用边界,深化高职院校发展内涵。基于此,高职院校在落实、发展应用型学科过程中,在观念、体制、教师队伍等方面都存在诸多困难。如彭世华(2004)从学科发展的观念、实践两个层面着手,提出在学校发展理念中缺乏学科建设意识、缺乏以学科研究带课程、统教材的观念,在学校实践发展环节缺乏学科带头人的问题。⑤ 而赵洪奎(2005)专门从职业院校校本课程开发的层面,指出职校教师由于缺乏学科氛围的陶冶,在课程开发、实施中存在着课程意识、知识和能力上的欠缺,阻碍了其校本课程开发。⑥ 徐丽娟(2009)从整体着眼,认为高职院校学科建设存在着缺乏学科建设理念和整体规划、学科建设与社会经济发展现实相脱节、学科队伍整体素质不高、科学研究水平低、科研基础条件差的问题。⑦

(2)地方本科院校中应用型学科发展存在问题的相关研究

这一方面的研究多聚焦于新建地方本科院校学科发展面临的问题。一方面,这类院校多处于转型期,原有的学科建设发展过程中遗留了一些问题;另一方面,这类院校在向应用型大学转型过程中亦面临着新的问题。

其一,新建地方本科院校由于受诸多因素(学校本身实力、所处地域、相关政策法规等)

① 邹晓平.高等教育中的"应用型"概念辨析[J].现代教育论丛,2015(4):2-9.
② 孔繁敏.应用型学科专业的改革与实践探索[J].北京教育(高教版),2008(7):17-19.
③ 吴智泉.应用型大学发展应用性学科探析[J].民办教育研究,2009(7):70-73.
④ 张大友,冉隆锋.地方高校教学应用型学科专业建设的培育路径研究:以长江师范学院为例[J].贵州师范学院学报,2013,29(9):74-78.
⑤ 彭世华.高职院校的学科建设问题[J].中国职业技术教育,2004(26):41-42.
⑥ 赵洪奎.职业院校校本课程开发:教师的欠缺[J].职业技术教育,2005,26(4):72-73.
⑦ 徐丽娟.高职院校学科建设研究[D].武汉:中南民族大学,2009:16.

的影响,在学科布局、学科人才、学科理念等方面与其他学校相比(如老牌地方高校)存在先天弱势。卢冠忠(2007)指出新建应用型本科院校存在学科专业布局不合理、学科人才梯队结构不合理、学科建设的基础比较薄弱、学科建设的理念比较模糊等问题。[①] 黄德宽(2009)[②]、王颖丽(2011)[③]、李永久(2013)[④]、何光耀和黄家庆(2014)[⑤]等亦进一步论述了学科发展面临的诸多问题。

其二,在新建地方本科院校转型过程中,学科发展面临在新的办学定位下学科与专业关系认识不清、区域经济发展与学科建设的关系尚未厘清等问题。涂宝军等(2016)认为新建地方本科院校转型发展过程中必须处理好学科与专业的关系,并对淡化学科、靠什么来支撑和强化专业、怎样保证人才发展等问题进行了审思。[⑥] 高雪春(2016)从耦合理论出发,基于新建地方本科院校在向教学服务型大学转型过程中学科和专业的关系,提出需要实现两者的耦合发展。[⑦] 吕秋君等(2015)从区域经济发展与应用型本科院校的学科建设关系角度出发,指出应用型本科院校的学科建设存在区域经济发展调研不足、学科专业人才培养目标不明确、学科培养模式与方法单一、专业课程体系更新缓慢等问题。[⑧] 上述相关文献,虽然强调了学科和专业皆重要,但在新建地方本科院校向应用型大学转变过程中,仍没有阐明如何处理学科和专业之间的关系,亦没有明确论述区域经济发展与学科建设之间的关系及如何形成彼此之间的互利共赢局面,故还需要从更深层面进行剖析。

3.应用型学科发展存在问题的原因分析

应用型学科发展存在问题的现象背后,蕴含着深刻原因,主要有观念上的主观意识(如"学科"概念的含糊不清)和实践中的客观因素(如办学经费及资源)。以下结合应用型学科在高职、地方本科等领域的现实发展状况,分析应用型学科发展存在问题的原因。

(1)高职领域中应用型学科发展存在问题的原因

在高职领域,学科发展现状堪忧,其存在是否合理一直为学者们所关注,而现象背后深刻反映出对"学科"的误解。在当下的职业教育话语中,高职教育是一种以培养高等技术应用型人才为根本任务,兼备高等教育和职业教育双重属性的高等教育类型。[⑨] 对学科存在认

---

① 卢冠忠.新建应用型本科院校学科建设的思考与探索[J].中国高等教育,2007(18):51-52.

② 黄德宽.找准立足点 探索地方高校文科发展路径[J].中国高等教育,2009(8):12-14.

③ 王颖丽.地方性应用型本科院校学科建设的对策研究[J].辽宁行政学院学报,2011(7):108-110.

④ 李永久.新建应用型本科院校学科专业结构调整研究:以辽东学院为例[J].辽东学院学报(自然科学版),2013(4):286-290.

⑤ 何光耀,黄家庆.论地方新建本科院校的转型发展:地方本科高校转型发展研究之二[J].广西社会科学,2014(10):207-211.

⑥ 涂宝军,王峰.新建本科院校向应用型高校的转型发展[J].江苏高教,2016(5):84-87.

⑦ 高雪春.教学服务型大学学科与专业耦合发展研究[J].铜仁学院学报,2016,18(5):47-51.

⑧ 吕秋君,车承军,叶树江,等.区域经济发展对应用型本科院校学科专业建设的导向研究[J].教育探索,2015(6):64-66.

⑨ 张海峰.学术观念与高职教育学科建设[J].高等教育研究,2000,21(4):92-94.

识误区,如"照搬普通高等教育模式,学科性过强"①成为制约高职院校发展的因素之一。

(2)地方本科领域中应用型学科发展存在问题的原因

在地方本科领域,探究应用型学科发展存在问题的现状背后的原因,既有客观的学科基础薄弱、学科建设的历史沉淀不足、学科层次低、学科建设管理机制不健全、学术队伍建设不合理、经费支持不足等,也有其主观的对学科建设观念认识不清晰、学科建设定位不明确、学科文化建设不重视等。程印学(2009)②、黄洋等(2011)③、韩延明(2011)④、刘承云(2012)⑤都提及新建地方本科院校的应用型学科发展仍处于起步阶段,在学科基础、学科质量、学科经费支撑方面都比较薄弱。段红红等(2012)⑥、吕秋君等(2013)⑦、宋孝金(2014)⑧、陈衍(2015)⑨、赵荷花(2015)⑩、张海涛等(2016)⑪则主要从学科建设观念、学科发展定位、学科管理机制、学术队伍、学科文化等方面阐述学科发展存在问题的现状背后的原因。

4.应用型学科发展策略的相关研究

关于应用型学科发展策略,不同学者基于存在的问题,围绕应用型学科涉及的学科、专业、课程、产业等要素,从不同角度提出了相应的策略。

(1)高职层面的应用型学科发展策略研究

吴伟平(2013)从高职院校学科带头人发展着手,提出应该深入地研究学科带头人的成长规律,构建有效的学科带头人培育机制。⑫ 张晓青(2013)从高职学科理念建设、内容建设和支撑力量建设三个方面提出了相应的对策。⑬ 陈军民(2014)基于升本愿景的高职学科建设的内涵与外延,从完善高职人才培养系统、改革高职教育与本科教育的口升学考试模式、推动高职教育与本科教育在教学方法与课程方面的衔接等角度提出路径。⑭ 刘培艳(2013)⑮、罗良针等(2014)⑯对高职学科发展策略内容亦有所涉及。

(2)地方本科层面的应用型学科发展策略研究

梳理相关文献可知,当前主要应用型学科发展策略主要分为四种:学科交叉模式;学科、

① 刘涛.新建普通本科院校学科建设策略研究[D].济南:山东大学,2012:55-61.
② 程印学.新建本科院校学科建设的策略取向[J].教育研究,2009(12):91-94.
③ 黄洋,陈小虎.新建本科院校事业发展的现状与发展趋势[J].中国高教研究,2011(10):50-52.
④ 韩延明.论我国新建本科院校走出困境科学发展的战略战术[J].中国高教研究,2011(6):59-62.
⑤ 刘承云.地方应用型本科院校学科建设的问题与对策[J].西南农业大学学报(社会科学版),2012(8):155-159.
⑥ 段红红,徐权.应用型本科院校学科、专业与课程一体化模式的构建[J].黑龙江高教研究,2012(9):168-170.
⑦ 吕秋君,郭树东,路晓鸽.应用型本科院校学科专业与地方企业契合探析[J].黑龙江高教研究,2013(12):63-65.
⑧ 宋孝金,陈艳权.应用型本科学科专业结构调整的实践与思考:以三明学院为例[J].榆林学院学报,2014(1):81-84.
⑨ 陈衍.地方本科院校转型:路径选择与实践创新[J].职业技术教育,2015,36(12):17-22.
⑩ 赵荷花.地方本科院校转型发展的问题与对策[J].教育与职业,2015(7):24-26.
⑪ 张海涛,邹波.应用技术型本科高校学科专业一体化路径研究[J].中国成人教育,2016(17):60-63.
⑫ 吴伟平.高职院校学科带头人成长规律与培育机制研究[J].当代教育科学,2013(15):50-52.
⑬ 张晓青."政行企校"合作背景下的高等职业教育学科建设问题与策略[J].教育与职业,2013(35):18-20.
⑭ 陈军民.基于升本愿景下高职学科建设的探讨[J].教育与职业,2014(12):21-23.
⑮ 刘培艳.学科-专业-产业链视野中的高职院校定位与发展战略[J].现代教育管理,2013(11):80-84.
⑯ 罗良针,周姗姗,张阳.省域高职院校的学科专业体系构建研究:以江西省为例[J].职教论坛,2014(12):13-16.

专业、课程一体化模式;学科-专业-产业链模式;学科专业群落化建设模式。首先,杜卫等(2012)从学科交叉作用出发,强调其能够促进其适应社会需求、获取办学资源、深化人才培养改革、培育学校特色的重要作用,以开放合作意识、适当的政策和经费支持、统筹教学和科研队伍作为学科交叉模式的着力点。① 其次,段红红等(2012)从地方应用型本科院校所面临的形势和任务出发,指出应用型本科院校应该以专业为核心,构建学科、专业、课程一体化建设模式。② 之后赵金锋等(2012)亦在此研究基础上,基于学科专业一体化的内涵,详细论述了应用型本科院校学科专业一体化的具体策略,将其模式分为学科建设、专业建设两大子系统。③ 再次,胡赤弟(2009)提出了在应用型本科院校构建学科—专业—产业链的模式,主张形成一种相关学科、专业与产业链之间相互联系的联合体。④ 刘慧等(2015)结合地方院校转型背景,论证了学科—专业—产业链模式的重要作用。⑤ 最后,李永久(2014)从"差异化发展"和"错位竞争"的发展战略出发,提出了学科专业群落化建设模式。⑥

(二)学科生态发展相关研究

基于学科生态、学科系统等内涵,一些学者深入探讨了生态学视角下学科生态特征、学科生态关系等内容。

1.学科生态特征相关研究

这部分的研究主要集中于探讨学科系统具有的系统性、多样性、适应性等特征。如葛少卫(2009)基于学科生态系统的定义、构成,对学科生态系统的复杂性、整体性、多样异质性进行了分析。⑦ 王玉良(2011)指出学科具有生长性、协同性、适应性、系统性的特征。⑧ 熊磊(2011)运用生态学的生态位理论、多样性理论和竞争理论研究大学学科建设,分析了大学学科系统具有系统、结构、功能生态特征。⑨

2.学科生态关系相关研究

在生态学视角下,关于学科之间的关系研究,主要集中于学科共生、学科竞争、学科评价等内容。如王梅(2006)以生态学的观点看待学科的发展,初步建构了学科生态系统的理论体系,概括出了学科协同进化的自组织竞争、互补方式。⑩ 陈利敏(2012)以种群生态理论为指导,将学科间关系划分为学科竞争、学科寄生、学科共生及学科捕食四大类别。⑪ 蒲星权

① 杜卫,陈恒.学科交叉:应用型本科院校学科建设的战略选择[J].高等工程教育研究,2012(1):127-131.
② 段红红,徐权.应用型本科院校学科、专业与课程一体化模式的构建[J].黑龙江高教研究,2012(9):168-170.
③ 赵金锋,王红岩,何艳华.应用型本科院校学科专业一体化建设的基本策略[J].职业技术教育,2012(35):17-19.
④ 胡赤弟.论区域高等教育中学科—专业—产业链的构建[J].教育研究,2009(6):83-88.
⑤ 刘慧,钱志刚.学科—专业—产业链:应用型本科院校转型发展路径探索[J].高等理科教育,2015(6):17-22.
⑥ 李永久.新建应用型本科院校学科专业结构调整研究:以辽东学院为例[J].辽东学院学报(自然科学版),2013(4):286-290.
⑦ 葛少卫.高校学科生态系统及其管理研究[D].南京:南京航空航天大学,2009:56.
⑧ 王玉良.生态视角下的大学学科建设刍议[J].黄冈师范学院学报,2011,31(1):140-141,144.
⑨ 熊磊.大学学科生态系统及其建设策略研究[D].武汉:中南民族大学,2011:20.
⑩ 王梅.基于生态原理的学科协同进化研究[D].天津:天津大学,2006:33.
⑪ 陈利敏.种群生态视角下的学科会聚:模型构建与实证分析[D].杭州:浙江工业大学,2012:80.

(2014)将生态位适宜度理论和模型引入学科建设评价,构建了生态位适宜度研究的指标体系,以此来探讨学科之间的关系。① 此外,罗静(2015)从生态化的角度出发,指出要促进教学服务型大学的学科生态化发展,需要把握学科生态化发展规律,处理好原有学科和新兴学科的关系②,之后,又点明了其发展应该遵循学科诞生、发展、衰亡的规律③。

(三)未来的发展趋势

在现代职业教育体系背景下,现代职业教育体系、应用型学科及学科生态发展三方面的研究已取得了丰硕的成果,但在研究内容、研究方法、研究视角、研究对象方面仍存在着一些不足,未来的现代职业教育体系背景下的应用型学科生态化研究则可以从以下几方面展开。

1.研究内容

从研究内容来看,在现代职业教育体系下,一方面关于应用型学科的研究主要集中在本科阶段。中职学校和高职专科院校的学科建设研究较少,缺乏全面系统的研究,尚未形成相互协调、逐步衔接的现代职业教育学科理论框架,无法指导其有序发展。另一方面,职业教育领域中的中职、高职院校在人才培养目标、培养方案等方面,存在的趋同问题已经严重影响了其健康发展,需要思考如何突破趋同困境,构建现代职业教育体系,从应用型学科体系着手,对现代职业教育背景下的应用型学科发展进行研究,可以更好地指导现实问题,其研究内容具备一定的理论价值和实践价值。此外,将现代职业教育体系、应用型学科、学科生态这三个要素结合起来的研究较少,存在一定空白,研究空间较大。

2.研究方法

从研究方法来看,已有研究多集中于理论探讨,缺少相关的实证研究,在查阅的文献中,只有少部分文章根据所在学校发展现状进行了个案分析。如张大友等人以长江师范学院为例对地方本科院校的应用型学科发展路径进行了探讨。李永久以辽东学院为例对新建应用型本科院校学科专业结构调整进行了分析。应用型学科研究急需新的科学方法加入,如实地调查法,选择一些院校,对现代职业教育体系下应用型学科建设的实际情况进行调查,明确当下现实中应用型学科的发展状况。

3.研究视角

从研究视角来看,现有研究多从教育学视角出发,多探讨应用型学科的意义、存在问题及其原因分析、解决措施等内容。应用型学科的相关研究期待新的研究视角,如生态学。从生态学视角出发,可以将应用型学科体系看作一个整体,研究如何处理应用型学科涉及各要素之间的关系,如何明确各层次(如高职、应用型本科、专业学位研究生等)应用型学科之间的关系,如何促进应用型学科的生态化发展,如何形成一种相互协调、相互促进的应用型学科生态系统。

---

① 蒲星权.重庆高校市级重点学科生态位适宜度研究[D].重庆:重庆师范大学,2014:36.
② 罗静.教学服务型大学学科生态化发展探讨[J].贵州社会科学,2015(12):115-120.
③ 罗静.教学服务型大学学科生长性考察[J].铜仁学院学报,2016,18(5):43-46.

4.研究对象

从研究对象来看,第一,在现代职业教育学科体系构建过程中,中职、高职的学科发展问题并没有得到应有的充分研究,且中职、高职、应用型本科、专业学位研究生等各层次的学科发展问题,亦需要进一步深入研究。第二,"应用型"作为一个使用广泛的词语,在现代职业教育语境中,依然没有明确的概念内涵,如何理解"应用型"学科,避免对其误解,仍需要深入研究并加以界定。

三、理论基石

理论来自实践,但又高于实践,是实践经验的提炼与提升。它不但在实践工作中起着指导与引领的作用,而且会随着实践工作的不断推进而进行自身升级。在探讨现代职业教育体系背景下应用型学科生态化的关系的理论中,最主要的支撑理论为"统摄性理论"和"哲学基础"。大学的统摄性理论为学科建设提供了空间支撑,而大学的哲学基础理论,则为学科成长根基的形成提供了理论指导。

(一)学科发展的空间:大学的统摄性理论

当代大学是一个庞大的复杂的社会组织,正如美国教育家克拉克·克尔(Clark Kerr)所说:"纽曼心目中的大学只是一'乡村',弗莱克斯纳心目中的大学也只是一'市镇',而当代的大学则是五光十色的'城市'了。"[①]克尔把这种具有五光十色城市特征的大学称作多元巨型大学。虽然我国当代的大学并不都是多元巨型大学,但绝大多数大学规模都比较大,且组织结构复杂,如果学校没有统摄性概念,不加强统筹,管理者或者师生置于其中,很难分清孰轻孰重,要想把大学办好,或者办成特色鲜明的大学,就成为空谈。大学要可持续良性发展,必须理清统摄性问题。遗憾的是,大学统摄性问题还没有引起高等教育界学者的广泛关注。因此,对大学统摄性进行研究与思考十分必要。

1.大学统摄性的表现

统摄,乃统辖、总管之意。大学统摄性的表现是多方面的,从不同的角度进行审视会得出不同的表现形式。但是不管何种大学,在其办学过程中,哲学基础、定位和职能都是至关重要且不能回避的重大问题。因此,这三个方面的统摄性自然就是大学统摄性的最主要和最重要的表现。

(1)大学哲学基础的统摄性

一栋建筑没有坚实的基础是不可想象的。大学也一样,任何一所大学的生存与发展都离不开其基础的支撑,比如物质基础、精神基础等。在这些基础中,人们对物质基础比如校园基础设施、实验实训条件等的作用和意义,认识比较清楚。但是,仅仅关注大学存在的物质基础是远远不够的,更应该重视大学的精神基础。精神基础的内涵十分丰富,比如大学精神、校训、校园文化等等,都可以划入其中,但是笔者在这里只讨论大学精神基础中的哲学基础。

---

① 金耀基.大学之理念[M].2版(增订版).北京:生活·读书·新知三联书店,2008:8.

"哲学基础"这个概念最早是由美国著名教育家约翰·S.布鲁贝克(John S.Brubacher)在其著作《高等教育哲学》(On the Philosophy of Higher Education)一书中提出的。任何高等教育的存在与发展都不是凭空产生的,都有为什么产生、存在与发展等基本问题,这些问题就是高等教育哲学的基本问题。布鲁贝克在对世界高等教育发展情况进行梳理、研究的基础上,提出了高等教育存在的政治论和认识论两大观点,他认为,"在二十世纪,大学确立它的地位的主要途径有两种,即存在着两种主要的高等教育哲学,一种哲学主要是以认识论为基础,另一种哲学则以政治论为基础"①。认识论者把"闲逸的好奇"精神追求知识看作目的,强调"学术的客观性"和"价值自由";政治论者则认为探讨知识不仅是因为闲逸好奇,还在于它对国家有用、有影响,因此更加强调"政治目标"和"为国家服务"。这两种哲学基础观主宰了世界高等教育的发展,并且相互博弈,冲突不断,或此消彼长,交替占据着高等教育的统治地位,比如在美国建国初期占主导地位的高等教育哲学基础是政治论,随着约翰·霍普斯金大学的诞生,美国高等教育的哲学基础开始发生变化,认识论逐渐占据主导地位。到19世纪末,政治论和认识论出现了并驾齐驱的局面。布鲁贝克的这些观点,尽管还有这样那样的问题,但是他对高等教育哲学基础的思考,使高等教育的理论研究上升到哲学的高度,开启了高等教育理论研究的新时代。

1987年,约翰·S.布鲁贝克的著作《高等教育哲学》在中国翻译出版后,引起了我国高等教育界专家学者的广泛关注,并在此基础上提出了一系列新的哲学基础观。比如杨移贻提出了"生产力论""知识论",他认为工业社会和知识经济时代的高等教育哲学基础是不一样的,工业社会大学存在的一种占支配地位的哲学基础是生产力论,而知识经济时代的高等教育哲学基础是知识论。② 李福华提出了"人类学"哲学基础观,他认为任何教育都存在人类学基础,高等教育也不例外,也同样存在人类学基础,并且认为人类学基础是高等教育哲学基础的首要的哲学基础,其次才是认识论基础和政治论基础。③ 在我国高等教育哲学基础的讨论中,影响最大的是张楚廷的"生命论",他在《高等教育哲学》一书中,认为教育起源于人的特殊的生命活力,因此,高等教育的生存与发展也离不开人,离不开对人的生命整体发展的关注,生命论自然是高等教育的哲学基础,并且是最重要的哲学基础。④ 此后,还出现了张洪志的"道德论",杨红霞的"资本论",周光迅的"智慧论",杨杏芳的"科技哲学论",方芳的"人本论",母小勇、韦剑剑的"人学论",郭立婷的"存在论",卢彩晨的"经济论"等,他们的观点各异,精彩纷呈。可以预测,随着人们对高等教育哲学基础认识的加深,还会出现新的哲学基础观。

① 约翰·S.布鲁贝克.高等教育哲学[M].王承绪,郑继伟,张维平,等译.3版.杭州:浙江教育出版社,2001:12.
② 杨移贻.大学存在的哲学基础:大学教育思想的深层思考[J].江苏高教,1999(1):25-29.
③ 李福华.高等教育哲学基础新探:兼评布鲁贝克高等教育哲学基础观[J].华东师范大学学报(教育科学版),2003,21(4):25-33.
④ 张楚廷.高等教育哲学[M].长沙:湖南教育出版社,2004:4.

可以想见,大学哲学基础观的多元化,就意味着大学定位的多元化和大学职能的多元化,从而就有可能出现多元化的办学特色,就能使大学百花园中花开朵朵,朵朵不同。事实上,单一的大学哲学基础,在今天这样高等教育大发展的新时代是不存在的。讲认识论,就排斥政治论等其他哲学基础,讲政治论,就排斥认识论等其他哲学基础,都是片面的。当今任何一所大学都是一个复杂的组织,所依托和承载的都不是单一的哲学基础,都是多元哲学基础的有机组合。而有的研究者仍然坚持非此即彼的理念,显然难以站住脚。比如人本论哲学基础观,不管怎么解说,也否定不了认识论和政治论等哲学基础的存在,因为现代大学不可能不做科学研究、不可能不为国家和社会服务、不可能不存在认识论和政治论的问题。

每一所大学都是多元哲学基础的有机组合,但又不是"并驾齐驱"的。"并驾齐驱"在哲学上是不存在的,世界上没有两片完全相同的树叶、一个人不可能两次踏入同一条河流,讲的就是这个道理。在多种大学哲学基础观中,一定有占据主导地位的,比如政治论,或认识论,或人本论等,而不可能出现政治论、认识论和人本论等完全处于同一个层次,或处于同等重要的位置,它们之间一定有区别、有差异,只不过区别和差异有大有小而已。这种大学多元哲学基础存在区别和差异的事实本身,也就为强化大学哲学基础统摄性奠定了理论的基石。

既然大学哲学基础多元化本身就存在区别与差异,存在主次,那么,大学管理者在其工作过程中强化某一哲学基础,使其上升到统摄性的地位,就是顺理成章的事。但遗憾的是,有的大学管理者并不明了此理,不去强化统摄性的哲学基础,以至于我国大学哲学基础总体上看还并不清晰。甚至有的老牌大学都还不明了,不能回答自身的哲学基础是什么、哲学基础内部组合的情况如何、统摄性的哲学基础有没有形成等问题。由此看来,新建地方本科院校的哲学基础及统摄性的哲学基础问题,就更需要强化与研究了。

那么,统摄性哲学基础观与单一哲学基础观都指向集中、指向唯一,二者有何区别?统摄性哲学基础观是在承认多元哲学基础的前提下对某一哲学基础强化的结果,而单一哲学基础观是否定其他哲学基础存在的,认为自己是唯一的,不存在强化的问题,自己本身的存在就是高等教育哲学基础的存在。

(2)大学定位的统摄性

大学管理是一门科学,要想管理好一所大学并非易事,需要把握其规律,尤其要把握关乎大学总体发展的规律。大学定位是对大学的顶层设计,就是关乎大学总体发展规律方面的问题。因此,每一所大学,无论办学历史长短,都要对其定位进行思考。

从我国关于大学定位的理论与实践探索看,从不同角度和不同视野出发,有不同的定位划分。有从整个社会大系统对高等学校的定位、具体到某一所大学在整个高等教育系统中的定位和大学内部各要素在学校发展中的定位[①];有宏观群体定位和微观个体定位的区别,

---

① 刘献君.论高等学校定位[J].高等教育研究,2003,24(1):24-28.

微观个体定位又包括大学的类别、类型、特色、水平等发展目标的定位①；有目标定位、类型定位、层次定位、学科定位及服务面向定位②；等等。不管怎么划分，大学的基本定位都包含学校类型定位、人才培养定位、科学研究定位、社会服务定位和文化传承定位，这些定位都是关乎学校整体和大学使命与职能的定位。由此可见，大学的定位是一个十分复杂的系统，因此，"大学定位一定离不开系统，必须在系统中进行"③。

在如此复杂的定位系统中，如果不加区分地对待，必然导致定位作用难以发挥。在任何一个系统中，只要有多种因素存在，就一定有统摄性的因素，有主次之分。在大学定位系统中，有多个定位因素存在，也自然有统摄性的定位问题。就一般情况而言，在大学发展初期即"新建院校"阶段，先要给自己"画像"，要结合需求和可能，明确应该成为哪种类型的大学。在此阶段，关于学校类型的定位就是统摄性的定位。试想，就某一所大学而言，如果在大学的所有分类中都找不到自己的位置，那这样的大学能够称得上合格的大学吗？"新建院校"即使发展壮大到成熟阶段，也需要在某一类型中已经取得积淀的基础上继续强化和彰显某一定位，并取得统摄性地位，形成鲜明的特色，谋求自己在同一类型大学群体中的特殊位置。比如，某一大学在人才培养定位、科学研究定位、社会服务定位和文化传承创新定位等基本定位中，选择某一定位——人才培养定位，或者科学研究定位，或者社会服务定位，或者文化传承创新定位，进行强化，并形成统摄性定位，才能称得上比如教学型大学，或者研究型大学，或者服务型大学，或者文化型大学。在这些大学中，如果要进一步发展，还得在这些类型中作进一步定位强化，并努力形成其统摄性，才能占据这一类型大学中的制高点。比如：在研究型大学中，还可以进一步区分或者强化基础研究定位，或应用研究定位，并形成其统摄性；在服务型大学中，还可以区分或者强化人才培养服务定位，或应用研究服务定位，并形成其统摄性。大学的情况千差万别，每一所大学都应该结合自身实际，进行研究与分析，找出优势和劣势，把握发展趋势，"准确选择其哲学基础，尤其是统摄性的哲学基础，并兼顾一般性哲学基础，形成统摄性哲学基础下多种哲学基础的有机结合体"④。

（3）大学职能的统摄性

大学依据社会分工所应该承担的职责和使命就是大学职能。比如，大学应该做什么、应该做到什么程度等问题就属于大学职能的问题。大学人才培养的职能产生于中世纪，那时大学职能比较单一，只是培养人才的机构和场所。博洛尼亚大学创建之初校舍简陋，连基本的教学设施都不齐全，没有图书馆，没有运动场馆，甚至连教室也不够用，大学的唯一任务是传播普遍知识，主要职能就是教学，在当时的历史阶段就等同于人才培养。到19世纪初，德国威廉·冯·洪堡(Wilhelm Von Humboldt)认为大学不仅要传播知识，还要发展知识，主张

① 刘志民，龚怡祖，李昌新.大学定位与农科院校的抉择[J].高等农业教育，2003(5):7-9.
② 王心如.论大学办学定位与发展战略[J].南京医科大学学报(社会科学版)，2004,4(3):185-188,233.
③ 刘振天，杨雅文.大学定位：观念的反思与秩序的重建[J].清华大学教育研究，2003,24(6):90-95.
④ 侯长林，罗静.论教学服务型大学的哲学基础[J].贵州社会科学，2017(1):113-117.

教学同科研相统一。洪堡的办学思想引起了大学划时代的变革,德国和美国等许多大学纷纷把科学研究引入大学,把教学和科研结合起来,于是产生了大学的第二职能科学研究。社会服务职能的产生则是 19 世纪末 20 世纪初的事情,1862 年,美国颁布了《莫里尔法案》,直接推动了美国一批"赠地学院"的产生,康奈尔大学、威斯康星大学等就是在赠地学院的基础上发展壮大起来的。康奈尔大学的创始人埃兹拉·康乃尔(Ezra Cornell)在首届开学典礼上明确表示:"要创办一所大学,在这里任何人在任何学习领域都能受到教育。"①康奈尔的理想是要办一所向所有人开放、为所有人服务的人民的大学,并强调实用价值,主张学习实用知识为社会服务,开创了大学服务社会的先河。但是社会服务的大学职能的确立,则是威斯康星大学校长查尔斯·范·海斯(Charles Van Hise)完成的,他在出任威斯康星大学校长的就职演说中就提出了"由州所资助的大学应致力于无疆界的知识探索及社会服务,以满足全州人民及其子女不同趣味和态度的需要"②的办学理念。这一办学理念很快得到大家的认同,并促成了社会服务的大学职能的产生。大学的人才培养、科学研究和社会服务三大职能已经成为大家的共识,几乎所有大学在谈到大学职能时无一例外地都要谈到这三大职能。近几年,关于大学职能的讨论还在进行,比如刘理认为"引领社会"③、徐魁鸿认为"国际文化交流"④、方展画认为"技术创新"⑤、王洪才等认为"促进学生就业"⑥也应该成为大学的职能。胡锦涛在清华大学百年校庆上的重要讲话中提出了文化传承创新的大学新职能。这些大学新职能观的提出,丰富和发展了大学职能的理论,为进一步理解大学提供了新视野。

　　但是,我国有的大学管理者面对林林总总的大学职能却不知所措,甚至盲目跟风,或者只要谈到大学职能,就言必称人才培养、科学研究和社会服务,殊不知,"人才培养、科学研究和社会服务三大职能,只是针对大学的一般特性而言的,并不是说每一种类型的大学在每一个发展阶段都必须是这样"⑦的,不同大学及同一所大学不同发展阶段的基本情况不一样,各职能在学校中所占的比重也不一样,或偏重科学研究职能,或偏重人才培养职能,或偏重社会服务职能,或偏重文化传承创新职能等,都是正常的。试想如果我国所有的大学在职能方面都按照三大或四大职能进行办学,那么会出现什么样的情形?至少"千校一面"的现象会更加严重,大学职能的发挥也会受到影响。三大或四大职能同属于一所大学,犹如三人或四人相处,如果没有带头人很难形成团队,形不成团队,就形不成合力,甚至会产生内耗。单个力量始终难以与集体力量抗衡。只有形成统摄性的大学职能,才能使不同的职能连为一

①　WESTMEYER P.An Analytical History of American Higher Education[M].Springfield,Illinois:Charles C.Thomas Publisher,1997:20.
②　WALLENFELDT E C.Roots of Social Interests in American Higher Education:A Social Psychological Historical Perspective[M].Lanham,Madison:University Press of America,1986:141.
③　刘理.谈引领社会的大学职能[J].大学(学术版),2010(5):30-33.
④　徐魁鸿.国际文化交流:现代大学的第四职能[J].现代教育管理,2010(6):11-13.
⑤　方展画.高等教育"第四职能":技术创新[J].教育研究,2000(11):19-24.
⑥　王洪才,陈娟.促进学生就业:当代高校一项重要新职能[J].江苏高教,2010(4):77-80.
⑦　侯长林,张新婷.对教学服务型大学的理性探讨[J].铜仁学院学报,2015,17(3):52-58.

体,相互贯通,发挥整体效能。

(4)大学特色的统摄性

特色是比较的结果。大学特色同样如此,也是大学与大学之间相互比较而得出的结论。大学要发展,尤其要想在大学百花园中争得一席之地,就必须打造自己的特色。但是特色不是一蹴而就的,是在办学过程中逐步形成的,它可以表现在学校的整体上,也可以表现在学校的局部、某些方面,甚至某个点。比如新加坡共和理工学院把启发式教学方法作为"学校主要的教学方法并上升到整个学校的办学特色"[①]。我国也有不少在某个点上做出特色的大学,比如江南大学的食品科学与工程、西南大学的教育学、中山大学的农学、北京师范大学的地理学等。但是总体来看,特色鲜明的大学比例不高,尤其是将某个点或某个方面的特色上升到学校层面或整体特色的更少。每一所大学在其发展的历史过程中都会形成一定的优势和特色,但是要形成大的特色比较难,形成统摄性的特色更难。特色在学校涉及的面越大越鲜明,越具竞争力。因此,追求统摄性特色的形成是每一所大学的基本选择。

2.大学统摄性的内在逻辑

复杂的统摄性和多样化的表现形式,会在大学形成多个内在逻辑系统,如果抓不住关键因素,就无法理清大学统摄性的内在逻辑。在与大学发展紧密相关的因素中,大学哲学基础是大学的原点和最基本的理论基石,丢失了大学哲学基础,大学存在的根基就会动摇和丧失。大学定位关乎大学发展的方向和未来,大学定位不准,就像大海里航行的船舶,最终不知道走向哪里。大学职能涉及大学作用的发挥和大学影响的扩展,职能不能很好发挥,就难以在社会立足,更谈不上发展。大学特色是大学的核心竞争力所在,好的大学都是在竞争中发展壮大起来的,比如有学者认为剑桥大学是与牛津大学竞争的产物,哈佛大学是与剑桥大学竞争的产物,耶鲁大学、斯坦福大学是与哈佛大学竞争的产物。虽然这种说法有过于绝对之嫌,但这说明大学要想在竞争中处于有利地位,就必须重视大学特色的打造。因此,如果抓住大学哲学基础、定位、职能、特色四个关键因素,将这一逻辑链条上的统摄性问题理清,大学整体的统摄性就能够基本理清。笔者剥茧抽丝,沿着这四个关键线索对大学统摄性的内在逻辑进行了探讨。

大学哲学基础、定位、职能和特色不是孤立存在,而是紧密相连,有其内在逻辑的。其具体表现在:一方面,大学哲学基础决定大学定位并对大学职能和特色产生影响,大学定位决定大学职能并对大学特色产生影响,大学职能决定大学特色。另一方面,大学特色会强化大学职能、定位和哲学基础,大学职能会强化大学定位和哲学基础,大学定位会强化大学哲学基础。从以上两方面综合来看,在大学哲学基础、定位、职能和特色四大模块中,每一模块都对另外三大模块产生作用,只不过产生作用的方式各有不同。"大学哲学基础"模块是大学的根基,对"大学定位"模块起决定作用,并对"大学职能"模块和"大学特色"模块产生影响;

---

① 侯长林.我生命中的十年[M].成都:巴蜀书社,2015:253.

"大学定位"模块最直接的作用是决定"大学职能"模块,同时对"大学特色"模块产生影响,
"大学哲学基础"虽然是"大学定位"模块的决定因素,但是"大学定位"模块一旦形成,又会
对"大学哲学基础"模块产生强化作用;"大学职能"模块决定"大学特色"模块,并对"大学定
位"模块和"大学哲学基础"模块产生强化作用;"大学特色"模块处于"大学哲学基础"模块、
"大学定位"模块和"大学职能"模块链条之后,虽然不能对其他模块起决定作用并产生一定
的影响,但是能够产生强化作用。在单个逻辑链条上,比如在"大学哲学基础→大学定位→
大学职能→大学特色"的"决定关系",以及"影响关系"和"强化关系"单个关系链条上,虽然
没有形成逻辑闭环,但是将"决定关系""影响关系""强化关系"三个方面的关系综合起来
看,形成了"决定"或"影响"或"强化"的逻辑闭环。既然是逻辑闭环,就可以形成整体周流
和互动共生的状态。整体周流是生态学概念,包括闭环内部诸多层次间的环向因果、因缘关
系,网状互动、互生关系,同化与顺化关系,能量与信息的传递与回应关系等。互动共生是生
态系统中两个或两个以上因素之间通过物质或信息的交流,产生相互影响或强化作用,引起
事物的变化,相生相伴,共生共荣。

　　因此,既然"大学哲学基础""大学定位""大学职能""大学特色"四大模块之间的关系
存在决定或影响或强化的内在逻辑闭环,并能够形成整体周流和互动共生的关系,我们在选
择或确定或培育这四大模块中的任何一个模块时,就要尽可能考虑其他三个模块的情况。
任何一个模块都不是孤立的,都与其他三个模块有着十分紧密的联系,都是这四个模块逻辑
闭环中的一个点和其所形成的整体周流和互动共生关系中的一个因素,如图 2-2 所示。

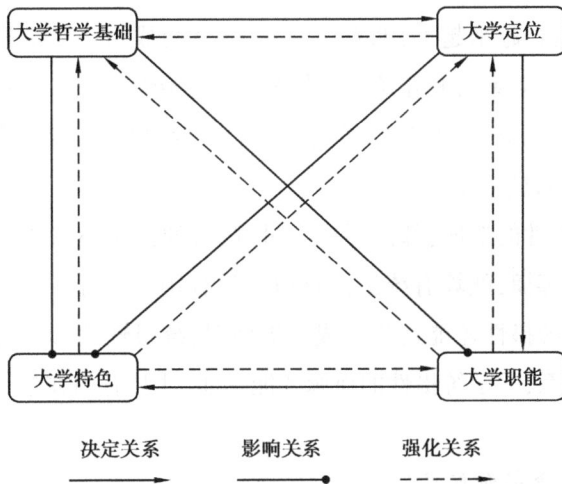

图2-2　大学哲学基础、定位、职能、特色之间的内在逻辑关系

　　统摄性大学哲学基础、统摄性大学定位、统摄性大学职能和统摄性大学特色的内在逻辑
与大学哲学基础、大学定位、大学职能和大学特色的内在逻辑一样,每一个模块都会对其他
三个模块产生决定或影响或强化的作用。比如一所大学要想形成统摄性的大学特色,必然
要有统摄性的大学职能,没有统摄性的大学职能,统摄性的大学特色就失去了源泉,而统摄

性的大学职能又来源于大学定位,统摄性的大学定位来源于大学哲学基础。统摄性大学特色一旦形成,又会强化统摄性大学哲学基础,统摄性大学职能一旦形成,在决定统摄性大学特色的同时,又会强化统摄性大学定位,统摄性大学定位对统摄性大学职能和统摄性大学哲学基础的作用同样如此。

因此,不同的大学,由于各自的情况和所处的发展阶段不一样,大学哲学基础统摄性点的选择就要综合考虑各种因素进行确定,大学定位、大学职能和大学特色三大模块统摄性点的选择,也要根据大学的具体情况,考虑大学所涉及的多方面因素,尤其要考虑各模块所处的位置及其前面模块的情况,并尽可能与其相对应,即"大学特色"模块统摄性点的选择要与处于其前面的"大学职能"模块、"大学定位"模块和"大学哲学基础"模块统摄性点相对应,"大学职能"模块统摄性点的选择要与处于其前面的"大学定位"模块和"大学哲学基础"模块统摄性点相对应,"大学定位"模块统摄性点的选择要与处于其前面的"大学哲学基础"统摄性点相对应,这样才能形成"统摄性大学哲学基础→统摄性大学定位→统摄性大学职能→统摄性大学特色"的富有生机和活力的办学链条。

3.强化大学统摄性的策略

既然大学的统摄性存在且十分重要,我们就应该努力强化大学的统摄性,使其在学校发展过程中发挥更大的作用。那么,如何强化大学的统摄性呢?笔者以为应主要注意以下几个问题。

(1)要有统摄性意识

当今的大学办学规模越来越大,如果任其发展,就会成为一盘散沙。所以,要进一步推进大学进步与发展,增强凝聚力和竞争力,就必须有统摄性意识。只有统摄性意识形成了,才能积极主动地培育其统摄性,否则,办学时间再长,其统摄性也很难形成。

(2)要有统摄性培育的规划

任何一所大学统摄性的形成,都需要一个过程,有的甚至还需要比较长的过程,如果没有规划,东一榔头西一棒槌,就算有统摄性意识也没有用。只有在规划的指导下,在一定的时间范围内长期坚持,统摄性才能逐步形成。更何况,统摄性的形成有其内在机理,只有通过规划,厘清其内在联系,大学统摄性的血脉才能畅通,才具有内在活力,才能形成真正的大学统摄性。

(3)要有统摄性培育实施方案

仅有规划还不够,还需要制定符合学校实际的统摄性培育实施方案。不管什么大学,其统摄性培育牵涉的面都比较宽,只有通过实施方案的制定理清各方面的关系,才能确保统摄性培育工作顺利进行。

(4)要构建统摄性培育的评价机制

不仅统摄性的形成是一个长期的过程,更为重要的是,统摄性形成之后更需要坚持,只要还是大学,还需要生存与发展,就离不开对其统摄性的呵护。要想使统摄性长期存在并进一步发展,就需要建立符合大学统摄性形成和发展规律的评价机制。只有建立了合理的评价机制,大学统摄性的形成和发展才有保障,否则,只是昙花一现,不能可持续发展。

(二)学科生长的根基:大学的哲学基础

考虑到应用学科的"应用"性,本书主要探讨应用型大学行列中教学服务型大学的哲学基础,以期其理论能够为应用学科成长奠定坚实基础。

我国新建地方本科院校在国家政策的引导下正在朝应用型大学方向转型发展。目前,朝应用型大学方向转型发展的不仅有应用技术大学,还有创业型大学、技术型大学、教学型大学、服务型大学、教学服务型大学等,但是在应用转型中规模比较大的是应用技术大学和教学服务型大学两大阵营。由于全国应用技术大学(学院)联盟的成立和推动,朝应用技术大学方向发展的队伍比较庞大,截至 2018 年 5 月 15 日,已经有约 159 所院校参加了全国应用技术大学(学院)联盟,其中天津职业技术师范大学、黑龙江工程学院、上海机电学院、重庆科技学院、浙江科技学院等已经在应用转型方面卓有成效。另外,黑龙江科技大学、武汉纺织大学、浙江树人大学、宁波大红鹰学院、河南师范大学、铜仁学院等教学服务型大学也取得了长足的进步与发展。目前,"全国教学服务型大学建设"学术研讨会已经召开了两届。第一届于 2013 年 5 月在宁波召开,由中国高等教育学会院校研究分会主办、宁波大红鹰学院承办,参加会议的有来自全国 10 多个省市、20 余所大学及研究机构的领导和专家学者近 60 人,围绕"教学服务型大学建设"的主题,探讨了教学服务型大学的概念内涵、建设的有效路径等问题。第二届"全国教学服务型大学建设"学术研讨会于 2016 年 5 月在铜仁学院召开,北京大学、中国人民大学、华中科技大学、中国教育科学研究院等 21 所大学和研究机构的 70 多名专家学者出席了会议。本次会议认为教学服务型大学是顺应时代发展潮流产生的新型大学,应在我国现有研究型大学、教学研究型大学、教学型本科院校等分类中增设"教学服务型大学"。

何为教学服务型大学? 笔者认为,教学服务型大学是一种以服务为宗旨并通过以培养应用型人才为主兼顾科技、文化艺术服务社会的应用型大学。其内涵主要包括教学和社会服务两方面:教学方面在重视科学知识传授的同时,重视技术技能的传授,强调科学知识和技术的应用;在社会服务方面,强调社会服务的多元化,既有科学知识的、技术技能的服务,也有通过培养技术人才和科技研发进行服务的。①

1.高等教育哲学基础的多元化发展与一元化解读的矛盾

我国学术界关于高等教育哲学基础的讨论始于美国教育家约翰·S.布鲁贝克《高等教育哲学》一书在我国的翻译出版。布鲁贝克认为:20 世纪的美国,大学确立其地位的主要途

---

① 侯长林,罗静,叶丹.应用型大学视域下新建本科院校办学定位选择[J].教育研究,2015,36(4):61-69.

径存在着主要是以认识论为基础和以政治论为基础的高等教育哲学。① 认识论更加关注知识本身,高等教育所追求的是高深的学问,其终极目标是为学术而学术,崇尚学术自由和学术自治;政治论更加关注知识目的,追求知识只是手段,高等教育所追求的是为国家和社会服务,即要考虑其社会价值。布鲁贝克认为"认识论"和"政治论"均有其合理性,但都有不可避免的缺陷,不能简单地判定孰优孰劣,两者在美国高等教育的发展过程中交替占据统治地位,最佳方法是将二者合二为一,相互融合,取长补短。1999年,杨移贻在布鲁贝克高等教育认识论和政治论的基础上提出了"生产力论"和"知识论"②,认为生产力论是工业社会大学存在的一种占支配地位的理论基础,知识论是知识经济时代的高等教育哲学基础。杨移贻关于"生产力论"和"知识论"的高等教育哲学基础理论的提出,拉开了我国关于高等教育哲学基础讨论的序幕。2003年,李福华提出了高等教育"人类学"哲学基础理论③,认为高等教育不仅有认识论和政治论基础,还应该有任何教育都存在的人类学基础,并且认为人类学基础是高等教育的首要哲学基础,即高等教育存在的哲学基础应该由教育人类学基础、认识论基础和政治论基础三大部分共同构成。2004年,张楚廷出版了《高等教育哲学》一书,通过对布鲁贝克高等教育哲学的质疑,提出了"生命论"④,认为教育起源于人的特殊的生命活力,因为有了生命才有教育,所以教育的开展要依据生命的特征来进行。张楚廷认为高等教育的生存发展离不开人,因此要以人为本,关注人的生命的整体发展。2005年,张洪志在对中国传统高等教育哲学的框架进行分析之后,提出了"道德论"⑤,认为将道德论纳入整个高等教育哲学基础体系,既有利于高等教育自身的发展,也有利于"整全的人"的培养。2006年,杨红霞从市场需求出发,提出了"资本论"⑥,认为大学应该是一个满足消费者需求的服务机构,其基础是一种完全面向市场需要的哲学,课程的开设是根据人的需要而定的,高等教育不能拒绝消费者的任何要求。同年,周光迅等基于教育与哲学的关系,提出了"智慧论"⑦,认为哲学是爱智之学,教育的本质是教人求知,追求"大智慧",因此,高等教育是一种传播大智慧的教育。

此外,关于高等教育哲学基础的讨论,还有杨杏芳提出的"科技哲学论"基础,方芳提出的"人本论"基础,母小勇、韦剑剑提出的"人学论"基础,郭立婷提出的"存在论"基础,卢彩晨提出的"经济论"基础等,可谓百花齐放,异彩纷呈。可以预测,随着我国高等教育的进一步发展,以及高等教育哲学基础理论研究的深入和边界的拓展,还将出现新的哲学基础理

---

① 约翰·S.布鲁贝克.高等教育哲学[M].王承绪,郑继伟,张维平,等译.3版.杭州:浙江教育出版社,2001:12.
② 杨移贻.大学存在的哲学基础:大学教育思想的深层思考[J].江苏高教,1999(1):25-29.
③ 李福华.高等教育哲学基础新探:兼评布鲁贝克高等教育哲学基础观[J].华东师范大学学报(教育科学版),2003,21(4):25-33.
④ 张楚廷.高等教育哲学[M].长沙:湖南教育出版社,2004:4.
⑤ 张洪志.道德论:高等教育哲学发展的新阶段[J].石油教育,2005(2):96-99.
⑥ 杨红霞.高等教育哲学基础的拓展:以美国高等教育发展为例[J].清华大学教育研究,2006,27(1):96-100,117.
⑦ 周光迅,方建中,吴小英.哲学视野中的高等教育[M].青岛:中国海洋大学出版社,2006:2-5.

论。比如加拿大文化学者比尔·雷丁斯(Bill Readings)在其著作《废墟中的大学》(*The University in Ruins*)中所提到的"文化大学",其哲学基础,难道不可以概括为"文化论"吗?其实,不仅雷丁斯的"文化大学"其哲学基础是文化论,就是一般的大学,其哲学基础也离不开文化。大学是教育机构,也是文化机构。更何况从政治、经济、文化一体化发展的规律看,政治、经济、文化是紧密相连的,有政治论基础、经济论基础,就应该有文化论基础。有文化论哲学基础,是不是还有其他哲学基础?回答是肯定的。因为现代大学发展的内涵越来越丰富。大学内涵发展的丰富性主要表现在两个方面:一是大学发展的类型越来越多,越来越细化。不同类型的大学必然有不同的哲学基础,即高等教育哲学基础的多元化发展也成为必然趋势。二是大学个体发展的内部组织结构越来越复杂。现代大学已经不再是纽曼时代的结构比较单一的僧侣居住的"村庄",而是克拉克·克尔眼里的五光十色的"市镇"。多元化巨型大学作为一个规模庞大的机构,"它有若干个目标,不是一个;它为若干种顾客服务,不是一种。它不崇拜一个上帝;它不是单一的,统一的社群;它没有明显固定的顾客"[1]。大学责任和使命的多元、职能的多元,必然有其对应的多元化的哲学基础。此外,大学特色化水平的提升也将促进其哲学基础的多元化。千校一面,其哲学基础就只有一种类型;百花齐放,有百种类型的大学就会有百种对应的哲学基础。所以,随着我国高等教育的进一步发展,尤其是特色化水平的提升,必然会出现与特色化相对应的哲学基础。大学的特色,首先是因为有其哲学基础的特色,才可能有大学定位的特色和大学职能的特色。从理论上分析,每一所有特色的大学都应该有独特的哲学基础,甚至同一所大学在不同的发展阶段也会有不同的哲学基础。因此,企图用某一种即一元化哲学基础来概括蓬勃发展的多元化高等教育哲学基础,显然是不可能办到的。谈大学的政治论,就否定认识论、人本论和文化论,或谈认识论,就否定政治论、人本论和文化论等,都是不对的。大学的哲学基础,不是非此即彼,不是水火不相容的。暂且不说还有其他高等教育哲学基础,单就政治论、认识论、人本论和文化论而言,想从高等教育的整体上用其中的某一种哲学基础来否定其他三种哲学基础都是不可能的。道理很简单,只要大学内在地具有人才培养、科学研究、社会服务和文化传承创新等职能,就应该有其所对应的人本论、认识论、政治论和文化论等哲学基础。如果说人才培养、科学研究、社会服务和文化传承创新等是大学的基本职能,那么,人本论、认识论、政治论和文化论等就是高等教育的基本哲学基础。基本哲学基础,只是就一般情况而言,应该具备这些哲学基础,并不是说每一所大学和每一所大学的各个发展阶段都必须具备这些哲学基础,更不是说,这些哲学基础在某一所大学和其发展的各个阶段所占的比重是一样的。我国对高等教育哲学基础的讨论之所以没有形成共识,主要是因为大多数学者企图用自己所认同或臆想的某一种即一元化的哲学基础来解读客观存在的多元化的哲学基础。比如持人本论观点者大谈人本论哲学基础的重要性,很少谈甚至不谈其他哲学基础,试想纯粹的人

---

① Clark Kerr.大学的功用[M].陈学飞,陈恢钦,周京,等译.南昌:江西教育出版社,1993:96.

本论哲学能够在当今的现实社会中建构一所大学吗？认识论等也同样如此。目前,我国高等教育的规模已经不小。截至2020年6月30日,全国高等学校已经发展到3 005所。如此庞大的大学规模,不说每一所学校有不同的办学特色,就是从大学类型的划分看,也是非常复杂的。比如:研究型大学与教学研究型大学、教学型大学的特色不同,其哲学基础不一样;应用型大学也有许多类型,包括应用技术大学、教学服务型大学、创业型大学、技术本科等,各有特色,其哲学基础也有一定的差异;就是定位为教学服务型的大学,各自的哲学基础也各有千秋。所以,面对林林总总、纷繁复杂的大学多元化客观存在,任何一种哲学基础都不可能独自统治所有大学。如果所有的大学真的都被某一种哲学基础统治了,那就是大学的悲哀了。同时,也不可能出现某一种哲学基础永远统治某一所大学的情况。每一所大学都要发展、要变化,其哲学基础也会变,并且会率先发生变化,只是这种变化有可能被人们意识到也有可能未被意识到罢了,但不管是否被意识到,其哲学基础的不断演进发展与变化都是客观存在的。当其哲学基础的变化还处在量变阶段时,某种哲学基础还可占据统治地位,一旦发生质变,另一种哲学基础就会取而代之。这种高等教育哲学基础交替主宰大学发展的情况和规律,正是每一所大学哲学基础生命机制存在的表征和体现。总之,无论是一个国家的所有大学,还是某一所大学发展的不同阶段,其哲学基础都是多元的。也只有多元的哲学基础,才能造就多元的大学,大学的花园里才能百花齐放、千姿百态。

2.教学服务型大学哲学基础体现在其大学职能的发挥上

(1)大学职能是高等教育哲学基础的集中反映

从布鲁贝克提出的高等教育哲学基础,以及我国学者在其基础上提出的新的哲学基础观点看,高等教育哲学基础与大学职能之间有着十分紧密的联系,并且基本上是一一对应的,比如人本论哲学基础所对应的就是人才培养职能、认识论哲学基础所对应的就是科学研究职能、政治论哲学基础所对应的就是社会服务职能、文化论哲学基础所对应的就是文化传承创新职能。这种对应关系在我国高等教育哲学基础研究中已有论者谈及,但是笔者不赞成将高等教育认识论和政治论的实践根源归结为科学研究和社会服务两大职能等观点。因为高等教育哲学基础的根源不是大学职能。布鲁贝克在提出高等教育哲学基础时就有过明确的论述:强调认识论的人是"把以'闲逸的好奇'精神追求知识作为目的"[①],即对真理和知识的追求是高等教育认识论哲学基础的根源。持政治论观点的"人们探讨深奥的知识不仅出于闲逸好奇,而且还因为它对国家有着深远的影响"[②],即解决社会的复杂问题是高等教育政治论哲学基础的根源。事实上,高等教育的哲学基础决定了大学的办学定位,即有什么样的哲学基础就会有什么样的办学定位。大学的办学定位决定了大学职能,即有了办学定位才有相应的大学职能。其产生的路线为哲学基础→办学定位→大学职能。人们对大学职

① 约翰·S.布鲁贝克.高等教育哲学[M].王承绪,郑继伟,张维平,等译.3版.杭州:浙江教育出版社,2001:13.
② 约翰·S.布鲁贝克.高等教育哲学[M].王承绪,郑继伟,张维平,等译.3版.杭州:浙江教育出版社,2001:15.

能认识较早,讨论也比较多,大学职能概念比高等教育哲学基础概念提出早,在高等教育的话语世界中是先有大学职能后有高等教育哲学基础的,但不能因此说大学职能是高等教育哲学基础的根源。人们不认识的不等于不存在,即人们在开始讨论大学职能时,还没有高等教育哲学基础概念,但并不等于高等教育哲学基础就不存在,只是当时的人们没有认识到罢了。所以,正确的观点是,大学职能是高等教育哲学基础的反映,并且是比较集中的反映。比如人才培养职能就是高等教育人本论哲学基础的集中体现和反映,科学研究职能就是高等教育认识论哲学基础的集中体现和反映,社会服务职能就是高等教育政治论哲学基础的集中体现和反映,文化传承创新职能就是高等教育文化论哲学基础的集中体现和反映等。

(2)大学统摄性职能对应其统摄性哲学基础

关于大学职能,人们存在认识的误区,认为凡是大学都必须讲大学的三大或四大职能,都必须重视人才培养、科学研究和社会服务或再加文化传承创新等职能的发挥,其实,这三大或四大职能是就大学的一般特性而言的,是大学的共性,具体到某一所高校,如果大学的基本职能都讲到,都要重视,是不符合实际的,"真正有特色的大学只能是这些职能中的某一项职能占据主要地位,成为统摄性职能"①。中国人民大学李立国教授也指出,教学、科研、社会服务是大学的三种职能,但是"并不是每一所高等教育机构都要承担这三种职能"②,并且不同类型大学的统摄性职能是不一样的。教学型大学的统摄性职能在教学方面,研究型大学的统摄性职能在科学研究方面,服务型大学的统摄性职能在社会服务方面。统摄性职能在教学或科学研究或社会服务等方面,不等于教学或科学研究或社会服务等方面,即大学的统摄性职能在教学或科学研究或社会服务方面也是有差异的。世界没有两所完全相同的大学,也就没有两种完全相同的大学统摄性职能。同一所大学只要发生阶段性变化,出现阶段性特征,则证明其大学职能也发生了阶段性变化。这种变化发展到一定阶段,就会影响其统摄性职能的变化。

教学服务型大学属于服务型大学的范畴,是服务型大学中的教学型,其统摄性职能自然也应该在社会服务方面,即教学服务型大学的统摄性职能是社会服务职能,但说社会服务是教学服务型大学的统摄性职能,并不否定人才培养和科学研究的重要性,只是在这里人才培养和科学研究职能"被社会服务职能所统摄,转变成了社会服务职能的一个或两个主要因素"③。在这里还需要指出的是,处于不同区域和不同发展阶段的教学服务型大学,其大学职能也是不一样的。

就大学的个体而言,按照大学职能与高等教育哲学基础的对应关系规律进行推断,有统摄性大学职能就应该有统摄性的高等教育哲学基础。比如:研究型大学的统摄性职能如果

---

① 侯长林.大学本身是值得探究的:主持人语[J].铜仁学院学报,2015(6):62-64.
② 李立国.什么是现代大学[J].中国人民大学教育学刊,2013(2):20-30.
③ 侯长林,张新婷.对教学服务型大学的理性探讨[J].铜仁学院学报,2015,17(3):52-58.

是科学研究,其对应的统摄性哲学基础就应该是认识论;教学型大学的统摄性职能是人才培养,其统摄性哲学基础就应该是人本论;服务型大学的统摄性职能是社会服务,其统摄性哲学基础就应该是政治论;文化型大学的统摄性职能是文化传承创新,其统摄性哲学基础就应该是文化论。高等教育哲学基础是多元的,任何一种哲学基础要想霸占所有大学和大学发展每一阶段的统治地位都是不可能的,但在一定范围和大学发展的一定阶段统摄性的哲学基础是存在的。笔者在这里所谈的"统治"是指独断、控制,有排除异己之意,而"统摄"则不一样,它虽然有统领之意,但并不排除异己,即在某一哲学基础统领之下允许多种哲学基础并存。因此,笔者认为,大学有统摄性哲学基础和统摄性大学职能,但是没有统治性哲学基础和统治性大学职能。

(3)教学服务型大学哲学基础主要体现在社会服务统摄性职能上

教学服务型大学是服务型大学中的教学型,其统摄性哲学基础就应该是服务型大学社会服务统摄性职能所对应的统摄性政治论哲学基础。既然教学服务型大学的统摄性哲学基础是政治论,那么,教学服务型大学哲学基础就主要体现在社会服务统摄性职能上。所以,要想把教学服务型大学建设好,充分地体现其政治论统摄性哲学基础,就应该努力彰显社会服务职能。为此,在我国高校中,铜仁学院率先成立了校级社会服务中心,各专业学院相应成立了社会服务科。社会服务中心和社会服务科的成立,就是为了确保教学服务型大学社会服务统摄性职能不落空,并进而彰显其统摄性政治论哲学基础。应该说,这种做法是一种组织的创新。人才培养职能和科学研究职能所对应的教务处、教务科和科研处、科研科,各高校早已成立,随着高等教育与社会关系越来越紧密,尤其是朝应用型大学发展的地方高校其社会服务职能日益彰显,成立校级社会服务中心和专业学院成立社会服务科也就成为历史发展的必然。因此,笔者可以预测各地方高校迟早都会仿效铜仁学院的做法成立社会服务中心和社会服务科等与社会服务职能相对应的组织机构,可以不叫社会服务中心和社会服务科等名字,但这样的组织机构一定会有的。没有这样的组织机构,社会服务职能便得不到很好地发挥,政治论哲学基础也得不到很好地体现。

3.政治论统摄下的人本论、认识论和文化论的有机结合是教学服务型大学哲学基础的最佳选择

教学服务型大学的统摄性哲学基础是政治论,但又不仅是政治论,还有人本论、认识论和文化论等。从我国高等教育发展的历史看,由于过度强调高等教育政治论哲学基础,有的大学往往忽视了人本身的发展,忽视了对知识及真理的探求,忽视了文化传承创新和文化建设,从而对大学内在逻辑力量的提升产生了一定的影响。所以,关于教学服务型大学政治论哲学基础,由于是其居于统摄性地位的哲学基础,强化是肯定的,但是也要把握好度,尤其是要进一步对政治论进行细化并结合办学定位进行选择。布鲁贝克的政治论包括"政治目标"和"为国家服务"两个方面。中央党校、国家行政学院、青年政治学院等培养各级各类党政干

部的大学应该自觉选择政治论中的"政治目标"作为其统摄性哲学基础,其他以政治论为统摄性哲学基础的大学应该选择"为国家服务"的政治论作为其统摄性哲学基础。教学服务型大学是应用型大学中一种类型,并且大多为新建地方本科院校,办学基础薄弱,科研能力、社会服务能力不强,还达不到"为国家服务"的水平,甚至提"为省服务"都还有些为时尚早。所以,教学服务型大学应该以"为地方服务"的政治论作为统摄性哲学基础。铜仁学院在建设教学服务型大学的过程中,就明确提出"铜仁需求·国家标准"的办学理念。所谓"铜仁需求",包括"虚指"和"实指"两个方面:"虚指"中的"铜仁"是指铜仁学院所在的区域,可大可小;"实指"中的"铜仁"就是指"铜仁市"。① 强化"铜仁需求",提出为铜仁经济社会文化服务就是强化铜仁学院政治论中"为铜仁服务"的统摄性哲学基础,即铜仁学院作为教学服务型大学,其统摄性哲学基础就是"为铜仁服务"的政治论哲学基础。也就是说,铜仁学院要体现其政治论统摄性哲学基础,就应该紧扣"铜仁需求",培养铜仁所需要的应用型人才,尤其是进行应用研究,建设应用学科。做"铜仁需求"的应用研究和适应"铜仁需求"的应用学科,也符合铜仁学院学科发展的生态位规律,"教学服务型大学学科的优势在应用性和地方性,研究性学科和研究性内容不是教学服务型大学的选择"②。总之,离开铜仁这块土地,谈铜仁学院政治论哲学基础,也就成了无源之水、无本之木,所以紧扣"铜仁需求"是铜仁学院坚守其政治论统摄性职能的基本要求。

教学服务型大学在强化以"为地方服务"的政治论统摄性哲学基础时,还要兼顾人本论、认识论和文化论等哲学基础。因为教学服务型大学主要是通过培养人才对社会进行服务的,也要发展应用学科,进行应用研究,还要进行文化传承创新和文化艺术服务,所以也要考虑人本论、认识论和文化论哲学基础。当然,教学服务型大学在政治论统摄下的人本论、认识论和文化论等哲学基础的结合,是有机地结合,而不是简单地拼凑。我国高等教育实践及其矛盾的多元化,决定了高等教育哲学基础的多元化,尤其是"社会政治、经济、科技等各方面的发展使政治论或认识论哲学也不可能在实践中总是占据统治地位"③。因此,每一所大学都应该结合自身的实际,分析优势和劣势,准确选择其哲学基础,尤其是统摄性哲学基础,并兼顾一般性哲学基础,形成统摄性哲学基础下多种哲学基础的有机结合体。在此基础上,明确办学定位,强化统摄性大学职能,就能够逐步打造自己的办学特色,形成核心竞争力。因此,政治论统摄下的人本论、认识论和文化论的有机结合就自然成了教学服务型大学哲学基础的最佳选择。

① 罗静.对铜仁学院"铜仁需求·国家标准"办学理念的解析[J].铜仁学院学报,2016,18(6):49-54.
② 罗静.教学服务型大学学科生态化发展探讨[J].贵州社会科学,2015(12):115-120.
③ 张茂林.高等教育哲学基础的辩证分析及其启示[J].黑龙江高教研究,2012,30(12):12-15.

第三章　现代职业教育体系背景下应用型学科生态位现状研究

一、内涵下定位:学科生态位概念的全面诠释

近年来,随着新建本科院校朝应用型高校转型发展,由中职、高职专科、应用型本科、专业学位研究生教育组成的现代职业教育体系日趋完善。但是,从学科视角看,还存在中职和高职专科学校应用型学科生态位缺失、应用型本科高校应用型学科生态位较弱、专业学位阶段应用型学科生态位不明显等问题。要构建应用型学科生态位体系,就需要补齐中职和高职专科教育应用型学科生态位的缺陷,强化应用型本科高校应用型学科生态位的主体地位,构建专业学位研究生教育应用型学科生态位框架。

(一)学科、基础学科、应用学科及学科生态位的概念及内涵

长期以来,在学科建设方面,国内谈基础学科较多,讨论应用学科较少,以致应用学科建设总体水平不高、生态位不强。在我国当今经济社会转型升级的历史时期,尤其是"大众创业、万众创新"的新时代,应用型学科生态位不强,必将影响应用型人才培养和对经济社会发展的支撑与服务。因此,对应用型学科生态位进行探讨,其意义十分明显。

"学科"一词源于古拉丁文"disciplina",其含义比较模糊,指知识及权力,后来在演化过程中有一定变化,比如演化为英文"discipline"后就专指各门知识,尤其是指医学、法律和神学等新兴大学里的专门知识,"权力"的含义就逐渐消失了。其实,学科就是因知识的产生而产生的,正如美国著名高等教育学家和社会学家伯顿·R.克拉克所说:"知识是通过世世代代累积起来的,各门学科都是历史发展的产物,它们随时间迁移而发展。"[1]关于学科,尽管有多种说法,但笔者认为,不管对学科怎么定义或表述,它都应该是知识产生和积累的产物,当知识积累到一定阶段需要整理和分类时,人类才进入了学科时代,也就是说,学科是知识谱系,是知识的门类。伯顿·R.克拉克说得好:"学科包含两种含义:一是作为知识的'学科',二是围绕这些'学科'建立起来的组织。"[2]从伯顿·R.克拉克的论述中可以看出,第二种含义是围绕第一种含义进行的,是次生的,作为知识的"学科"才是首要的,是居于第一位的。因为"没有知识,就没有因知识而产生的组织"[3]。

---

① 伯顿·R.克拉克.高等教育系统:学术组织的跨国研究[M].王承绪,徐辉,殷企平,等译.杭州:杭州大学出版社,1994:15.
② 伯顿·克拉克.高等教育新论:多学科的研究[M].王承绪,徐辉,郑继伟,等译.2版.杭州:浙江教育出版社,2001:134.
③ 罗静.教学服务型大学学科生长性考察[J].铜仁学院学报,2016,18(5):43-46.

　　所谓基础学科,是指研究社会基本发展规律并提供人类生存与发展基本知识的学科,一般多为传统学科,如数学、物理学、化学、哲学、社会科学、历史、文学、逻辑学等。基础学科尤其是其中的人文学科,很难具备直接创造经济效益的条件。美国国家科学基金会(NSF)认为,基础学科的研究目的是获取被研究主体全面的知识和理解而不是去研究该主体的实际应用。应用学科是相对于基础学科而言的,是研究基础学科所产生知识的应用,由能够直接指导生产服务一线工作,提高人类生活水平、生存质量所需要的知识、经验、方法、策略形成的系统的理论体系。比如工程类、管理类、设计类、技术类方面的工商管理学、行政管理学、财务会计学、计算机科学、农学、临床医学等应用学科,就是社会科学、哲学、生物学、数学、物理学、逻辑学等基础学科知识应用于生产服务一线所产生的。需要强调的是,应用学科的产生大多需要基础学科知识的交叉融合,比如,计算机科学,它是系统性研究信息与计算的理论基础以及它们在计算机系统中如何实现与应用的实用技术的学科,是以数学、统计学、逻辑学、物理学等基础学科的交叉融合所产生的新的应用学科。

　　生态位(Niche)最早出自拉丁文"nidus",属于生物学范畴,是指生物群落中种群或物种个体占据的一定的空间及其所具有的功能,它强调的是生物种群或物种在空间及竞争中的关系,具有两个重要因素:一个是空间,一个是竞争。在自然界,如果在同一个空间有两个或两个以上的物种存在,即生态位重叠,就会出现竞争,而竞争的结果就是强者生存、弱者灭亡或逃离,生态位重叠越多,竞争就越激烈。用生态位理论、从生态学视角看学科,可以发现,学科也存在生态位的现象和问题。所谓学科的生态位,就是指在学科系统中某个学科占据的空间和具有的功能,尤其是指学科在空间及竞争中的关系。一个学科要生存与发展,必须找准自己的生态位,没有自己独有的生态位,就没有自己生存与发展的空间。因此,"学科的竞争其实就是在生态位上的竞争,学科的优势体现在生态位上,劣势也体现在生态位上"①。

　　(二)应用型学科生态位存在的问题和强化应用型学科生态位的对策

　　1.我国应用型学科生态位存在的问题

　　我国传统教育历来"重学轻术",即使在今天,"重学轻术"的思想仍然根深蒂固。"学"属于认识论的范畴,"术"属于实践论的范畴。所谓学就是指学问和科学,重点是回答"是什么"与"为什么"的问题;术是指技术、手段和方法,回答"做什么"和"如何做"的问题。学与术的关系问题自从大学教育的诞生就已经存在并伴随其始终。考察历史可得知,不同时期、不同国家的大学教育在处理这一关系时往往有所偏重,"以德国为代表,曾一度重学轻术,该国的普通高等教育在这一时期也因此得到快速发展;'二战'后的美国和日本则一度重术轻学,使得两国的职业技术教育发展迅猛"②。由于"重学",我国普通高等教育得到了快速发

①　罗静.教学服务型大学学科生态化发展探讨[J].贵州社会科学,2015(12):115-120.
②　蒋茂东,胡刚,万云霞.高等教育"学与术"发展不平衡的思考:兼论高等职业教育的术科建设[J].中国职业技术教育,2008(33):17-18,24.

展,并且形成了专科教育、本科教育、研究生教育三个不同层次的学科体系,一般老牌本科院校基本上可以授予学士、硕士、博士学位。而由于长期"轻术",我国高等职业教育诞生很晚,直到 1980 年初才开始建立职业大学,到现在也只有 40 多年的发展历史,并且由于"重学轻术"传统观念的影响,应用型人才一直得不到应有的重视。即使在 2015 年 11 月,教育部、国家发展和改革委员会、财政部三部门联合印发的《教育部　国家发展改革委　财政部关于引导部分地方普通本科高校向应用型转变的指导意见》(教发〔2015〕7 号)出台后,部分新建本科院校在转型发展的路上仍然不情不愿,或者羞羞答答,认为转型发展、培养应用型人才有"自我矮化"之嫌,担心回到专科层次或者高职教育的阵营。至于应用型高等教育与职业教育到底有什么区别和联系,那是另外一个话题。笔者赞同中国教育学会原会长钟秉林教授的观点:"从某种意义上说,应用型本科教育是现代职业教育体系中的一个层次,也是普通本科高等教育体系中的一种类型。"其实,这个观点与教育部、国家发展和改革委员会、财政部、人力资源和社会保障部、农业部、国务院扶贫办组织编制的《现代职业教育体系建设规划(2014—2020 年)》(教发〔2014〕6 号)中构建的教育体系完全吻合(图 3-1)。

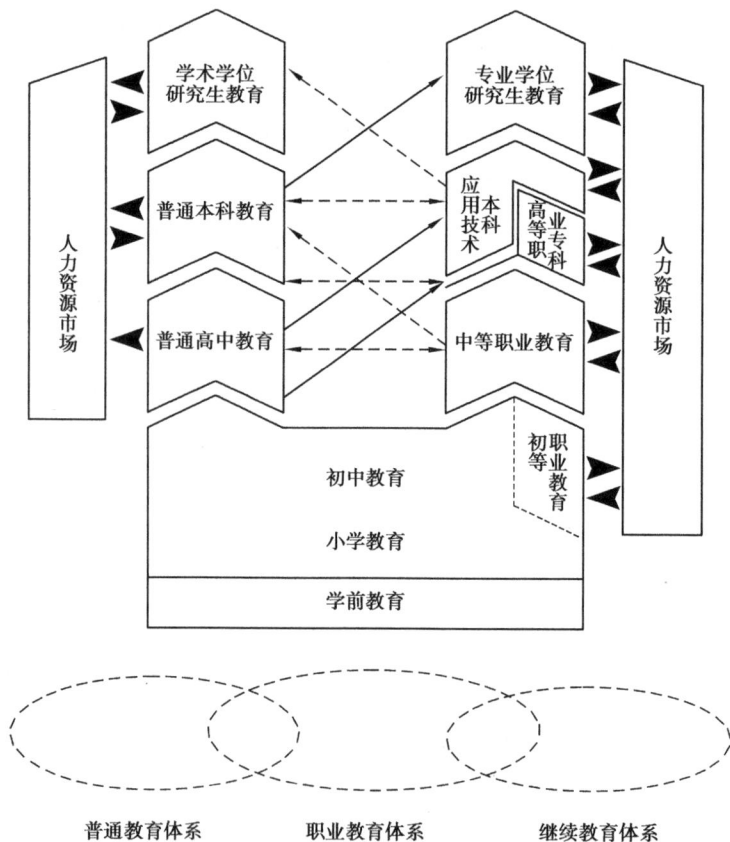

图 3-1　教育体系基本框架示意图

可喜的是,近年来,各地纷纷响应国家号召,陆续出台省级引导地方本科院校应用转型的实施意见,比如山东省甚至推动 33 所"新本科院校"转型为应用技术或职业教育类型。对国家高等教育分类发展来说，这是非常利好的改革号角，必须有本科层次的职业教育，在应用学科上才能有完整的"术科体系"，也才能授予相应的"术位体系"。因此，可以说，我国应用学科体系已经初步构建，开始形成由中职、高职专科、应用型本科、专业学位研究生等不同层次组成的学科体系。

但是，这种构建只是初见端倪，还存在不少问题，具体表现在以下三个方面。

（1）中职和高职专科学校学科生态位缺失

中职和高职专科学校都有知识及其分类，当然也有学科，只不过涉及的学科较多，但是无外乎两大类：一类是基础学科，比如语文、数学、化学、物理、英语等；另一类是应用学科，比如由经济管理、财务会计、市场营销、国际商务等组成的应用经济学，由医学检验、护理、助产等组成的应用医学，由设施农业、畜牧兽医、茶叶栽培技术等组成的应用农学等。学校内设置的系科和教研室等，既为专业教学服务，也为学科服务；既是教学单位，也是学科组织。

但遗憾的是，我国自职业教育诞生以来，为了强调技能型人才培养，避开深奥理论对实践操作技能的影响，都只讲专业，不谈学科，甚至提到学科就"谈学科色变"。关于中职和高职专科教育的政策对学科也一直是回避的。这种回避的政策导向使中职和高职专科学校基本不谈学科研究，致使本属于高等教育的高职专科教育的社会认可度不高。中山大学原校长黄达人说："专业是人才培养的组织，而学科是教师的归属，围绕行业、产业建专业群，而支撑专业群的是学科群，教师也是学校的主人，没有科研作支撑，教授等高水平、高职称的教师难以产生，永远都只能是'教书匠'。"[①]在我国职业教育起步阶段，担心提学科建设会影响专业教育是可以理解的，但是当职业教育发展到今天，仍然沿袭过去的观念，继续漠视甚至封杀学科意识，就会阻碍学校快速、健康、可持续发展。

由于长期以来对学科概念认识的偏颇，中职或高职专科学校根本谈不上积极主动地进行学科建设。因此，在我国应用学科层次体系中，中职和高职专科层次的学科生态位基本上是断裂或缺失的，即这一层级的学科基本上是空白的，自然也就无所谓学科的生态位了。

（2）应用型本科学科生态位较弱

在《教育部关于"十三五"时期高等学校设置工作的意见》（教发〔2017〕3号）出台之前，我国应用型本科院校阵营基本上只有响应国家号召转型发展而来的新建本科院校，这一类学校本科办学时间短，办学思路欠清晰，办学定位欠准确，因而学科建设总体水平不高。比如，山东省教育厅于2016年11月组织专家对其省内普通本科高校申报的一流学科进行审核认定，共认定立项建设一流学科32个，分别属于13所高校，没有一所新建本科院校的学科入选。贵州省为了避免新建本科院校在"区域一流学科"建设项目遴选中全部落空，特别在新建本科院校中设立3个"区域一流培育学科"名额，以此强化新建本科院校的学科意识，共享学科发展资源。由此可见，新建本科院校学科建设的总体水平普遍较低，应用学科建设

①　黄达人.准确理解本科应用转型的内涵[N].中国青年报,2014-06-16(11).

水平又相对较弱。当然,资源丰富、基础较好的行业院校比如上海机电学院、重庆科技学院等学校除外。绝大多数新建本科院校是由原师专升格成为本科院校的,水平相对较高的还是原有老学科,比如师范教育类学科等。非师范类应用学科大多是在升本后,在求大求全、快速发展规模的思想的诱导下,逐步萌发并建立起来的,比如农学、工学、管理学等,基础非常薄弱,学科队伍、条件、成果、人才培养、社会服务等水平都不高。所以,在应用型本科学校,应用学科虽然有一定的生态位但生命力不强,所占的空间较小,功能较弱。加之,有的新建本科院校在应用转型过程中,由于对应用型高校办学定位认识不清,还被应用型人才培养"学科重要还是专业重要""要不要做科研"等伪命题所桎梏,走了弯路,极大地影响了生命力本来就很弱的应用学科的建设和发展。

(3)专业学位阶段应用型学科生态位不明显

专业学位是有专门职业要求的研究生教育学位,与侧重理论和研究的学术型学位完全属于两种类型,主要培养有特定职业背景的高级专门人才,比如教育硕士、林业硕士、工程硕士、农(业)推(广)硕士等等。我国自1990年开始实行专业学位教育制度以来,经过30多年的努力和建设,专业学位教育事业得到迅速发展,取得了显著成绩。但是,专业学位研究生的培养对应用型学科生态位的维度和测度都是有自己的要求的,认真分析我国专业学位研究生教育现状,就可以从侧面找到该阶段应用型学科生态位存在的问题,主要表现在四个方面:第一,教育行政主管部门从上到下对专业学位培养工作指导和监督不力,造成专业学位培养与学术型学位培养方案区别不明显,"一些院校对其招收的全日制专业硕士采用与学术型硕士相同或相似的培养方式,在教学内容、课程设置、管理制度和评价体系等方面均未体现出培养特色"①。第二,长期的"重学轻术"传统思想的影响,使考研学生、导师团队和学校对专业学位的认识大多不到位,有专业学位"低人一等"的自卑心理,造成专业学位培养所需教育资源处于"退让"状态。导师喜欢带的还是学术型学位研究生,学校重视的也是学术型学位研究生教育,"在课程安排过程中,一些院校对全日制专业学位课程配备的师资甚至是安排学术学位课程师资之后的'调配资源'"。第三,从专业学位点申报的条件来看,首批专业学位点申报时,有学术型学位点是申报高校的基本条件,也就是说,专业学位点是诞生在学术型学位点所依托的学科土壤上的,对应用学科并没有明确要求,必然难以"完全摆脱学术型研究生的基本框架,仍以偏学术为主,他们大多与学术型研究生一起上课,工程类课程及专业实践环节不足,专业实践时间偏短或质量不高"②。第四,学校缺乏对校外导师和实践基地的合理的利益分配机制,导致专业学位导师团队大多有名无实,实践基地建设大多签了合作建设协议,但没有进入良性运行轨道而名存实亡。以上四个方面的问题,表面看是专

①　陈沛、王处辉.全日制专业硕士报考吸引力偏低的原因探析[J].教育科学,2012,28(3):54-59.
②　陈建伟,王兴国,韩建强.全日制专业硕士研究生培养中存在的问题[J].河北联合大学学报(社会科学版),2014(2):96-99.

业学位研究生培养的问题,实际上涉及应用学科团队、人才培养、学科条件及学科管理机制等问题,是该阶段应用学科建设存在的问题,也是该阶段应用型学科生态位存在问题的具体表现。

总之,我国专业硕士研究生教育存在的问题,归根结底,还是出现在用基础学科支撑专业学位点上,高水平的应用学科支撑是解决这些问题的"牛鼻子"。当然,在专业学位研究生教育起步阶段,用基础学科带动发展,也不失为一种选择,但最终还是应该回归到应用学科上来。这也从另一个侧面表明,我国举办专业学位教育的大学,其应用学科还没有从基础学科的范畴中分离出来,没有花大力气建设应用学科的意识,因此可以说,在我国,支撑专业学位教育的应用型学科生态位不明显。

2.强化应用型学科生态位的对策

(1)补齐中等职业教育和高职专科教育应用型学科生态位的缺陷

现代职业教育体系包括中职教育、高职专科教育、应用型本科教育、专业学位研究生教育四个层次,而我国目前的应用学科体系则只有应用型本科教育、专业学位研究生教育两个层次,即只有这两个层次在关注应用学科建设,中职教育和高职专科教育两个层次的应用学科建设仍然是空白。但是,在中职和高职专科学校,只要有教师团队存在,那么学科条件、学科团队、科学研究、人才培养、学术交流与合作、服务经济社会发展等学科因素都或多或少地存在,无论你是否认同,其存在都是客观的。而在职业教育快速发展的今天,中职和高职专科学校要良性可持续发展,必须从以下三个方面重视应用学科建设。

首先,要正视应用型学科生态位的存在,深刻认识学科建设与学生创新意识和创新能力培养的关联度。习近平总书记在2014年举办的亚太经合组织工商领导人峰会上指出,"中国经济呈现出新常态",经济发展的动力"从要素驱动、投资驱动转向创新驱动"。随着经济社会的快速发展,创新逐步成为我国经济"新常态"的根本驱动力,并且强调"人人创新""大众创新"。那么,中职和高职专科学校作为人才培养的重要阵地,向社会源源不断地输送的技术技能型人才也必须具有创新意识和创新能力。创新要素从何而来? 从科学研究中来,准确地说,中职和高职专科学校的创新应该从对"术"的研究中来,从对技术技能的研发中来,而这些研发的"后台"就是应用学科。

其次,要重视技术成果转化和技术技能研发。高职专科院校介于应用型本科院校和中等职业学校之间,既可从事技术研发,也可从事技能研发,但是技术成果转化是其主要责任。而中等职业学校从事技术成果转化的工作难度较大,技能研发是他们的主要责任,技术研发应该是应用型本科院校的主要责任。笔者以为,如果能够这样分工,其应用型学科生态位也就更加清晰,不至于出现生态位重叠,造成无序竞争和资源浪费。

最后,要处理好专业和学科的关系。中职和高职专科学校主要以"专业"这个组织来培养职业技能型人才,进而对社会进行服务,科技服务只是辅助手段。但是,学科是专业的土壤,应用学科是职业技能型人才培养的土壤,离开了学科办专业,专业就是无源之水、无本之木,科技成果的转化和技能的创新以及学生创新意识和创新能力的培养就没有依托,专业建设也没有支撑。因此可以说,没有应用学科的支撑,要想建设可持续发展的高水平的中等职业学校和高职专科院校只能是一个神话。

(2)强化应用型本科高校应用型学科生态位的主体地位

如果说中职和高职专科学校是解决应用学科及其生态位有没有的问题,应用型本科院校就是要解决应用型学科及其生态位强不强的问题。那么,如何强化应用学科?笔者以为主要应该抓好如下五个方面的工作。

第一,要确立应用学科的主体地位。应用学科是研究基础学科所产生的知识的应用,没有基础学科知识,应用学科就没有根据、没有抓手,二者相辅相成、相得益彰。朝应用型高校转型发展的新建本科院校淡化应用学科不对,把应用学科与基础学科放在同等重要的位置看待也不对。应用型高校就是要以应用学科建设为主,适当发展基础学科,要给应用学科开一扇门,给基础学科开一扇窗。大学是一个综合体,不是非此即彼,但是一定要有重点和非重点,有主要和次要,学科建设的重点应该与学校类型定位高度关联,同应用型高校重点建设应用学科一样,研究型高校就应该以"开展理论研究和创新"为主,学科建设的重点就是基础学科。第二,要对应用学科进行规划。要强化应用型本科院校应用型学科生态位的主体地位,必须进行规划。没有规划,盲目发展,就是想强化应用型学科地位,也可能事倍功半,甚至半途而废。应用学科建设主体地位的确立是一项需要长期积累和积淀的事情,只有做好了规划,并按照规划进行建设,才能有序推进。第三,要重视特色应用学科建设。应用学科要想上水平,必须出特色,才能突出其主体地位。应用学科如果能够与特色产业相对接,并为特色产业服务,就最容易出特色、上水平。学科的交叉,也是应用学科特色化的道路之一。第四,要打造应用学科核心团队。影响应用学科核心团队形成的因素较多,既需要良好的硬环境,又需要良好的软环境,尤其需要和谐、宽松的学术氛围和求真务实、敢于创新、团结合作、乐于奉献的学术精神。同时,要特别重视应用学科带头人的遴选。第五,要建立与应用学科主体地位相适应的评价体系。当前,国家和省级层面对学科的评价与考核要求并没有分类,还是沿用过去"一统"的评价标准和考核体系。只有新的与应用学科主体地位相适应的评价标准和考核体系建立了,应用学科建设才能由自发走向自觉,且才具有可持续性。

(3)构建专业学位研究生教育应用型学科生态位的框架

当前,我国专业学位研究生教育学科生态位不明显,生态位框架不健全。要构建专业学位研究生教育应用型学科生态位的框架,首先,要引导普通本科高校以高等教育分类体系为标准,明确各自办学类型。《教育部关于"十三五"时期高等学校设置工作的意见》明确指出:"以人才培养定位为基础,我国高等教育总体上可分为研究型、应用型和职业技能型三大类型。研究型高等学校主要以培养学术研究的创新型人才为主,开展理论研究与创新,学位授予层次覆盖学士、硕士和博士,且研究生培养占较大比重。"这个分类标准就将一些自诩"研究型高校"的大学从"研究型高校"阵营中分离出来,进入"应用型高校"阵营,这不是"矮化",而是"回归"。这一类高校应该尽快理清办学定位,不能对"研究型大学"恋恋不舍或者流连忘返,要明确应用学科建设类型的重点,加大对应用学科建设的规划和投入,重点培养本科层次应用型人才和专业学位研究生人才,并主要从事社会发展与科技应用等方面的研究。其次,新建应用型本科院校要"咬定"应用学科建设不放松。朝应用型高校转型发展的新建本科院校在应用学科建设方面,要心无旁骛,要有"咬定青山不放松"的精神。在建设策略方面,不能全面开花,要遴选出优势应用学科和重点应用学科,使其尽快形成应用学科的高原和高峰。在硕士点建设方面,学科建设围绕专业学位建设要素开展,在导师团队、实践基地、资源配置、培养方案等的建设方面,要避免以往专业学位研究生教育工作出现的问题,吸取经验教训,将专业学位点的培育和建设做强做实。最后,教育行政主管部门要出台应用学科和基础学科分类评价标准。教育部既然对高等教育有了明确分类,支撑不同类型高校的学科评价体系就应该有不同的标准,同一学科要素在学科建设中也应该有不同的"权重"。比如,在人才培养要素中,对支撑研究型大学的基础学科进行考核,就要求学术型研究生教育占较大比重,而如果对支撑应用型高校的应用学科进行考核,就应该考核专业学位研究生教育所占的比重;再如,对二者的科研成果进行考核,基础学科更多应该从论文、项目的纵向级别进行考核,而应用学科更多应该从横向项目的数量、规模及科技成果的应用方面进行考核等。

二、对比中生长:基础学科与应用学科的关系

高校是知识的宇宙,也是学科的宇宙。习近平总书记在十九大报告中指出:"加快一流大学和一流学科建设,实现高等教育内涵式发展。"但是,长期以来,由于"重学轻术"传统的影响,我国很多高校对学科建设的认识仍然比较笼统,在学科性质上没有理清基础学科与应用学科的关系,造成二者的生态发展不尽平衡。近年来,国家实施经济结构调整和创新驱动发展战略,要求高校主动适应和引领经济社会发展,尤其是要服务创新驱动发展战略。由此,应用学科的重要性日渐凸显,对它进行专题探讨,很有必要。

(一)基础学科与应用学科的关系

1.基础学科与应用学科的联系

各门学科虽然具有一定的独立性,但这种独立性是在一个无比巨大的独一知识整体观念下存在的,"它们不像档案柜的抽屉一样,一个挨着一个地排列起来,它们是相互交叉、相互关联的"[①]。其联系主要体现在以下两个方面。

---

① 卡尔·雅斯贝尔斯.大学之理念[M].邱立波,译.上海:上海人民出版社,2007:127.

（1）知识的统一性和整体性

学科是知识的分类，绝不是分离，大学是知识的宇宙，"其存在的事实本身，就说明了所有知识门类的统一性与整体性"[①]。而人们进行单独知识分类，是为了从更加广泛的意义上理解知识的统一性和整体性的含义。所以，无论是应用学科还是基础学科，都是学科的一部分，都是关于知识的划分，共处于学科知识的场域之中，构成知识的整体。

（2）学科的"本"和"用"

基础学科、应用学科和学科本身一样，都是人为划分的，并非老死不相往来，基础学科中有应用学科的因素，应用学科中也有基础学科的因素，它们之间有着千丝万缕的联系。这种联系主要表现为"本"和"用"的联系：基础学科是"本"，应用学科是"用"。蔡元培先生的"学"与"术"观点就能很好地体现基础学科的"本"与应用学科的"用"之间的联系，他认为，"学与术可分为二个名词，学为学理，术为应用……学必借术以应用，术必以学为基本，两者并进始可"[②]。他所说的"学"与"术"就与我们今天所讨论的基础学科和应用学科大体相当。还有类似的观点，比如"基础性学科是知识的源头，是一切应用性学科发展的基础和后盾"[③]，"基础学科也是其他学科的生长点"[④]，等等。应用学科是基础学科研究成果和自身所进行的部分学理研究成果在社会生产实践中的应用。它的直接目的虽然带有功利成分，但它与社会生产紧密相连，一旦取得突破，就能用于社会实践，甚至能带来巨大的经济、社会和生态效益。因此，尽管应用学科也要进行一定的学理研究，但这种学理也是应用的学理，目的还是应用。因此，基础学科与应用学科的联系是通过对基础学科研究成果的应用来完成或落实的。基础学科与应用学科的联系也是"树冠"和"树根"的关系，"虽然树根被深埋在地下，默默无闻，树冠则荣华在外并高高在上，但两者实际是相互依存的"[⑤]。应该说，这些观点都说明基础学科与应用学科关系十分紧密，不能简单地分离，或非此即彼，在强调应用学科时，不能否定基础学科，反之亦然。

2.基础学科与应用学科的区别

尽管基础学科与应用学科关系紧密，但毕竟属于不同的两个类型，有明显的差异，主要体现在以下七个方面。

（1）基础学科与应用学科的哲学基础不同

美国高等教育理论家约翰·S.布鲁贝克在《高等教育哲学》一书中认为，高等教育有两大哲学基础，一个是认识论，一个是政治论。学科作为大学的重要构成部分，自然也有其哲学基础——认识论和政治论。基础学科关注学术本身，研究目的是获取被研究主体全面的

---

① 卡尔·雅斯贝尔斯.大学之理念[M].邱立波，译.上海：上海人民出版社，2007：122.
② 中国蔡元培研究会.蔡元培全集：第四卷[M].杭州：浙江教育出版社，1997.
③ 罗云.论我国重点大学的学科建设[D].武汉：华中科技大学，2002.
④ 王建刚，石旭斋.高校学科专业建设中应处理好的几个关系[J].中国高教研究，2004(8)：69-70.
⑤ 王乐.高校基础学科与应用学科协调发展对策研究[J].沙洋师范高等专科学校学报，2008，9(6)：72-75.

知识,即为知识而知识,为学术而学术,不考虑实际的目的。这恰好与布鲁贝克所讨论的认识论相一致。应用学科的性质和特点,决定了它的目的就是应用,通过应用为社会服务,促进社会发展。所以,"应用学科建设与基础学科相比,更要主动适应社会需要,更好更全面地为经济建设、科技进步和社会发展服务,才有自己的生力"[①]。布鲁贝克的政治论更加关注知识目的,追求知识只是手段,强调为国家和社会服务,即要考虑其社会价值。这样看来,应用学科的哲学基础更多的属于政治论。如果应用学科的哲学基础是政治论,那么基础学科的哲学基础就是认识论。

(2)基础学科与应用学科的研究内容不同

基础学科与应用学科在研究内容上的区别的主要表现:基础学科研究的主要是基础知识,重点关注的是事物的基本发展规律,提供人类生存与发展基本问题的答案;应用学科主要从事应用研究和开发研究,重在解决社会实际问题、工程实际问题等,推动经济社会发展。当前,由于我国区域经济发展的不平衡,区域之间产业结构等存在着巨大差异,尤其是各区域产业之间以及产业内部各要素之间都存在着不协调等严重问题,积极开展应用研究,促进产业能级提升,已成为我国应用学科研究的主要方向和研究内容。

(3)基础学科与应用学科对研究团队的要求不同

对一所高校或者科研院所来说,基础学科研究团队只要带头人学术水平高、研究能力强,学科团队职称高、学历高,比如正高职称或博士学位教师比例高且结构合理,就比较理想了。而应用学科则不一样,应用学科的研究团队在高职称、高学历方面可以比基础学科的要求略低一些,但必须要有一批了解经济社会发展状况和行业企业技术发展走向的高水平研究人员或行业企业的高水平工程技术人员作为学科带头人或学术骨干,带领团队直接开展生产一线的应用问题研究,才能真正发挥应用学科为行业企业服务的作用,推动经济社会快速发展。

(4)基础学科与应用学科的科学研究和人才培养使命不同

基础学科与应用学科都肩负着科学研究与人才培养的责任和使命,但二者各有侧重。相对应用学科而言,基础学科更加重视发展知识,在知识的金殿中添上一块砖石,而应用学科则更加重视传播知识和挖掘知识的实用价值。在人才培养方面,基础学科一方面要为应用型人才培养提供一定程度的理论基础,另一方面要为研究型人才培养提供深厚的系统的理论知识体系,而应用学科"是通过寻找学科建设与区域社会相结合的生长点培养技术应用型人才"[②]的。正如《教育部关于"十三五"时期高等学校设置工作的意见》中指出,"研究型高等学校主要以培养学术研究的创新型人才为主,开展理论研究与创新","应用型高等学校主要从事服务经济社会发展的本科以上层次应用型人才培养,并从事社会发展与科技应用

① 葛亚宇.对高校应用学科建设的几点思考[J].南京经济学院学报,1997(3):72-75.
② 王洪,高林,杨冰.应用型大学是高等教育大众化的必然结果[J].教育与职业,2006(12):5-7.

等方面的研究"。由此可以看出,基础学科是研究型高等学校的主要学科支撑,而应用学科则是应用型高等学校的主要学科支撑。

（5）基础学科与应用学科的社会服务不同

基础学科可以不考虑应用,但要考虑服务。只不过,由于其所研究的大多是关乎世界发展和人类命运的重大问题,所以,能够直接进行社会服务的很少,且社会服务的实际目的也不够明确,甚至有的研究项目在短期内看不出应用的价值。而应用学科直接进行社会服务的能力较强,社会服务的方式和途径也多种多样,甚至有"吹糠见米"的现实效应。值得一提的是,在通过科学研究进行社会服务方面,应用学科的科研问题更多来源于生产、经营和服务一线,以行业、企业委托的横向课题为载体进行研究,进而促进科技应用与产业发展。

（6）基础学科与应用学科的体系构建不同

我国基础学科的层次体系历来比较健全,由小学、中学、大学专科、大学本科、学术型硕士、学术型博士组成,且各层次的职责比较明确。中小学的基础学科以传授基础理论知识为主;大学专科教育是使学生掌握本学科所属专业必备的基础理论及专门知识,同时具有从事本专业实际工作的基本技能和初步能力;大学本科教育是使学生比较系统地掌握本学科及其专业必需的基础理论、基本知识,同时具有从事本专业实际工作和研究工作的初步能力;学术型硕士研究生教育是使学生掌握本学科坚实的基础理论、系统的专业知识,同时具有从事本专业实际工作和科学研究工作的能力;学术型博士研究生教育是使学生掌握本学科坚实宽广的基础理论以及系统深入的专业知识,同时具有独立从事本学科创造性科学研究工作和实际工作的能力。但是,应用学科在我国起步较晚,且在很长一段时间不被重视,故应用学科的层次体系还不够健全。当前,虽然在《国务院关于加快发展现代职业教育的决定》和《现代职业教育体系建设规划(2014—2020 年)》等文件中,构建了由初等职业教育、中等职业教育、高职专科教育、应用型本科教育和专业学位研究生教育组成的现代职业教育体系,但对支撑职业技能型和应用型人才培养的专业所属的应用学科体系的构建和发展学界还存在很多争论。

（7）基础学科与应用学科支撑的教育类型不同

基础学科支撑的教育类型分别是小学教育、中学教育、大学专科教育、大学本科教育、学术型硕士研究生教育和学术型博士研究生教育;应用学科支撑的教育类型分别是初等职业教育、中等职业教育、高职专科教育、应用本科教育、专业硕士研究生教育和专业博士研究生教育。两条路线虽打通了"立交桥",但在学科支撑上必须有清晰的思路,不能本末倒置。目前,我国专业硕士和专业博士研究生教育是在学术型硕士和学术型博士研究生教育的基础学科土壤上生长起来的,在这样的土壤上培养专业学位研究生,是违背专业学位研究生教育应该以应用学科为支撑的规律的。究其原因,可以理解为,这是培养专业学位研究生的应用学科发展还不成熟的权宜之计和应急之举,但并非长远之策。另外,将专科层次的技能型人才培养从应用型高校中剥离出来,称为职业技能型高校,与研究型、应用型并列成为我国高等教育的三大类型,也是不科学的。应用型本科高校既是普通高等教育中的一种类型,也是现代职业教育体系中的一个层次。再者,高职专科层次的职业教育也应该是应用型高校,是现代职业教育体系中的专科层次而已,不能将之作为一个专门的高校类型来划分。其实,应用型高等教育和职业技能型高等教育所依托的主要都是应用学科,都属于应用学科体系,是一脉相承的,对于支撑不同层次职业教育的应用学科的不同范式,也值得深入研究。

(二)应用学科的生长内涵及路径

1.促进基础学科与应用学科的生态平衡

要促进基础学科与应用学科的生态平衡,关键是要强化应用型学科的生态位。在我国,由于对应用学科长期重视不够,应用型学科的生态位较弱,几乎被枝繁叶茂的基础学科所遮盖。比如,"在我国应用学科层次体系中,中职和高职专科层次的学科生态位基本上是断裂或缺失的,即这一层级的学科基本上是空白,自然也就无所谓学科的生态位了"[①]。新建本科院校应用转型后,虽然大多数院校都意识到应用学科建设的重要性,致力于应用学科的建设,但由于学科基础薄弱,应用学科建设的总体水平不高。更有甚者,个别新建本科院校在应用转型过程中,由于办学定位不清,认识不到应用学科的价值和意义,单纯强调应用型人才培养,提出"淡化学科""不谈科研"等口号,走了弯路,更加影响了生命力本来就很脆弱的应用学科的建设和发展。专业学位阶段应用型学科生态位也不明显,原因之一是"其应用学科还没有从基础学科的范畴中分离出来"[②]。因此,笔者认为,应补齐中等职业教育和高职专科教育应用型学科生态位的缺陷,强化应用型本科高校应用型学科生态位的主体地位,构建专业学位研究生教育应用型学科生态位的框架,以此促进基础学科与应用学科的生态平衡。

2.推动应用学科与应用专业一体化发展

应用学科与应用专业本来应该相互支撑,但现实情况是,许多高校没有应用学科与应用专业一体化发展的意识,两者基本上还处于各自发展状态,这在新建本科院校的学科专业建设中表现得更为明显。对以应用型高校为类型定位的本科院校来说,要建设高水平应用型高校,就必须建设高水平的应用学科。没有高水平的应用学科,就不可能建设高水平的应用专业。必须有高水平的应用学科,才可能有高水平的教学,才能培养出高水平的应用型人才。教育部高教司原司长张大良认为,地方高校应用转型"要坚持需求导向,实施学科专业一体化发展策略"[③],根据地方产业转型升级的发展趋势,不断调整学科专业设置,着力打造一批地方产业发展急需的学科专业。所以,应用型高校要高度重视应用学科与应用专业建设一体化,尽可能遴选出与应用学科相对应的应用专业进行重点建设、集中投入。作为贵州

①② 罗静.对现代职业教育体系中应用学科生态位的探讨[J].铜仁学院学报,2017,19(5):55-60.
③ 张大良.发挥高等学校优势作用 更好服务经济社会发展[EB/OL].(2017-12-18)[2018-01-03].人民网.

省应用转型发展试点高校之一的铜仁学院,在 2017 年完成了与一流学科相对应的视觉传达设计、学前教育、化学工程与工艺、园林、农村区域发展等十大重点专业的遴选工作,基本确立了学科专业一体化发展的框架。

3. 坚持为地方经济社会发展服务的原则

应用学科是应用型高校学科建设的主体,应用型高校最重要的责任和使命就是要紧密结合地方经济社会的发展,在服务发展的过程中体现应用、彰显应用。应用型高校的应用功能和作用的发挥,需要一定的手段和途径,而应用学科和应用专业就是其最重要的手段和途径。《教育部关于"十三五"时期高等学校设置工作的意见》已经明确将我国的高等教育划分为研究型、应用型和职业技能型三大类型。其中,应用型高校主要从事服务经济社会发展的本科以上层次应用型人才培养,并从事社会发展与科技应用等方面的研究,职业技能型高校主要从事生产管理服务一线的专科层次技能型人才培养,并积极开展或参与技术服务及技能应用型改革与创新。按照这个标准和要求进行划分,我国高等教育中除原"985""211"大学外的本科高校基本上都是应用型高校。《国家教育事业发展"十三五"规划》也明确指出:要引导高校"把办学思路真正转到服务地方经济社会发展上来,把办学定位转到培养应用型和技术技能型人才上来",到"十三五"末,建成一批能够直接为地方区域经济发展和产业振兴服务的中国特色高水平应用型高校。这就告诉我们:应用型高校应该以大力发展服务地方经济的应用学科和应用专业为己任,要面向地方经济社会发展的实际,将地方经济社会尤其是产业发展需求作为逻辑起点,坚持以地方经济社会发展需求为导向,设置应用学科和学科方向,切忌盲目照仿研究型大学有关学科建设的理念,照搬其学科建设的方向与目标。这条原则如果不能坚持,就谈不上应用型高校和应用学科的建设。铜仁学院在应用转型的过程中,为了引导应用学科更好地服务地方经济社会发展,明确提出了"铜仁需求·国家标准"的核心办学理念。"铜仁需求"是学校发展和应用学科建设的逻辑起点,"国家标准"是支撑目标的各项指标建设要求,学校要在服务地方中厚植应用学科基础,并使其不断发展壮大。其实,何止应用型高校的应用学科要遵守服务经济发展需求的原则,就是"研究型大学的应用学科专业和其他类型高校的学科专业宜遵循服务需求导向的发展规律"[1]。只不过,研究型大学的应用学科所服务的是国家层面的重大战略需求,应用型高校的应用学科所服务的是地方经济社会发展需求。

4. 重视应用学科的交叉发展

为什么要进行学科交叉?路甬祥说:"学科交叉是'学科际'或'跨学科'研究活动,其结果导致的知识体系构成了交叉科学。"[2]即学科交叉是众多学科相互作用的结果,其因交叉而形成的理论体系就构成交叉学科,众多交叉学科的汇集与整合便推动了新的交叉科学的

---

① 李立国.“双一流”背景下需求导向的学科专业调整优化[J].大学教育科学,2017(4):4-9.
② 路甬祥.学科交叉与科学的意义[M]//李喜先.21 世纪 100 个交叉科学难题.北京:科学出版社,2005:58.

诞生。而新的交叉科学的出现,又提升了人类解决综合性问题的能力和水平,使人类面临新的重大问题的解决成为可能。到目前为止,交叉学科的数量已超过 2 000 门,并且其中许多都处于交叉科学的前沿。[①] 仅分析最近 25 年的诺贝尔奖项,其中属于交叉性的合作研究已接近 50%;美国的 7 大研究领域的学位统计中,除了传统的 6 个领域之外,还设了一个无法归类的领域——"其他领域",2013 年归为"其他领域"的硕士学位比例为 25.7%,博士学位比例高达 66.0%,这说明美国新兴学科、交叉学科的发展特别快。[②] 因此,多学科的相互交叉、渗透和综合,是学科发展的大趋势。没有学科的分化与综合,就没有新的学科生长点。学科发展的这种大趋势为应用学科发展提供了很大的想象空间。与基础学科相比,应用学科更加灵活,更加适应经济社会动态变化,处理错综复杂关系的能力更强。相比之下,基础学科承担的主要任务是学科的分化,而应用学科承担的主要任务是学科的交叉和融合。因此,"应用学科建设必须注意学科间的相互交叉、渗透和综合,为学科的发展开拓广阔的前景"[③]。

　　那么,如何打造交叉学科? 首先,要根据社会需求选择交叉学科的发展方向。没有社会需求,就没有学科发展的动力。恩格斯说:"社会一旦有技术上的需要,则这种需要就会比 10 所大学更能把科学推向前进。整个流体静力学是由于 16 世纪和 17 世纪意大利治理山区河流的需要而产生的。"[④]其次,跨学科组建研究团队,集中优势进行攻关。应用学科的交叉性涉及面比较宽广,仅凭某个学科力量很难保证其水平,也无法在短时间内建立研究队伍。所以,就大学来说,必须打破原有的院系壁垒,根据要解决的科研问题,在全校范围遴选相关学科的专业技术人员,并从校外聘请与项目相关的专事应用研究和从事实际工作的专家参与。这样才能发挥交叉互补的优势,很快形成专兼结合的应用学科研究团队,进行集体攻关,早出成果。最后,建立合理的绩效考评机制。要鼓励应用学科进行交叉学科研究,就应该建立与之相适应的评价制度,尤其是要形成一定的评价体系,否则,难以可持续发展。

　　5.培育应用学科特色

　　学科特色是学科学术水平的标志,是学科核心竞争力之所在,特色发展是基础学科和应用学科都应该努力追求的方向。尤其是应用学科,要想在林立的学科群体中处于有利的竞争地位,更应该重视特色发展,并将其作为长期努力的方向,才能不断发展壮大。培育应用学科特色具体应从三个方面入手:第一,要有学科特色发展的理念。与西方国家相比,我国应用学科之所以发展水平不高,原因之一是起步晚,原因之二是特色发展理念缺失。许多应用学科建设团队没有特色发展的想法,盲目随大流,其结果必然是同质化现象严重,发展水平受限。第二,要进行特色发展规划。特色发展是学科建设的一项长期事业,甚至将伴随着应用学科成长发展的全过程。如果没有规划,东一榔头西一棒槌,特色难以形成。第三,要

①　路甬祥.学科交叉与科学的意义[M]//李喜先.21 世纪 100 个交叉科学难题.北京:科学出版社,2005:59.
②　黄海军,李立国.如何优化我国研究生教育学科结构[N].光明日报,2016-04-05(13).
③　葛亚宇.对高校应用学科建设的几点思考[J].南京经济学院学报,1997(3):72-75.
④　中共中央马克思恩格斯列宁斯大林著作编译局.马克思恩格斯选集:第四卷[M].北京:人民出版社,1972:505.

主动结合,融入为地方经济建设服务的大环境中。关着门建应用学科是没有出路的。应用学科建设就是要打开校门,改变过去自我封闭的做法,根据地方产业发展需要,尤其是特色产业发展需要,开展学科建设,才能闯出应用学科建设的特色发展之路。如 2006 年升级为本科的铜仁学院,地处武陵山腹地,属新建地方本科院校范畴,学科基础较为薄弱,该校在学科建设过程中,根据学校"依托武陵,突出应用,服务发展"的办学特色,主动对接区域创新要素资源、对接行业企业人才培养和技术创新需求,凝练梵净林业生态、梵净锰钾汞高效利用与治理、梵净文化生态、梵净教育生态四大特色学科群,打造特色多元的学科平台,闯出了应用学科建设新路子,以自己的特色提升了学院的核心竞争力。

6.构建应用学科的文化体系

一所大学的成熟是文化的成熟。同样,一门学科的成熟也应该是文化的成熟。每门学科都有独特的文化。正如英国学者托尼·比彻(Tony Becher)把"学科视为一个个相对独立的'学术部落'(academic tribes),每个部落拥有各自不同的文化,具有认可的身份和特别的文化属性"①。学术文化是大学文化的重要组成部分,也是大学文化区别于其他社会文化的重要标志,而学科文化则是学术文化的基础,要想繁荣学术文化,首先需要强化学科文化建设。伯顿·R.克拉克认为:"学科文化根植于学科,每个学科都有一种知识传统和相应的行为准则。在每一个领域里,都有一种新成员要逐步养成的生活方式,在发达的系统中尤其如此。"②这里说的知识传统和行为准则包含学科的起源及发展历史、学科的代表人物及其代表理论、学科团队成员所拥有的共同符号系统和价值观念、学科发展形成的各种制度,以及对学科发展的展望等。应用型高校尤其是新建地方本科院校,其应用学科与研究型大学的学科相比,基础相对薄弱,其文化建设的任务更艰巨,更需要关注和重视。当然,应用学科文化建设自然也应该突出其应用性,没有应用性的学科文化不是应用学科的文化。任何文化建设要上水平都要努力构建其体系,应用学科文化建设也一样,也要重视其文化体系的构建。这就需要高校管理者首先对应用学科文化建设进行总体规划,然后按照规划逐步实施,才能最终形成应用学科的文化体系,否则,将成为一盘散沙。这是目前我国许多应用学科文化建设存在的问题,需要我们在应用学科文化建设的过程中引起高度重视。

三、实践中论证:地方院校学科生态位宽度评价研究——以铜仁学院为例

高校的学科发展是体现高校办学定位和发展战略的一个观测指标。立足生态学的角度,高校学科发展应是高等教育中一个小的动态生态系统,只有确保这一小生态系统的物质、能量及时供给,才可以提高学科发展实效。本书在明确了学科生态位概念的基础上,借用学科生态位测度模型对铜仁学院 10 个校级学科进行了观测评价,以期为各学科提出发展依据。

---

① 蒋洪池.大学学科文化的内涵探析[J].江苏高教,2007(3):26-29.
② 伯顿·R.克拉克.高等教育系统:学术组织的跨国研究[M].王承绪,徐辉,殷企平,等译.杭州:杭州大学出版社,1994:87.

　　高校学科作为高校发展的核心,其发展代表了高校的办学定位及发展策略。学科建设应借鉴生态学中的生态位理论指导高校人才培养、专业发展和科学研究。作为生态学中的核心概念——生态位最初是由生态学家于 1917 年提出的,被用来表示对栖息地再划分的空间单位;后来其内涵不断丰富,生态位被用来表示物种在生物群落中的地位和角色;生态位被定义为群落中某种生物所占的物理空间、所发挥的功能作用,及其在各种环境梯度的出现范围……再后来又有不少学者对生态位定义进行了扩展。① 生态位理论源自生态学基本理论,是研究生态系统中物种内部、物种之间和物种与环境的关系的重要理论。现作为有力的理论分析工具延伸到了很多学科领域,包括教育研究领域,进行学科交叉,研究各事物发展的规律。关于教育生态位问题,李军立足生态位研究了高等学校的特色发展②,朱振林从办学角度剖析了高校办学中生态位存在的错位发展现象③;在高校生态位评价方面,陈映江等以数学的视角进行学科交叉提出了生态位原理、数学模型和测度模型,初步建立了高校生态位综合评价的方法④。高校学科究竟在高校中的生态位如何,学科发展是否适应学校大环境的发展,都需要对学科发展进行量化评价。

　　(一)学科生态位建构

　　生态学中生态位理论强调在自然环境里,不同物种被自然选择到每一个特定位置,各占有不同的地理空间、营养位置和在温度、湿度、土壤等环境变化梯度中所居的位置,其信息、物质和能量传递都依赖于整体生活的环境,任何一种物种都依赖于其大环境进行物质、能量和信息的交换、流动和更新,每一物种按其食物和生境的属性逐渐确定自己的独特生态位,并逐渐稳定化和多样化。生态学中的这一理论在学科建设中同样适用。其内涵可界定为:在学校大环境下,不同学科拥有特定的位置,其内部拥有优势资源(如学科团队、学科知识、学科科研能力等),外部占据学校优势资源(如学术平台、学术经费和学校政策保障等),以学科发展为核心,内外资源协调互动,全面服务人才培养、学科发展和推动学校整体的社会服务力,从而获得在学校大的教育系统中的特定地位和作用。

　　具体每个学科独特的生态位随影响因子呈正向变化,用数学表达式可表示为:

$$Ni = f(xi) \tag{1}$$

　　其中 Ni 代表单个因子生态位值,xi 代表生态位影响因子,单个因子学科生态位值的确定是学科优先发展的重中之重,其受内部资源和外部资源不同因子的影响,在核定其生态位大小时要诸多因子累加。

　　(二)学科生态位宽度模型

　　生态位宽度即生态位的大小,可用生态位"态"和"势"共同来反映。生态位态势理论是

① 胡春雷,肖玲.生态位理论与方法在城市研究中的应用[J].地域研究与开发,2004,23(2):13-16.
② 李军.基于生态位原理的中国高等学校生态竞争研究[D].天津:天津大学,2006.
③ 朱振林.生态位重叠与生态位空场:生态系统视角下高等学校的错位发展[J].黑龙江高教研究,2013,13(4):31-33.
④ 陈映江,张仁陟,陈英,等.基于生态位理论的学科生态位构建及应用研究[J].高等农业教育,2012(1):46-50.

利用数学思维进行学科量化分析,最初是由我国学者朱春全提出的[①],该理论揭示了生态位宽度应包括生态位"态"和生态位"势"两个方面,只有从"态"和"势"两方面才可以全面反映物种在生态系统中形成的相对地位和作用。生态位"态"指状态,可用积累量来作为度量指标,是一个积累值,具有相对稳定性,如个体数量、资源占有量等;生态位"势"指物种对环境的影响力,是一个增加值,不太稳定,如物种增长率、物质增长率等,有一定的变化可能性,不具规律性。一般在评价高校学科发展水平时常用的评价估量值是该学科的科研实力、学术队伍、人才培养等状况,基于以上分析,学科生态位具体度量指标如下:

①学科生态位"态"可用学科团队、学科条件(重大仪器设备、学科投入经费、硕士生导师团队)、人才培养3个度量指标进行观测,这3个因子具有相对稳定性。

②学科生态位"势"可用科研经费、科研项目、论文数、专著数、学术交流5个度量指标进行观测,这5个因子具有变化性。

学科生态位"态"和"势"的有机结合可以充分反映学科生态位宽度(生态位大小)。一个学科的生态位值可用以下公式来计算:

$$M_{ij} = \sum_{i=1}^{n} \frac{N_{ij}}{n} \tag{2}$$

其中 M_{ij} 为学科的生态位,N_{ij} 为一个学科的单个因子生态位,n 为因子个数,j 为学科个数。

若要计算高校学科生态系统中 n 个学科中 x 学科的生态位,可利用(3)式来计算:

$$N_x = \frac{S_x + A_x P_x}{\sum_{x=1}^{n}(S_y + A_y P_y)}, x, y = 1, 2, L, n \tag{3}$$

N_x 为 x 学科的生态位,S_x 为 x 学科生态位的"态",P_x 为 x 学科生态位的"势",S_y 为 y 学科生态位的"态",P_y 为 y 学科生态位的"势",A_x 和 A_y 为量纲转换系数,$S_x + A_x P_x$ 为绝对生态位。根据前期研究成果可知,N_x 的值为 0~1,其值与其在系统中的生态作用成正比,值越大,生态作用越大。

(三)学科生态位分析

1.研究对象

以铜仁学院10个校级学科为对象,包含区域一流(培育)学科、省级重点学科、省级重点支持学科、校级学科,见表3-1。

表3-1　铜仁学院学科一览表

级别	学科名称
区域一流(培育)学科	教育学

① 朱春全.生态位态势理论与扩充假说[J].生态学报,1997,17(3):324-332.

级别	学科名称
省级重点学科	民族学、林学、化学工程与技术
省级重点支持学科	马克思主义理论、计算机科学与技术
校级学科	工商管理、中国语言文学、体育学、外国语言学及应用语言学

2.各学科基本情况

对铜仁学院 10 个学科按学术队伍、学科资源投入、科研实力、人才培养和学术交流 5 个方面进行相关数据整理分析,以反映各学科的基本情况,具体见表 3-2—表 3-6,数据来源于铜仁学院研究生处。

表 3-2　铜仁学院 10 个学科的学术队伍情况

单位:人

序号	学科名称	团队成员	教授	副教授	博士
1	教育学	40	26	11	24
2	民族学	25	15	8	6
3	化学工程与技术	33	12	21	5
4	林学	32	8	21	12
5	工商管理	32	4	20	13
6	中国语言文学	29	8	15	6
7	马克思主义理论	31	10	19	13
8	计算机科学与技术	24	3	13	2
9	体育学	23	6	14	3
10	外国语言学及应用语言学	24	6	13	8

因团队成员中副教授以上职称的教师和博士教师是学科的核心带头人,所以统计其数据可以代表该学科的学术能力,其人员分布为 24~40 人。

表 3-3　铜仁学院 10 个学科的学科资源投入情况

序号	学科名称	学科建设投入经费/万元	硕士生导师团队/个	重大仪器设备金额/万元
1	教育学	695	21	154.18
2	民族学	62	13	126
3	化学工程与技术	1 000	7	790.7
4	林学	720	5	287
5	工商管理	580	4	280

续表

序号	学科名称	学科建设投入经费/万元	硕士生导师团队/个	重大仪器设备金额/万元
6	中国语言文学	40	6	20
7	马克思主义理论	200	9	90
8	计算机科学与技术	40	1	90
9	体育学	9	5	586.2
10	外国语言学及应用语言学	200	9	50

表 3-4　铜仁学院 10 个学科的科研实力情况

序号	学科名称	科研经费/万元	国家级科研项目/个	省部级项目/个	论文数/篇	SCI、EI收录/篇	学术著作/部
1	教育学	3 797.44	10	38	272	41	10
2	民族学	434.67	6	27	61	40	19
3	化学工程与技术	890.35	9	49	149	112	9
4	林学	1 700	8	23	66	16	5
5	工商管理	312	1	11	203	11	5
6	中国语言文学	117.5	4	25	257	2	17
7	马克思主义理论	285.8	5	16	300	24	8
8	计算机科学与技术	366	3	14	112	42	34
9	体育学	388.89	1	29	128	46	29
10	外国语言学及应用语言学	183.28	0	17	109	6	14

表 3-5　铜仁学院 10 个学科的人才培养情况

序号	学科名称	人才培养/人	硕士/人	教育改革项目/个	教材出版/本	教学研究论文/篇
1	教育学	3 007	29	37	0	66
2	民族学	1 376	0	18	0	36
3	化学工程与技术	245	0	6	6	14
4	林学	990	2	7	0	9
5	工商管理	635	4	16	1	6
6	中国语言文学	694	6	10	0	9
7	马克思主义理论	277	2	14	9	17
8	计算机科学与技术	80	0	20	5	39
9	体育学	1 399	23	28	0	53
10	外国语言学及应用语言学	648	0	17	1	36

表 3-6　铜仁学院 10 个学科的学术交流情况

序号	学科名称	主办会议/次	参加会议人次/人
1	教育学	7	1 557
2	民族学	5	30
3	化学工程与技术	0	37
4	林学	2	171
5	工商管理	2	136
6	中国语言文学	4	46
7	马克思主义理论	2	140
8	计算机科学与技术	0	15
9	体育学	1	200
10	外国语言学及应用语言学	2	140

3.学科生态位分析

(1)学科生态位因子确定

在前期分析过程中,根据可能影响学科发展的积累值和变化值将其确定为 6 个因子:以学科团队、学科条件(重大仪器设备、学科投入经费、硕士生导师团队)、人才培养 3 个相对稳定的因子观测某一学科的生态位"态"值;以科研经费、论文数、学术交流次数 3 个变化值观测某一学科的生态位"势"值。

(2)学科生态位宽度计算

借助生态位宽度模型对近年(2016—2018)10 个学科进行分析,将转换系数和时间指标默认为 1,其中年均变化量采用加和的方式进行统计,利用公式(2)(3)计算 10 个学科的生态位值,具体见表 3-7—表 3-14。

表 3-7　铜仁学院 10 个学科学科团队生态位

序号	学科	副高以上人数/人	年均变化量	绝对生态位	生态位	排序
1	教育学	37	0.2	37.2	0.146 2	1
2	民族学	23	0.2	23.2	0.091 2	6
3	化学工程与技术	33	0.2	33.2	0.130 5	2
4	林学	29	0.2	29.2	0.114 8	3
5	工商管理	24	0.1	24.1	0.094 7	5
6	中国语言文学	23	0.1	23.1	0.090 8	7
7	马克思主义理论	29	0.1	29.1	0.114 4	4
8	计算机科学与技术	16	0.1	16.1	0.063 3	10

续表

序号	学科	副高以上人数/人	年均变化量	绝对生态位	生态位	排序
9	体育学	20	0.1	20.1	0.079 0	8
10	外国语言学及应用语言学	19	0.1	19.1	0.075 1	9
	总计	253	1.4	254.4	——	——

表 3-8　铜仁学院 10 个学科学科条件(学科经费投入)生态位

序号	学科	学科经费投入/万元	年均变化量	绝对生态位	生态位	排序
1	教育学	695	102.5	797.5	0.198 2	3
2	民族学	62	7.25	69.25	0.017 2	7
3	化学工程与技术	1 000	134.5	1 134.5	0.282 0	1
4	林学	720	90	810	0.201 3	2
5	工商管理	580	79	659	0.163 8	4
6	中国语言文学	40	4.75	44.75	0.011 1	8
7	马克思主义理论	200	26	226	0.056 2	5
8	计算机科学与技术	40	4.75	44.75	0.011 1	9
9	体育学	9	2.25	11.25	0.002 8	10
10	外国语言学及应用语言学	200	26	226	0.056 2	6
	总计	3 546	477	4 023	——	——

由表 3-7 可以看出,排在前五位的学科团队生态位值总和为0.600 6,排在后五位的学科团队生态位值总和为0.399 4。由表 3-8 可以看出,排在前五位的学科经费投入生态位值总和为0.901 5,排在后五位的学科经费投入生态位值总和为0.098 4。

表 3-9　铜仁学院 10 个学科学科条件(硕士导师团队)生态位

序号	学科	硕士生导师团队/个	年均变化量	绝对生态位	生态位	排序
1	教育学	21	0.3	21.3	0.259 1	1
2	民族学	13	0.2	13.2	0.160 6	2
3	化学工程与技术	7	0.3	7.3	0.088 8	5
4	林学	5	0.2	5.2	0.063 3	7
5	工商管理	4	0.4	4.4	0.053 5	9

序号	学科	硕士生导师团队/个	年均变化量	绝对生态位	生态位	排序
6	中国语言文学	6	0.2	6.2	0.075 4	6
7	马克思主义理论	9	0.2	9.2	0.111 9	3
8	计算机科学与技术	1	0.1	1.1	0.013 4	10
9	体育学	5	0.2	5.2	0.063 3	8
10	外国语言学及应用语言学	9	0.1	9.1	0.110 7	4
	总计	80	2.2	82.2	—	—

表 3-10　铜仁学院 10 个学科学科条件(重大仪器设备)生态位

序号	学科	重大仪器设备/万元	年均变化量	绝对生态位	生态位	排序
1	教育学	154.18	0.3	154.48	0.062 4	5
2	民族学	126	0.2	126.2	0.051 0	6
3	化学工程与技术	790.7	0.3	791	0.319 4	1
4	林学	287	0.2	287.2	0.116 0	3
5	工商管理	280	0.4	280.4	0.113 2	4
6	中国语言文学	20	0.2	20.2	0.008 2	10
7	马克思主义理论	90	0.2	90.2	0.036 4	7
8	计算机科学与技术	90	0.1	90.1	0.036 4	8
9	体育学	586.2	0.2	586.4	0.236 8	2
10	外国语言学及应用语言学	50	0.1	50.1	0.020 2	9
	总和	2 474.08	2.2	2 476.28	—	—

表 3-11　铜仁学院 10 个学科人才培养生态位

序号	学科	人才培养/人	年均变化量	绝对生态位	生态位	排序
1	教育学	3 007	1	3 008	0.321 5	1
2	民族学	1 376	0.6	1 376.6	0.147 1	3
3	化学工程与技术	245	0.4	245.4	0.026 2	9
4	林学	990	0.2	990.2	0.105 8	4
5	工商管理	635	0.3	635.3	0.067 9	7
6	中国语言文学	694	0.7	694.7	0.074 3	5
7	马克思主义理论	277	0.7	277.7	0.029 7	8

续表

序号	学科	人才培养/人	年均变化量	绝对生态位	生态位	排序
8	计算机科学与技术	80	0.2	80.2	0.008 6	10
9	体育学	1 399	0.3	1 399.3	0.149 6	2
10	外国语言学及应用语言学	648	0.7	648.7	0.069 3	6
	总和	9 351	5.1	9 356.1	—	—

表 3-12　铜仁学院 10 个学科科研经费生态位

序号	学科	科研经费/万元	年均变化量	绝对生态位	生态位	排序
1	教育学	3 797.44	150	3 947.44	0.449 2	1
2	民族学	434.67	8	442.67	0.050 4	4
3	化学工程与技术	890.35	45	935.35	0.106 4	3
4	林学	1 700	76	1 776	0.202 1	2
5	工商管理	312	8	320	0.036 4	7
6	中国语言文学	117.5	4	121.5	0.013 8	10
7	马克思主义理论	285.8	5	290.8	0.033 1	8
8	计算机科学与技术	366	7	373	0.042 4	6
9	体育学	388.89	7	395.89	0.045 0	5
10	外国语言学及应用语言学	183.28	2	185.28	0.021 1	9
	总和	8 475.93	312	8 787.93	—	—

由表 3-9 可以看出,排在前五位的学科条件(硕士导师团队)的生态位值总和为0.731 1,排在后五位的生态位值总和为0.268 9。由表 3-10 可以看出,排在前五位的学科条件(重大仪器设备)的生态位值总和为0.847 8,排在后五位的生态位值总和为0.152 2。由表 3-11 可以看出,排在前五位的学科人才培养的生态位值总和为0.798 3,排在后五位的生态位值总和为0.201 7。从表 3-12 可以知道,排在前五位的学科科研经费的生态位值总和为0.853 1,排在后五位的生态位值总和为0.146 8。

表 3-13　铜仁学院 10 个学科科研论文生态位

序号	学科	论文数/篇	年均变化量	绝对生态位	生态位	排序
1	教育学	272	0.2	272.2	0.164 1	2
2	民族学	61	0	61	0.036 8	10
3	化学工程与技术	149	0.1	149.1	0.089 9	5

序号	学科	论文数/篇	年均变化量	绝对生态位	生态位	排序
4	林学	66	0.1	66.1	0.039 9	9
5	工商管理	203	0.2	203.2	0.122 5	4
6	中国语言文学	257	0.2	257.2	0.155 1	3
7	马克思主义理论	300	0.2	300.2	0.181 0	1
8	计算机科学与技术	112	0.1	112.1	0.067 6	7
9	体育学	128	0.1	128.1	0.077 2	6
10	外国语言学及应用语言学	109	0.1	109.1	0.065 8	8
	总和	1 657	1.3	1 658.3	——	——

表 3-14　铜仁学院 10 个学科学术交流生态位

序号	学科	学术交流人次/人	年均变化量	绝对生态位	生态位	排序
1	教育学	1 557	20	1 577	0.624 3	1
2	体育学	200	3	203	0.080 4	2
3	民族学	30	6	36	0.014 3	3
4	林学	171	3	174	0.068 9	4
5	中国语言文学	46	5	51	0.020 2	5
6	外国语言学及应用语言学	140	5	145	0.057 4	6
7	工商管理	136	3	139	0.055 0	7
8	马克思主义理论	140	3	143	0.056 6	8
9	化学工程与技术	37	4	41	0.016 2	9
10	计算机科学与技术	15	2	17	0.006 7	10
	总和	2 472	54	2 526	——	——

从表 3-13 可以看出,排在前五位的学科科研论文的生态位值总和为 0.712 6,排在后五位的生态位值总和为 0.287 3。从表 3-14 可以知道,排在前五位的学科学术交流的生态位值总和为 0.808 1,排在后五位的生态位值总和为 0.191 9。

(四)结论及对策

1.排在前五位的学科整体学科生态位宽度大,在学科系统中影响力大

根据前期研究成果可知,N_x 值为 0~1,其值与其在系统中的生态作用成正比,值越大,生态作用越大。从前面的分析可知,学科团队、学科条件、人才培养、科研经费、科研论文和学术交流 6 个因子在生态位评价中,排在前五位的学科生态位值之和都超过 0.6,说明这几

个指标在铜仁学院学科系统中起着重要作用,且排在前五位的学科整体学科生态位宽度大,在学科系统中影响力大。

2.铜仁学院10个学科生态位呈"金字塔"形排布

在学科团队、学科条件、人才培养、科研经费、科研论文和学术交流6个因子生态位评价中排在前五位的学科出现的频次分别为:教育学8次,林学6次,化学工程与技术6次,民族学、马克思主义理论、体育学、工商管理各4次,中国语言文学3次,外国语言学及应用语言学1次。这间接说明铜仁学院10个学科生态位宽度评价呈金字塔形,最顶端的为生态位最高的,最底端的相对生态位比较低,根据以上分析可知教育学学科占据了学校学科系统的最高生态位,林学、化学工程与技术学科占据了较高的生态位,民族学、马克思主义理论、体育学、工商管理次之,中国语言文学、外国语言学及应用语言学和计算机科学与技术3个学科占据最底端位置,相对的生态位宽度最小。具体10个学科的生态位宽度分布如图3-2所示。

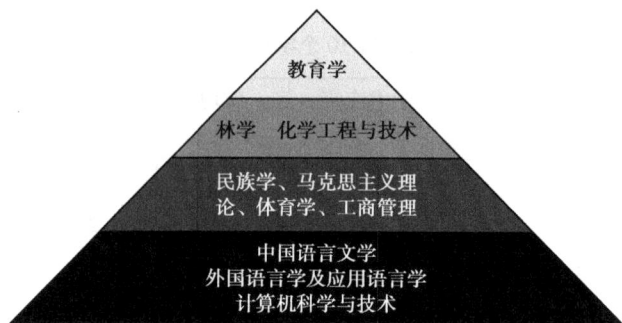

图3-2 铜仁学院10个学科的生态位宽度分布

3.学科发展依赖3个优势学科,政策相对倾斜3个弱势学科

根据生态位宽度测算,铜仁学院10个学科中教育学、林学和化学工程与技术学科排在最顶端,是学校的优势学科,代表了一定的高校竞争力,应持续加大对这3个学科的投入力度。另外,中国语言文学、外国语言学及应用语言学、计算机科学与技术这3个学科排在金字塔最底端,相对较弱,若要使这10个学科均衡发展,学科政策比如学科经费的投入等可以向这3个学科倾斜,逐渐提升学科的竞争力。但究竟这10个学科在学校生态系统中的适宜度如何,学科优化将是接下来的研究方向。

第四章　现代职业教育体系背景下应用型学科的问题研究

一、对中等职业教育学科问题的探讨

中职学校也有学科？这个问题引人深思。中国人民大学周光礼教授曾撰文指出：课程来源于学科，是从学科知识中选择一部分"最有价值的知识"组成教学内容，专业是由若干门课程组成的，围绕一个培养目标组成的课程群就是一个专业。中山大学原校长黄达人教授在多所学校开讲座时指出，专业是培养学生的组织形式，而学科是教师的归属。可能有人会说，周光礼教授和黄达人教授谈的都是大学。

那么，中职学校有没有学科？笔者曾多次就这个问题与同事探讨，探讨的过程非常雷同。一开始的观点是"中职学校培养技能型人才，没有学科"，然后是"中职学校培养技能型人才，不能谈学科"，最后是"中职学校的技能型人才培养不能谈学科，但教师可以有学科思维和学科意识"。

笔者认为，中职学校在强化技能型人才培养过程中不谈学科是对的。但是，作为人才培养的主体，中职专业教师必须要有学科思维和学科意识，才能拓展发展空间，谋求更大的提升。否则，只讲专业，教师就会缺失向上提升发展的动力。

第一，学科是中职专业教师专业课程开发的源泉。教育部高职高专处原处长范唯认为，学校的产品是课程，学生应该是学校的用户，课程是专业的细胞。中职专业教师作为学校的专业技术群体，无疑是课程开发的主体，课程开发能力强弱也就是他们专业能力强弱的重要表现之一。中职专业教师到哪里去"挑选""够用的""必须的"知识？无疑，应该到学科中去挑选。中职专业教师就应该到专业所属的某门学科甚至多门学科中去挑选"对培养这个专业的技能型人才最有用的"知识，以最适合中职学生接受的方式，将知识组合在一起，就构成了课程内容。

第二，学科是中职专业教师创新人才培养的摇篮。当前在绝大多数中职专业教师的潜意识中，技能型人才培养就只能依托专业，不能越"专业雷池"，一旦有教师要在既定的专业知识范围以外去探寻新知识、新思维、新点子来培养学生，就是不务正业，甚至误人子弟。这种"谈学科色变"的学术氛围在很大程度上限制了中职专业教师的专业发展前景，不但不能引导中职专业教师培养学生的创新能力，而且会打击中职专业教师培养学生创新能力的积极性，这与国家倡导的"大众创业、万众创新"也是背道而驰的。

第三，学科是中职专业教师科技研发能力提升的依托。中职专业教师是否应该具有一定的科技研发能力？中职教师的职称评审条件已经很好地回答了这个问题。一名中职专业教师如果只将个人发展局限在专业范畴内，没有学科视域，没有参与科技研发的意识，没有参与科技研发的经历，是不可能具有完成职称评审条件所要求的科研业绩成果任务的能力的。中职专业教师要提升科技研发能力，必须有学科归属，在学科上进行科技研发，提升科技研发能力，谋求个人长足发展。

所以，笔者以为：中职学校既然有学科存在，就应该鼓励对其进行研究，尤其是在学科背景下开展中职专业教师能力提升的研究，给出中职专业教师能力提升的新策略和新路径；中职学校管理者在教师队伍建设过程中，要适度引入学科概念，引导中职专业教师客观认识学科存在的合理性和必要性；中职专业教师要主动寻找学科归属，合理建立学科团队，在学科平台发展自己，找到向上提升的动力。

二、对高等职业教育学科问题的探讨

学科问题虽然是一个老话题，但对高等职业教育来说仍然是一个敏感问题。高等职业教育发展在经历快速成长、内涵建设两个阶段以后，如何实现新的转型提升是高等职业教育必须做出的现实选择。影响高等职业教育质量提升的因素可能有很多，但学科问题应该引发我们新思考。从高等职业教育发展情况来看，不仅有学科存在的基础，而且学科对高等职业教育发展质量的影响将越来越大。因此，高等职业教育不应再回避学科问题，而应做到以下几点：结合自身特点，坚持应用型学科发展导向，树立应用型学科思维，营造高等职业教育学科发展环境；结合高等职业教育属性，坚持高等职业教育应用型学科发展方向；以应用型学科发展为抓手，加强高等职业教育学科建设，引领和带动高等职业教育的转型升级发展。

（一）学科意义：高等职业教育质量提升的关键

高等职业教育作为高等教育的一种类型，发展形势极为迅猛，目前在办学规模上已经约占高等教育的半数。时至今日，人们对高等职业教育的发展开始重新审视，各行各业对高等职业教育的依赖性也在逐渐增强。我们今天探讨和研究高等职业教育，已经不是考虑它要不要发展的问题，而是在本科教育争创"双一流"的背景下，高等职业教育应如何创新提质发展，争创职业教育的世界一流，以应对人工智能、工业4.0、"中国制造2025"等带来的对新型技术技能人才的需求。

我国"大众创业、万众创新"战略的实施，对高等职业教育也提出了更新、更高的要求，如何找准新的突破口，实现高等职业教育创新发展，是高等职业教育界专家们一直在探索的热点问题。虽然近年来，在国家示范性高等职业院校、国家骨干高等职业院校以及新一轮优质高等职业院校创建等建设项目的引领和带动下，高等职业教育在师资队伍建设、专业建设、社会服务能力建设、国际化办学等方面都得到了快速提升，高等职业教育服务国家战略和地方经济社会的水平也在不断提升。但是，从高等职业教育自身发展来看，师资队伍、专业建设、社会服务能力等各项办学指标离世界水准、国家要求、社会需要还有一定差距。究竟是什么原因导致高等职业教育的核心竞争力不强、社会认可度提升总是较慢呢？其中的影响因素很多，但笔者认为高等职业教育发展到今天，有一个问题应该引起我们重新审视和深思：多年以来，高等职业教育一直只重视专业建设，避而不谈高等职业教育学科发展的问题，大家对这个问题总是"犹抱琵琶半遮面"，以至于高等职业教育在很多方面的发展都受到束缚。因此，我们今天以改革的勇气、创新的眼光来探讨高等职业教育发展有没有学科的存在、要不要谈学科的发展以及如何从学科的视野来审视高等职业教育发展的瓶颈，提出破解对策，对指导和推动高等职业教育发展具有十分重要的意义。

1.高等职业教育发展历程与阶段性特征

认真分析我国高等职业教育的发展历程，对把握我国高等职业教育发展规律、探索高等职业教育下一步发展举措具有非常重要的意义。目前，关于高等职业教育发展历程从不同的分析角度有不同的划分，本书结合高等职业教育发展较为典型的阶段性特征，将其归纳为以下三个阶段。

(1)快速成长期(1985—2006年)

高等职业教育发展要追溯历史的话，应该说是比较长的，但国家真正明确发展高等职业教育应该是从1985年开始的。中共中央颁布的《中共中央关于教育体制改革的决定》指出："积极发展高等职业技术院校，……逐步建立起一个从初级到高级、行业配套、结构合理又能与普通教育相互沟通的职业技术教育体系。"①这是高等职业教育正式取得国民教育体系门票，跨入高等教育门槛的典型标志。教育部、国家计划委员会(2003年3月改组为国家发展和改革委员会)于1999年1月联合印发的《试行按新的管理模式和运行机制举办高等职业技术教育的实施意见》正式明确："高等职业教育可由以下高等教育机构承担：短期职业大学、职业技术学院、具有高等学历教育资格的民办高校……"②于是，一批新型高等教育主体——高等职业院校如雨后春笋般在全国各地诞生，高等职业教育也正式成为高等教育的一种存在类型，并逐步被人们所接受。在这个阶段，高等职业教育发展的典型特征是规模快速扩张，很多地方一方面是响应中央号召，为了发展高等职业教育而成立一批高等职业院校，另一方面也是迫于当时很多中专学校生存困难，而将部分中专学校合并升格为高等职业院校。虽然这些高等职业院校作为高等教育中的高等职业教育主体已经存在，但是在发展初期，部分高等职业院校对高等职业教育的内涵、规律并不清晰，以至于一些高等职业院校依旧是中专办学模式，只是招生生源、办学层次等简单的变化而已。

---

① 杨金土.30年重大变革：中国1979—2008年职业教育要事概录(上卷)[M].北京：教育科学出版社,2011:25.
② 刘志扬,黄水平.改革开放以来我国高等职业教育发展历程回顾[J].课程教育研究：学法教法研究,2015(17):233-234.

（2）内涵建设期（2006—2015年）

随着高等职业教育办学规模的快速扩张,部分发达地区高等职业院校充分发挥区域优势,大胆探索,涌现了一批办学理念、办学规模、办学质量、办学效益都较为领先的高等职业院校,如深圳职业技术学院等,为高等职业教育树立了一面旗帜。但从全国来看,由于高等职业院校数量扩张过快,高等职业教育办学成本高与教育经费投入不足的矛盾较为突出,高等职业院校普遍办学条件不足、办学实力不强、办学水平不高等问题逐步凸显,迫切需要加强高等职业院校的内涵建设,尤其要建设一批在全国具有示范引领和带动作用的高等职业院校,推动全国高等职业教育内涵提升。为此,从2006年开始,国家相继启动了第一轮100所国家示范性高等职业院校建设和第二轮100所国家骨干高等职业院校建设,通过申报遴选入围建设的高等职业院校。在中央资金撬动下,地方政府加大投入,各高等职业院校的专业建设、课程建设、师资队伍建设等方面得到极大提升。在这个阶段,高等职业教育发展实现了历史性的飞跃,一方面,体现在高等职业教育发展的地位大幅提升,已经完全引起国家层面和社会各界的高度重视,高素质技能型人才进入"香饽饽"时代,行业企业依赖高等职业教育、支持高等职业教育的格局基本形成,大家不再质疑该不该发展高等职业教育的问题,而是思考如何发展好的问题,质量已经开始成为考量高等职业教育的一个重要指标。另一方面,对高等职业院校来说,激烈的竞争格局已出现,相互之间将面临新一轮生存和发展的挑战,于是,各高等职业院校开始真正把目光聚焦到自身内涵建设、质量提升、特色发展等一系列重要性指标上来。尤其是中国高等职业教育人才培养质量年度报告制度的实施,不仅唤醒了高等职业教育的质量意识,也标志着高等职业教育追求内涵发展的质量观由此正式确立。

（3）转型提升期（2015年至今）

通过两轮国家示范性高等职业院校和国家骨干高等职业院校建设后,高等职业教育的确发生了质的飞跃,在所谓"211"高等职业院校的带动下,高等职业院校之间你追我赶的竞争日趋白热化。面对"中国制造2025"、"互联网+"、工业4.0等新形势,高等职业教育究竟是继续适应还是要引领,以及如何实现上水平发展等成为摆在高等职业教育面前的新的现实问题。这样的新形势已经迫切呼唤高等职业教育必须走创新发展、转型提升、追求卓越之路。为此,国家启动了推动高等职业教育转型升级的《高等职业教育创新发展行动计划(2015—2018年)》,正式确定将在全国建设一批优质的高等职业院校,在专业建设、课程建设、师资队伍、国际化办学等多方面提出了"高水平"的建设目标和要求,就是要在全国建设一批具有中国特色的高水平高等职业院校和专业,目标就是锁定"世界一流"。各省市也相继启动了相关建设程序,如贵州省实施高职教育人才培养质量提升工程,提出了德育工作质量提升工程、专业质量提升工程、课程质量提升工程、创新创业教育改革工程等八大工程性建设任务,并以省级骨干专业、省级重点专业群、省级开放性实训基地、省级优秀教学团队等十大项目为抓手,全面推进贵州省高等职业教育的"高水平"建设①。于是,各高等职业院校都围绕如何创建优质高等职业院校而使出浑身解数。从这一阶段的特征来看,高等职业教育的质量与创新问题已经成为高等职业教育界的共识,现阶段的主要任务就是要如何创新,推动高等职业教育质量快速提升,真正实现相关办学指标达到"高水平"的标准,打造世界一流的高等职业教育样板,成为引领世界职业教育发展的标杆之一。

　　从上述三个阶段来看,高等职业教育在每个阶段都有着典型的特征,也反映出高等职业教育在每个发展阶段的目标任务和职责使命的不同。在快速成长期,高等职业教育应运而生并快速发展,这个阶段需要引起人们的了解和关注,的确需要先做大规模,也迫切需要更多的高等职业院校来承担这一使命。虽然在这一阶段,高等职业院校也注重教育教学质量,但相比之下,规模显得比质量更加重要,以至于这一时期很多高等职业院校都把办学规模作为一个重要指标加以宣传,而对自身作为高等学校应承担的部分基本职能有些弱化。在内涵建设期,随着市场需求的变化,在国家政策环境的引导和高等职业院校内部因素的影响下,尤其是全国高职高专校长联席会议于 2012 年 7 月 12 日委托第三方研究机构——上海市教育科学研究院和麦可思研究院联合编写的《中国高等职业教育人才培养质量年度报告》首次发布后,高等职业教育的质量问题犹如一石激起千层浪,引起社会各方高度关注,高等职业院校才将重心转向如何提高人才培养质量、如何提升社会服务水平等问题上来,在人才培养目标上围绕"高素质技能型人才"进行定位,在服务上探索如何服务地方经济社会发展需要,在专业建设上考虑如何对接产业,在教学内容上如何对接岗位等,应该说质量已经成为高等职业教育普遍追求的目标,很多高等职业院校都明确提出要在确保质量的基础上,保持规模,打造特色,形成品牌。在经历前面两个阶段的发展以后,今天的中国高等职业教育与世界职业教育发展的情况对比,情况究竟又怎么样呢? 目前,在高等职业教育对经济社会发展贡献度以及行业企业对高等职业教育依存度等方面的差距不仅存在,而且还较大。尽管我们推行校企合作,现在又提出产教融合等系列举措,但是高等职业教育的整体影响力还是较弱,主要集中反映在高等职业教育的创新能力不强,这也是目前影响高等职业教育持续发展的一个重要瓶颈。

　　2.学科对高等职业教育质量提升具有重要的影响

　　高等职业教育要持续发展,究竟应该走什么样的路才能真正走向"春天",行业中人都意识到"质量""创新""特色"等是高等职业教育发展永远绕不开的热词。其中,质量是生命,创新是手段,特色是品牌。这也意味着,质量提升仍然是高等职业教育发展的核心。虽然影响高等职业教育发展的因素有很多,但是笔者认为有一个高等职业教育界一直在刻意回避、但又必须引起我们高度重视的问题,就是高等职业教育的学科问题。高等职业教育有没有

---

① 贵州省教育厅.贵州省教育厅关于印发《贵州省高等职业教育人才培养质量提升工程实施方案》的通知[EB/OL].
　(2016-01-07)[2017-10-28].中华人民共和国教育部政府门户网站.

学科？该不该要学科？虽说这是高等职业教育从业者都不愿提及的难言之隐，但笔者认为这是高等职业教育必须要迈过的坎。

（1）关于学科的理解

关于学科的含义，从不同的角度有不同的划分和阐释。目前，主要从以下两个角度加以划分：

一是从学科门类的角度，主要是指科学领域或一门科学的分支，并在此基础上根据学科涵盖范围又进行了层级划分，有一级学科、二级学科、三级学科等。如在社会科学领域，根据知识范畴划分为历史学、经济学等学科，其中经济学作为一级学科，下设理论经济学、应用经济学等二级学科，在应用经济学下面又设区域经济学、产业经济学等三级学科。这种划分主要侧重从知识自身的系统性进行构建。

二是从科学研究功能的角度，主要是结合高校和其他科研机构在人才培养、科研服务等功能方面进行界定。如高校在人才培养中形成了文科、理科、农科、医科等学科方向和专业类别。

由于学科体系构建时，根据其方向和内容等不同又出现了理论型和应用型等倾向，所以学科中又出现了理论学科与应用学科的划分。其中，应用学科就是以应用型为主的学科构建，是重点围绕解决经济社会发展过程中生产、管理和服务等系列应用性问题而形成的学科，因此，应用学科在一定程度上实际就是应用型学科。随着经济社会的发展，应用型学科建设的地位和作用日益凸显。

就学科建设的内容来说，涉及学科环境、学科规划、学科团队、学科基地等方面，但无论哪种划分，学科都与知识有关。尤其在高校，也都与专业设置、教师发展、科学研究等有着密切的联系，包含围绕知识结构联结在一起形成的人才团队、研究领域等，始终贯穿于人才培养的全过程，涉及学校发展的全方位。

（2）关于高等职业教育学科问题的认识

关于高等职业教育学科问题的认识和讨论，笔者认为，首先，要回答或者要思考清楚两个问题：高等职业教育到底有没有学科？高等职业教育要不要谈学科？只有在弄清这两个问题的基础上，探讨高等职业教育的学科定位和构建等问题才有依据。

第一，关于高等职业教育有没有学科的问题。

现在，我们几乎听不到关于高等职业教育学科的声音，难道是高等职业教育没有学科吗？笔者带着这个疑问与曾经担任一所高等职业院校院长十年的侯长林教授进行了专门探讨。在与他交流的过程中，他赞同"高等职业院校肯定应该有学科存在"这种观点。关于高校的学科建设问题，侯长林指出："只要是大学，就有一个学科建设的问题。不抓学科，科学研究就没有依托之处。"[①]他所强调的大学也包括高等职业院校。这是因为高等职业教育既

---

① 侯长林.走向大学深处[M].湘潭：湘潭大学出版社，2016：58.

然作为高等教育的一种存在类型，其本身就属于高等教育的范围，高等职业院校也属于高等院校之列，尽管有着职业教育的属性与特征，但同时也具有高等教育的属性和特征，所以高等职业院校存在学科是理所当然的。笔者认为，目前高等职业院校不仅有学科存在的土壤，而且有一定的学科基础。其表现在：

一是教师都有着深厚的学科背景。从高等职业教育的师资现状来看，整体水平都比较高。虽然高等职业院校注重打造"双师型"素质教师队伍，但从教师自身的背景来看，教师要具有高校教师资格，必须经过本科及以上的专业学习并取得相应的毕业资格，通过高等学校教师资格培训考试方能取得任教资格。虽然现在高等职业院校有不具备本科及以上学历的能工巧匠型"双师"教师，但绝大多数教师都是在高等教育学科背景下培养和成长起来的。很多高等职业院校硕士、博士以上教育背景的教师比例越来越高，尤其是各高等职业院校教授的比例越来越高，这些高层次人才在成长过程中实际上都有一定的学科方向，在自身的专业成长和发展方面都有较强的学科基础，虽然现在从事高等职业教育工作，但对学科都有一定的认识。

二是专业建设与学科有着必然的联系。"学科与专业是紧密相连的，学科支撑专业，专业体现学科，大学教师既生活在专业上，也生活在学科中，在专业上培养人才，在学科中进行科学研究。"①学科与专业之间既有区别又有联系。也就是说学科与专业有着割舍不开的联系，但又不能简单地画等号。作为高等职业教育来讲，目前大家都关注专业建设，讨论较多的也是专业建设应如何围绕产业发展来进行，又如何根据产业发展需要来培养人才和开展相关技术服务等，应该说这些想法或观点都符合高等职业教育的产业性和职业性等特征，但在专业建设中，要建什么样的专业、如何设置课程、如何形成完整的人才培养体系等这一系列问题的解决，都离不开学科的支撑。如果没有学科的引领和支撑，就不可能产生优质的人才团队，也就没有更多的科研成果。没有人才团队和科学研究的支撑，专业建设的很多内容都无法实现，所以专业建设实际上应该在相应学科体系下进行，甚至还需要跨学科的互补和共融。因此，高等职业教育在专业建设过程中同样存在学科建设的问题。

三是科研服务过程中明显渗透着学科。近年来，高等职业教育发展非常注重服务地方经济社会发展需要，各高等职业院校都在强化产学研协同发展，并培养和造就了一大批人才团队，也形成了一大批服务地方产业发展的科研项目。事实上，这些人才团队、科研项目的内在联系就是依托学科。如铜仁职业技术学院的贵州省中兽药研发创新人才团队、民族中兽药分离纯化技术国家地方联合工程研究中心、民族中兽药与生态畜牧业人才基地等，这些都是依托医、药等学科发展的结果。

第二，关于高等职业教育要不要谈学科的问题。

关于高等职业教育有没有学科这个问题，专家学者可能没有太多异议，但关于高等职业

---

① 侯长林.走向大学深处[M].湘潭：湘潭大学出版社，2016：170.

教育发展应不应该谈学科这个问题,大家的观点就明显不一样了。侯长林教授到本科院校当了校长以后曾讲过:"我在高等职业院校当了十年院长,知道高职高专是不讲学科只讲专业的,甚至对学科有谈虎色变的味道。由于在高职高专界,大家都不谈学科,我也就没有关注学科,更谈不上对学科进行研究。"①正是由于国家对高等职业教育在发展导向和政策指向上都只谈专业不谈学科,所以,过去大家一直都在回避,似乎都很忌讳谈高等职业教育的学科问题。

高等职业教育发展到现在,同样很少有人来谈这个问题。究竟我们今天对高等职业教育的学科问题应该持什么样的态度?笔者访谈了铜仁职业技术学院医学院张建平副院长,就目前铜仁职业技术学院医学类专业设置、教研室设置与学科之间的关系等问题进行了深入探讨,他非常感慨地说道:"学校合并升格以前的铜仁地区卫生学校,那时候虽然还是中专学校,但在教研室的设置方面,都是按照医学类的学科隶属关系设立儿科、外科、内科、妇产科等教研室,公共基础课也按照学科隶属关系设立相应的教研室,教师之间的教学研讨等很顺畅,由于学科相同或相近,大家在一起研讨交流的共同语言较多,效果非常好,教师也有一种归属感。现在升格为高等职业院校后,不提学科了,完全按照专业归属来设置临床医学、医学影像技术、医学检验技术、康复治疗技术专业教研室和基础教研室,教师也被分配到相关专业去,以前同学科教师之间的凝聚力反而弱了,现在专业教研室范围内的教师又因为学科领域差异,虽然可以进行一些交流,但效果并不好。"笔者认为他的观点和想法是有一定道理的。像这种完全按照专业来设计并组织教学,却忽视学科对专业的影响和作用的现象,估计在全国的高等职业院校绝不是仅有的。由于高职专科学校长期以来对学科概念认识的偏颇,根本就谈不上积极主动地进行学科建设②,以至于目前学科问题在高等职业院校仍然处于冰封之地的孤岛现状。

面对当前的新经济形态,高等职业教育究竟何去何从?第三届中国职业教育国际合作峰会召开之际,中国教育在线记者对中国职业技术教育学会副会长、全国民办职业技术教育分会会长、深圳职业技术学院创校校长俞仲文教授进行了专访。俞仲文教授在接受访谈时,谈了他的很多"新职教"观点。他认为:"理念的落伍是当今举办高水平职业教育的最大拦路虎。有的理论不是说不对,而是不是全对,错在太绝对化了。比如说,'职业技术教育就是技能教育',这种判断之所以不全对,是因为职业技术教育不光是技能教育,还包括技术教育在内;'职业教育就是跟岗位零距离对接的教育',也只对了一半,我们不光要对接现在,还要面向未来;'职业教育就是成熟技术规范流程再现',这也不是全部,还需教给学生具备一定的创新能力等……职业教育面临着培养规格重新定义的挑战……职业教育面临着专业定向重新定义的挑战……因此培养我们的产业大军具有一定的技术革新、改良和应用能力,在今

---

① 侯长林.走向大学深处[M].湘潭:湘潭大学出版社,2016:164.
② 罗静.对现代职业教育体系中应用学科生态位的探讨[J].铜仁学院学报,2017,19(5):55-60.

天尤为重要。"①也就是说,今天的高等职业教育肩负着培养具有一定创新和研发能力的高素质技术技能型人才,而非培养仅会操作的"机器"。这就意味着高等职业教育发展要应对世界产业格局调整的挑战,必须要调整质量观念和质量战略。经过国家示范性高等职业院校和国家骨干高等职业院校建设以后,高等职业教育的质量怎么样,高等职业院校的后示范效应又怎么样? 能承担这样的职责和使命吗? 对这些问题,教育部职成司原高职高专处处长林宇认为:"示范校也好,骨干校也罢,都进行了这样那样的改革,但是这些改革都是局限在部分专业里,甚至是部分方面的一些探索。"②从林宇处长对两轮示范性高等职业院校建设成效的判断来看,虽然前后两轮从专业建设到院校管理体制机制等都进行了一定的改革,但并不彻底,效果可能也没有预期好。当然,导致这种结局的原因是多方面的,但笔者认为,我们在专业建设、师资队伍建设、实训基地建设、产教融合的体制机制建设等内容上都没有从学科体系的角度系统思考,进行全方位的改革和质量提升,对国家示范性高等职业院校和国家骨干高等职业院校建设的成效应该有一定影响。因此,如果在现阶段仍然只把高等职业教育人才培养的目标定位在掌握相关就业岗位所需要的关键技术,只强调能够就业,已经远远不够了,必须加强学生的创新创业能力培养③。而学科作为人类认识世界,发展学术的一种工具、手段④,对加强学生的创新能力培养,积淀学生的后发优势有着非常重要的作用。通过学科的引领,教师在课程建设、教学内容等方面加以丰富和完善,才能增强高等职业教育人才培养的系统性,解决高等职业教育学生发展后劲不足等问题,否则,高等职业教育永远无法适应市场需求,更不用说引领产业发展。这也说明学科可能是提升高等职业教育质量的重要手段和开启高等职业教育旋转门的另一把钥匙。虽然国家实施的《高等职业教育创新发展行动计划(2015—2018 年)》中没有提学科建设问题,但其内容实际上都与高等职业教育的学科发展有关,就连中职学校都在强调,中职专业教师必须要有学科的意识和思维⑤,作为高等职业教育,学科的作用就更应该引起我们的重视。随着高等职业教育人才培养的标准和要求不断提高,学科建设已经成为必然趋势,学科问题也不应该再成为高等职业教育发展遮遮掩掩的阵痛,而应该勇于面对、探索和处理好高等职业教育发展与学科发展的关系。

3.坚持高等职业教育的应用型学科发展导向

(1)要切实树立应用型学科思维,营造高等职业教育学科发展环境

学科建设是高等学校建设的核心,是提高学校教学、科研及社会服务能力和水平的重要

---

① 俞仲文.谈"新职教":提升新形势下职教发展质量之路[EB/OL].(2017-08-10)[2017-10-08].中国教育在线.

② 王磊.理性看待高职示范建设:万里长征走完了第一步[N].中国青年报,2013-05-06(T5).

③ 侯长林.高职教育也该充满想象力[N].光明日报,2015-10-04(07).

④ 刘献君.论高校学科建设中的几个问题[J].中国地质大学学报(社会科学版),2010,10(4):6-11.

⑤ 罗静.中职学校要不要谈学科[N].中国青年报,2017-09-11(10).

基础。① 对高等职业院校来说,学科建设的重要性同样如此。高等职业院校的领导、教师等都要认识到应用型学科与专业建设、师资团队、科学研究、社会服务等不是非此即彼的关系,而是互相交叉、互相渗透、互为促进的关系,要认可和支持应用型学科的存在与发展。尤其是高等职业院校的领导,不仅要充分认识到学科对高职教育质量提升的重要性,还要充分认识到学科能否向高水平发展,学科体制是关键,是开展学科活动和建构学科知识体系的前提②,要在校内出台相关鼓励性的支持政策,为高等职业院校学科发展营造良好的内部环境,推动学科引领专业发展,激发学校整体提升的内生动力。教育行政主管部门也要正视应用型学科的存在与发展,不能一味地采取扼杀的手段加以限制,而应认真研究应用型学科发展对高等职业教育质量提升的路径选择和保障机制,适时出台高等职业院校应用型学科发展的相关支持举措,营造高等职业教育学科发展的良好政策环境,助力高等职业教育应用型学科氛围营造和重点学科培育。高等职业教育领域的专家也应持开放、包容和创新的胸怀,不要遇到涉及学科的高等职业教育建设项目就进行质疑甚至否定,应根据具体情况进行引导,共同营造高等职业教育学科发展的良好生态,让应用型学科在高等职业教育找到生存和发展的空间。

(2)要结合高等职业教育属性,坚持高等职业教育应用型学科发展方向

高等职业教育毕竟不同于本科的高等教育,有着自身的属性。从当前来看,虽然在人才培养上是直接对接产业急需的技术技能型人才需求,但高等职业教育的人才培养目标已经由单一岗位技能的培养转向综合职业能力的提高③。因此,对高等职业院校的教师来说,潜心教学、教好学生是根本,但如果不做科研服务也算不上好老师,因为长期不做科研的老师,会逐渐迷失自己的学科方向。正因为高等职业教育发展自身的特殊性,所以高等职业院校在学科发展的定位上应该结合自身的特点,选择以应用型学科为主,围绕实际应用需求搭建学科人才团队,开展科研服务等,从而提升人才团队的整体实力。至于高等职业院校教师应如何进行科研方向选择和定位等问题,应立足高等职业教育自身功能定位和特长优势等来选择,一是要立足地方经济社会的发展进行科学研究,二是要围绕高等职业教育教学改革进行科学研究④,实际上就是要朝着应用型学科方向进行方向定位和选择。高等职业院校的教师只有坚持这个方向,才能更好地结合高等职业教育的人才培养质量和学生今后职业岗位需求,才能更好地推动高等职业教育的技术创新和成果转化应用,促进专业与产业的互动发展。因此,笔者认为应用型学科应该是高等职业院校始终倡导和坚守的学科发展方向。

(3)要以应用型学科发展为抓手,推动高等职业院校全面转型提升

高等职业教育发展到今天,既面临多重机遇叠加的推动,又面临多方挑战交织的挤压。

① 谢桂华.关于学科建设的若干问题[J].高等教育研究,2002,23(5):46-52.
② 康翠萍.高校学科建设的三种形态及其政策建构[J].高等教育研究,2015,36(11):37-41.
③ 刘献君.论高校学科建设中的几个问题[J].中国地质大学学报(社会科学版),2010,10(4):6-11.
④ 侯长林.大学精神与高职院校跨越式发展:高职教育卷[M].北京:北京理工大学出版社,2012:34.

在这种新形势下,高等职业教育要持续发展,就必须既要抓住"质量"这条生命线,又要拧开"转型"这个总开关。如何在保证质量的基础上转型,在转型过程中提升质量,高等职业教育也应思考走新路。高等职业院校要深刻认识应用型学科对促进高等职业教育内涵系统化建设和质量整体性提升的重要作用,把应用型学科建设作为高等职业教育创新发展、持续发展的新动力,坚持以应用型学科发展为抓手,加大改革力度,推动高等职业教育的全方位提升。一是通过应用型学科的发展,引领和指导专业建设,提升专业服务产业、助推地方经济社会升级发展的能力。二是通过应用型学科的发展,提高教师的学术归属感,集聚资源,打造一流师资团队,进一步明确和凝练科研方向,形成更多的可以转化应用的成果,提升高等职业教育的社会服务能力。三是通过应用型学科的发展,建设更多的科研平台和科研基地,推动校企合作、产教融合,争取更多的科研课题和合作研发项目,不断提升高等职业教育的影响力。四是通过应用型学科的发展,推动高等职业院校内部治理结构改革,进一步强化学术委员会的地位和作用,努力构建校长负责、专家治校、教授治学的内部管理体制机制,切实提升高等职业教育办学水平。

学科问题虽然是一个老话题,但对高等职业教育来说,现在却还是一个比较尴尬的话题。本书通过分析高等职业教育发展历程及其阶段性特征看出,高等职业教育在各阶段对质量的认识和把握各有侧重。从影响高等职业教育发展质量的因素来看,学科的问题不能忽视。从高等职业教育自身发展来看,不仅有学科基础,而且高等职业教育要持续发展,也不应该回避学科问题。在此基础上,笔者认为:应用型学科发展可以为高等职业教育转型发展注入新动力,高等职业教育应该坚持应用型学科的发展导向。本书中的一些观点和论述不一定正确或到位,只是希望抛出这样一个话题,引发大家对这个问题的深思。当然,从现阶段来看,高等职业教育又应该如何来选择应用型学科发展路径,从而带动高等职业教育的整体提升等系列问题还有待进一步深入研究。

(二)学科缺失:高等职业教育专业内涵发展之"短板"

关于高等职业教育是否有学科的问题,似乎是一个不需要讨论和争论的常识性问题。可就是这样一个常识性问题,却阻碍着高等职业教育的现实发展。基于此,文章以"学科建设"尚未形成高等职业教育内涵发展之"共识"为切入点,选择遭受质疑和争议的高等职业教育专业发展地位与作用、专业学术理论研究及其认知、专业人才培养现实困惑等三个热点话题,从高等职业教育学科发展政策指向不明、高等职业教育理论体系缺失和高等职业教育发展阶段性特征所局限等方面探究了具体成因。在此基础上,从高等职业教育的"大学属性"(知识性、学术型、文化性、社会性、创新性)和"职业属性"(紧贴产业、对接职业、校企协同、服务就业、技术逻辑)两个方面提出了高等职业教育"学科建设"应是"专业建设"的根基,并且具有"跨界生长""复合交叉"和"协同融合"三个显著特色。最后,基于创建高等职业教育跨领域"一流专业应用学科"的视角,从坚持产业导向的学科跨界融合发展路径、树立学科生态化的协同发展理念、构建专业学科融合发展模式三个方面就如何弥补专业学科短板、加强高职专业学科建设进行了创新思考。

自 2015 年国务院印发《统筹推进世界一流大学和一流学科建设总体方案》以来,"双一流"建设已成为当前高等教育关注、发展和竞争的"焦点"与"热点"问题。毋庸置疑,高等职业教育作为高等教育的一种独立类型,必然亦面临着"双一流"建设的问题。那么,高等职业教育有"学科"吗?如果有,又该怎样推进和实施呢?对此,笔者结合高等职业教育发展的阶段性特征,就此问题谈一谈自己不成熟的思考,以期"抛砖引玉"。

1."学科建设"尚未形成高职教育内涵发展的"共识"

时至今日,高职院校在学校发展、人才培养、专业建设、师资建设、学术交流、工作讨论、技术服务等各个领域,领导和老师们一般都只谈"专业",对"学科"则避谈、少谈或不谈,以免引起不必要的争论或质疑。可以说,"学科"话题在当下高职教育领域及其实践中是遭受质疑的话题①。从其质疑的焦点来看,大致表现在三个方面:一是专业发展的地位与作用之争,即专业重要还是学科重要。当下,大家普遍认为,高职教育是以就业为导向的职业教育,国家对其人才培养规格的定位,无论是过去的高技能人才、高素质技能型人才、高端技能型人才还是今天的高素质技术技能人才,都十分重视和强调学生的实践动手能力,以对接产业、连接岗位、服务就业为基础构建和开展的"专业建设",理应成为高职院校建设的重中之重,在高职院校发展中起主导作用,占据核心地位。而以知识分类体系为基础进行人为划分和建构的知识形态的"学科建设",是普通本科高等教育发展的重点,在高职教育发展中因其"重实践、轻理论"而应从属于专业建设之下,处于次要发展地位。二是学术理论研究及其认知差异。即鉴于专业与职业、专业与学科、职业与学科的理论研究局限,特别是以概念、范畴、逻辑为理论体系的职业教育理论体系缺失,人们对高职专业发展、学科发展与人的发展之间的关系认识存在差异和不足,对专业、学科及其关系的认知存在学术争议、认知歧义和认识混乱。比如,从理论观点而言,有"学科中心论""专业领域论"和"专业跨学科论",各自对专业与学科的认知侧重不一样。从专业与学科的关系而言:有的把专业与学科对立,相互排斥;有的把学科从属于专业之下;有的把专业当学科,相互混淆或者等同使用,进而给专业与学科的认识带来理论上的困惑。三是现实发展处境及其困惑所致。即高职教育当前的招生现状及其学生文化素质水平偏低所带来的人才培养困惑。换句话说,高职教育是高等教育从精英化向大众化发展的产物,其在伴随我国产业经济规模化扩张发展的过程中,所招收的高职学生是高考录取中本科招录之后考试分数偏低的学生。可以说,高职院校学生综合文化知识水平相对较低、对缺乏故事感的学科知识学习不感兴趣,加之高职教育正处于发展的初级阶段,如果在专业建设中再强化"学科"建设,政府教育主管部门心存疑虑,担心高职教育人才培养目标定位出现偏差,成为本科教育的"压缩饼干",影响高职教育人才培养质

---

① 罗静.对现代职业教育体系中应用学科生态位的探讨[J].铜仁学院学报,2017,19(5):55-60.

量,进而在高职教育实践中人为淡化"学科",强化"技术技能"培养,注重提升学生的实践动手能力。基于此,久而久之,高职教育在长期的发展实践中逐渐形成了强化"专业"、淡化"学科"的发展格局。而与之相伴的结果自然是:学生动手能力提高了,综合职业素养下降了;学生短期就业适应能力提高了,长期职业发展能力降低了;教师的技术技艺水平及其实践教学能力提高了,教学理论水平及其教学科研能力下降了。于是,高职教育"重专业轻学科""重技能轻知识""重教学轻科研""重实践轻理论""重规模轻内涵""重数量轻质量"等问题受到诟病和质疑,"高职教育要重视培养优秀拔尖人才""高职教育要加强学生创新创业能力培养""高职教育要强化教师教学科研能力"等呼声日渐高涨,专业与学科的争论在高职教育的发展实践中开始受到专家和学者的关注。从争论的观点来看,也是仁者见仁、智者见智。那么,究其争论的深层次原因,主要有以下三点:

一是高职教育学科发展政策指向不明。梳理和回顾高职院校专业建设的政策,笔者发现,进入 21 世纪以来,关于高职院校专业建设,教育部有四个标志性的政策文件,即《关于印发〈教育部关于加强高职高专教育人才培养工作的意见〉的通知》(教高〔2002〕2 号)、《教育部关于以就业为导向 深化高等职业教育改革的若干意见》(教高〔2004〕1 号)、《关于全面提高高等职业教育教学质量的若干意见》(教高〔2006〕16 号)和《教育部关于深化职业教育教学改革全面提高人才培养质量的若干意见》(教职成〔2015〕6 号)。这四个文件均未明确提出高职教育学科发展的政策指向,各高职院校"重专业要素建设、轻专业学科建设"的问题凸显与此有关。

二是我国高职教育理论体系缺失。21 世纪以来,学界和教育界非常重视对职业教育理论与实践创新的研究,鉴于研究者的学科背景、研究视野和研究方法的多元化,职教理论与实践研究呈现出一片繁荣的学术景象。但是,总的来看,这些研究理论和观点主要集中在三个方面:其一,对世界发达国家先进职教理论的引进、学习和借鉴,比如德国"双元制"、美国"合作教育"、新加坡"教学工厂"、英国"资格课程"等。其二,对中国本土化的"校企合作、工学结合"人才培养模式的理论创新与实践探索,比如"政校行企合作育人模式""项目课程开发及其教学模式""双师素质教师培养与专业化发展"等。其三,对职业教育发展实践的经验总结与个人感悟和思考,其中以国家示范校、骨干校的典型实践经验居多。审视和反思这些研究,还存在职业教育理论语义表述欠规范、职业教育理论实证研究不足、职业教育理论观点关联性与逻辑性缺失等问题,以至于职业教育理论的指导性、针对性和权威性不足,特别是高等职业教育学科理论缺失,与本科高等教育相比,还没有建构起权威的指导高等职业教育发展的学科理论体系。

三是高职教育发展阶段性特征所局限。从新世纪我国高职教育发展的阶段性特征来看,高职教育的发展时间比较短,还处于发展的基础建设时期和初级发展阶段,以校区建设为重点的学校基础设施建设成为高职院校关心和发展的重点。加之受"办学规模集聚效应"

的驱动,高职院校规模发展速度过快,专业人才培养要素资源短缺,包括政策、师资、课程、基地、设备、教室、信息技术等多方面资源,特别是教室、基地、实训条件、师资队伍等资源不足,成为高职院校当时发展的重要制约因素。对此,解决好"学生学习环境需求"就成为此阶段发展更为迫切的任务。换句话说,此阶段高职教育发展的实践逻辑需求是专业发展的"基本条件要素",以知识为重点的专业核心发展元素因受到专业基础条件的制约而被暂时性忽略,学生综合职业能力发展受限,高职学生的创新意识、创新能力和创新精神培养缺失。于是,"重专业要素、轻学科发展""重能力培养、轻素质教育"就必然成为高职教育初级发展阶段的重要特征,是高职教育自身发展阶段的现实关切与必然选择。

综上所述,"学科缺失"成为当下高职教育专业内涵发展最大的"短板",是被社会、学界、教育界视为末流大学的根本原因,反映了高职教育服务国家产业转型升级发展的阶段性特征,是高职教育处在"学习、模仿与借鉴"的初级发展阶段必然会经历的"发展之痛"。当前,高职院校必须抓住国家推动"双一流"大学建设的战略机遇和"中国制造2025"所引发的产业转型升级发展新机遇,站在新时代走向"世界双一流"大学的高度重新认识、审视和反思高职教育发展,理性、科学地看待和处理高职教育中专业与学科的辩证融合关系,坚持以专业为培养单位、以学科为发展支撑、专业与学科融合发展的理念,把学科建设作为支撑专业发展的根基、作为服务产业发展的基石、作为推动学校创新发展的核心,实现高职教育发展规律、产业发展规律和人的成长发展规律的深度融合。在"校企合作、工学结合、产教融合、知行合一"的高职人才培养过程中,充分发挥学科建设的强大力量,推动高职教育从以规模为重的专业粗放发展向以质量为重的专业内涵发展转变。

2.高职教育独立的类型属性特征决定着高职院校专业学科建设的地位与特色

(1)高职教育的"大学属性"决定了"学科建设"是"专业建设"的根基

高职教育是高等教育的一种独立类型,与普通高等教育一样,肩负着大学教育的职责与使命。从世界各国大学教育的发展史来看,大学教育具有五个典型的特征[1]:一是知识性,即知识是高等教育系统的逻辑起点,大学教育首先是传播和生产知识的教育,包括道德知识、人文知识、科学知识、技术知识等。英国教育思想家纽曼在《大学的理想》中指出:"大学是一个传授普遍知识的地方。"二是学术性,即大学是研究和生产高深知识的学术组织。教育家蔡元培先生曾说:"大学,研究高深学问者也。"美国著名高等教育学者伯顿·克拉克在《高等教育系统——学术组织的跨国研究》一书中指出:"高等教育系统是一种学术组织,由生产知识的群体构成,以研究高深知识为核心。"三是思想文化性,即大学是传播理想信念、道德观念、思想观点和科学技术文化的多元文化的知识场域。中国古代书院注重对《大学》《中庸》《论语》和《孟子》等儒家经典的学习,其核心就是传播儒家思想文化。美国教育家赫钦斯在《美国高等教育》一书中指出:"大学是一个独立思想的中心。"西班牙著名教育家加

---

① 侯长林.现代大学教育名著解读[M].北京:人民出版社,2016.

塞特在《大学的使命》一书中指出："大学的第一使命是文化教学。"四是社会性,即大学具有服务社会的重要职能,肩负着服务社会的责任和使命。美国教育家博克的著作《走出象牙塔——现代大学的社会责任》一书被学术界认为是关于大学社会服务职能的经典著作,其中提出："大学的学术研究要承担社会责任。"五是创新性,即大学是新知识、新技术、新文化、新思想的重要发源地。英国高等教育家阿什比在《科技发达时代的大学教育》一书中指出:"变革与创新是大学内在逻辑的动力。"显然,这五个方面的"大学属性"特征决定了大学教育承载着"人才培养、科学研究、社会服务、文化传承"四个方面的重要职能,进而实现促进人的发展和社会发展的基本教育功能。而大学教育的专业和学科,则是实践和实现大学教育职能的组织载体,即是彼此关联、相互支撑、各担使命、协同发展的大学组织共同体。从这个组织共同体的内部结构特征和功能作用来看,二者相互独立、相互关联、相生相伴。

众所周知,大学专业是大学课程的一种组织形式,是依据社会职业分工的需要人为划分的学业门类,大学通过设置专业实现教育与社会的对接,课程体系及其框架是专业的内核。可以说,课程是专业建设的心脏。在大学教学实践中,课程的组合及其编制是以专业为单位进行的,专业的具体组织形式可表现为教研室、工作室或课程组。而大学学科是依据知识分类体系来人为构建的学术类别,大学通过设置学科实现知识的建构与人才培养及其服务。严密的逻辑知识体系及其架构是学科的内核。在教学实践中,学科的教学组织形式可表现为学科组、研究院所或工程中心。显然,在组织结构上,专业与学科通过课程与知识之间的关系建立有机联系。其具体表现在三个方面:一是依据职业岗位人才需求设计和开发课程,以此挖掘、选择、重构和整合学科知识,形成体现职业发展需要的专门化课程体系。二是依据学科知识体系设计和开发课程,形成体现学科特点的专门化课程体系。三是依据实际问题解决需要选择学科门类知识和建构学习课程,进而以实际问题研究实现学科知识与课程发展的融合。①

这里,无论哪一种联系方式,学科知识都是构成课程内容的细胞,课程是组合学科知识的教学科目。如果离开了学科知识,课程的组合就失去了"根";而没有课程形式,知识的教学就没有载体。由此不难看出,在人才培养中,学科知识是教学内容的核心元素,是呈树状结构发展的,是向外发散的和没有边界的,可以无穷尽地生长。课程是学生学习的核心载体,是模块化的体系结构,在有限的学习时间里,是闭合的和有限的选择。而专业则是人才培养的基本教学单元,是若干门课程的专门化组合,因课程知识的建构及其特征差异彰显其本质属性差异。从内涵来看,专业是包括学科知识(可能是零散的或跨学科的)、课程体系(课程框架结构)、课程教学条件(师资、实训、设备等)、课程教学环境(空间、时间和情景设计等)在内的相关教学要素的单元集簇。从外在形态来看,或者从符号学的视角来看,专业是大学开展专业教育的"标识":一方面专业是学校组织开展人才培养的基本单位的"名称

① 潘懋元,王伟廉.高等教育学[M].3 版.福州:福建教育出版社,2013.

标识",是连接学校与学生学习的纽带;另一方面专业是学校与政府、社会对接人才培养工作的"符号标识",是社会了解大学办学实力与水平的窗口。

基于此,学科是关乎知识发展的,学科知识的价值及其功能在于能够运用它来认识主客观世界和解决实际问题。而专业是关乎人才培养的,专业培养的价值及其功能在于以此为人才培养单元对学生传授知识、发展智力、培养能力、增长智慧,促进学生个人的发展,培养对国家和社会有用的人才。二者虽然划分的依据不同、组成要素不同、组织形态不同、发展目标不同,但是却因人才培养主线彼此形成唇齿相依、相生相伴的大学组织共同体。只是在建设实践过程中,基础在专业、核心是课程、根基在学科。因此,高职教育作为大学教育,无论其如何发展,必须彰显其"大学属性"特征,必须坚持高等教育发展的学科逻辑、应用逻辑与内在逻辑,必须遵循高等教育人才培养规律,在专业建设与学科建设的关系上,始终坚持以专业要素发展为基础,以专业课程建设为核心,以专业学科建设为支撑,把二者有机统一在优质高职院校(或者一流高职院校)的建设和发展过程中,坚决纠正高职教育重"专业硬件"而轻"学科软件"的错误认知,认真修补高职教育专业发展中"学科发展缺失"的"短板",形成"围绕专业建学科、依托学科强专业"的专业与学科协同融合发展新格局。

(2)高职教育的"职业属性"决定了高职专业学科建设的"跨界""交叉"与"融合"

高职教育是特殊类型的高等教育,与普通高等教育相比,"职业属性"是它最明显的教育特征。具体表现在以下五个方面:一是紧贴产业(产业链)办专业。与普通高等教育依据学科门类发展不同,高职教育是依据产业(或产业链)发展需求建设专业,即高职专业设置和建设的逻辑起点是产业发展需求。这一点与普通高等教育以学科发展需求设置和建设专业有着根本的区别。二是对接职业岗位(群)需求设计和开发课程,即课程建设服务职业发展、融入工作系统化过程。在课程体系的架构设计及其课程建设上,普通高等教育依据学科发展逻辑及其知识类别与应用领域进行学科知识的系统设计和学科课程开发,突出学科知识的体系化建构,尊重知识发展的历史逻辑,学科知识选择的客观性和规范性强。而高职教育则依据职业岗位(群)所需要的知识、素质和能力进行知识的模块化选择和项目化课程开发,突出学科知识的应用设计,学科知识选择的主观性和实践性强。三是遵循技术实践逻辑,注重教师技术知识的应用与实践。在教师专业化发展的路径上,普通高等教育注重大学教师科学知识的理论深度与前沿研究,以学术研究型教师培养为主体。而高职教育则注重大学教师技术知识的实际应用与实践创新,以"双师型"教师为培养重点。四是强调和重视与企业主体开展合作育人。在人才培养模式上,普通高等教育遵循学科知识的学习认知规律,侧重知识的科学性、逻辑性、思想性和文化性,注重与行业科研院所和国内外高校开展学术交流与合作创新。而高职教育则遵循应用知识的学习实践逻辑,侧重知识的技术性、实用性、建构性和实效性,主动依托行业、对接职业、瞄准就业,注重与企业开展合作育人和协同创新。五是注重毕业生就业能力及其职业适应性。普通高等教育秉承传统的学术思维,是以学术发展为核心要务的大学教育,以培养高水平的学术型及应用型人才为首要任务,在就业问题上着眼毕业生的成长性及其未来发展力。而高职教育则秉承工学结合的跨界思维,是以服务区域产业发展需求为核心要务的大学教育,以培养高素质的技术技能人才为首要任务,在就业问题上着眼毕业生的短期就业能力及其职业发展适应性。尽管如此,作为大学教育,高职教育仍然存在着专业学科建设的重任。只不过基于高职教育的"职业属性"特征,高职教育在专业学科建设的理念、目标、思路与任务上有所不同罢了。基于此,我们绝不能因为高职教育初级发展阶段人才培养"低水平"而否定和质疑高职教育专业学科的存在,绝不能把"高职教育"依然视作普通高等教育的"压缩饼干"而"打压"高职教育专业学科的发展,绝不能因为强化高职教育的"职业性"而忽略高职教育的"学术性",使高职教育专业学科在观望、彷徨与等待中无序地"野蛮生长"。相反地,我们要不断地强化和回归一个"常识":大学专业学科建设与发展是大学教育发展始终面临的一个永恒的事业。谁重视它、长期耕耘它,大学就兴旺发达,赢得尊重;谁忽略它、长期践踏它,大学就低水平重复,遭受诟病。纵观世界高等教育发展史,无不持续不断地重复着这一"常识"。可以说,专业学科建设不仅是大学教育的根基,还是大学教育通行的世界语言。而审视当前我国高职教育,不难发现,高职教育专业学科发展的缺失,其实也在一定程度上折射出了高职院校举办者和管理者对这一"常识"问题认知的缺失。对此,作为大学教育的高职教育,必须遵循高等教育发展规律,依据高职教育专业学科发展的实践应用逻辑体系,结合当前高职教育专业学科发展的诉求,找准专业学科建设中"职业性"与"学术性"的结合点,把职业知识、学科知识、技术知识和实践知识有机地"整合"与"融合"在模块化的项目任务型课程知识体系中,建立既具有高职教育专业学科发展特色又能够与普通高等教育专业学科体系相融通的、以实践应用为特征的交叉复合型跨专业学科体系架构。

具体而言,从高职教育"紧贴专业、对接职业、服务就业"的发展特征及其与普通高等教育的专业学科发展比较中不难看出,高职教育专业学科发展具有"跨界生长""复合交叉"和"协同融合"三个特色。所谓"跨界生长"是指高职教育的学科发展地带不限于高职教育内部,会在高职教育与"产业界""职业界""企业界""经济界"等外部合作发展中因学科知识的溢出、交流、应用和实践而持续生长。进一步说,就是在专业与产业对接、专业与职业融合、专业与企业合作、专业与行业互动、专业与事业追求、专业与创业实践、专业与就业促进的相互关联及其边界融合中,实现专业知识、学科知识、职业知识、技术知识、实践知识、应用知识等不同类型知识的生长与发展。其实,高职教育被认为是"跨界的大学教育",是"教育界"与"产业界"双向跨界合作的大学教育,是校企合作、工学结合的大学教育,就是基于高职教育"职业性"特征及其专业建设与学科发展的"跨界思维"而言。所谓"复合交叉"是指高职教育的专业学科发展在知识的生长与发展过程中,因知识的应用、实践与创新,呈现出科学知识与技术知识、理论知识与实践知识、显性知识与隐性知识、自然知识与人文知识、职业知识与工作知识、专业知识与学科知识、哲学知识与社会知识、历史知识与现代知识、道德知识与法律知识等不同类型知识及其相互之间的交叉融合特征。正是基于高职教育具有不同学科门类知识的相互交叉、融合与影响,高职教育专业学科建设呈现出学科多元化、综合化、一体化与复杂化特征。即除了具有普通高等教育专业学科"学术性"特征外,还具有"技术性""经验性""实践性""职业性""社会性"等重要特征。从这一点来说,在高职教育中仅强调专业学术性是不够的,还必须强调专业的技术性、实践性和职业性等本质特征。过去,我们对这一点认识不够,也是专业学科建设及其发展滞后的重要原因。所谓"协同融合",是指高职教育的专业学科在专业跨界发展过程中因与产业、行业、企业、职业的彼此交叉、渗透和融合而呈现出以工作项目、工程中心、岗位任务、职业问题、创业实践为关切点的专业跨学科协同发展和多学科交叉融合的综合一体化发展特征。基于此,实践应用导向是其引领发展的走向。从这一点来看,以100所国家示范性高等职业院校和100所国家骨干高等职业院校为代表的高等职业院校,在提升服务产业发展能力的过程中,主动适应产业发展需求和社会服务需要,坚持问题导向,通过组建专兼教学科研团队、搭建校企协同创新中心、校企合作研发高科技产品、协作开展技术人才培训、共同开发项目课程等举措,自觉或不自觉地在重点专业的建设中开展专业学科建设,进而实现专业学科发展的"野蛮生长",就是最具典型意义的高职专业学科实践发展特色①。

3.培育跨领域的"一流专业应用学科"是创建特色优质高职院校(或一流高职院校)的关键所在

学科是大学的细胞,是大学的技术核心领域。它是客观存在的,是不以人的主观意志为转移的。只要有知识的地方就一定有学科存在。大学是知识集聚之地,也是学科发展的中心地域。从大学专业、学科、课程三者之间的关系来看,专业来自课程,课程来自学科,学科则通过课程影响专业。因此不难看出,办大学的根基其实是办学科。毋庸置疑,不关注学科知识生长与发展的大学一定不是好大学。从这个意义上说,没有一流的学科,就没有一流的大学。换句话说,专业学科建设对高校的建设与发展至关重要,从高校核心竞争力的比较视角来看,甚至起着决定性的作用。因此,对高职教育而言,当前,不是要不要发展专业学科,而是应该怎样发展专业学科。对此,坚持问题导向,以习近平新时代中国特色社会主义思想为引领,借鉴和学习世界各国先进的高等教育思想,立足我国当前高职教育面临的专业学科生态位缺失这一现实问题及其发展现状,把补齐"专业学科建设短板"、培育"一流专业应用学科"作为推动高职教育内涵建设、创建一流高职院校的重要发力点,提出指导性的推动高职教育专业学科实践发展的政策建议与发展策略则是新时代高职教育内涵发展的当务之急。

(1)坚持产业导向的学科跨界融合发展路径

学科建设坚持什么方向、走什么路,事关高等教育如何培养人、培养什么样的人、怎样培

① 游明伦.新时代高职产教融合人才培养模式的变革与创新[J].铜仁学院学报,2018,20(2)57-67.

养人的办学思想问题。可以说,选择正确的学科发展现实路径是专业学科建设面临的重大问题。这一点,2017年入选国家一流学科建设的95所普通高等学校已经有深刻的体会和感知。眼下,已入选国家一流学科建设立项的所有普通高等院校掌门人都在思考"双一流"建设启动后的现实路径。① 对此,高职教育也不例外,只是路径方向及其侧重点不一样。从高职教育人才培养的规律、规格和类型特征来看,坚持产业导向、走学科跨界融合发展之路是必然选择。

其一,遵循产业发展规律办学是高职教育区别于普通高等教育的重要标志。具体而言,一是依据区域产业人才需求开设专业,即把专业办在产业链上,依据产业集群发展建设专业群,实现专业群与产业链的对接与融合。二是产业政策的变化和产业结构的转型与升级直接影响和决定着高职教育专业结构的调整与优化。三是产业模块化发展理论,包括产品结构模块化(设计模块化)、生产模块化和企业组织关系模块化理论,为专业学科发展、组合、创新及课程模块化设计提供了依据。四是产业竞争力的发展过程及其特征对专业建设及其学科发展策略具有显著的导向作用。比如以创新导向为引领的产业竞争力发展阶段,就必然要求高职教育专业的人才培养及其模式变革向重内涵质量的创新驱动发展模式转变。五是产业融合时代的来临及其发展理论,包括产业技术渗透融合、产业间的延伸融合、产业内部重组融合、产品替代性融合、产品互补性融合等理论,为专业学科的跨界、交叉、融合发展及其课程重组指明了发展及其变革的方向。② 如此,既能依据产业的人才需求及其结构变化动态调整专业、课程及学科结构,提高专业服务产业的能力,又能结合专业学科的技术发展前沿和专业学科理论的新发现与新突破,反哺和引领产业的转型和升级,实现专业人才培养与产业发展阶段的跨领域衔接与深度融合。

其二,高职教育人才培养规格是高素质应用型技术技能人才,技术学科的跨界、交叉、重组与融合,必然伴随着以社会导向为主导的专业应用学科建设实践与发展而成为常态。所谓社会导向,是指高职院校的办学主旨在于为社会经济、政治需要服务,以促进社会生产的发展和生活水平的提高。从我国高职教育的发展及其定位来看,高职院校的办学主旨坚持的就是社会导向。这一点,在教育部的一系列指导性文件中都有体现。比如,在《关于全面提高高等职业教育教学质量的若干意见》中就明确指出,"高等职业教育作为高等教育发展中的一个类型,肩负着培养面向生产、建设、服务和管理第一线需要的高技能人才的使命"。在《教育部关于推进高等职业教育改革创新引领职业教育科学发展的若干意见》(教职成〔2011〕12号)中进一步明确,"高等职业教育必须准确把握定位和发展方向,自觉承担起服务经济发展方式转变和现代产业体系建设的时代责任,主动适应区域经济社会发展需要,培养数量充足、结构合理的高端技能型专门人才"。基于此,在"学"与"术"、"基础"与"应用"

① 樊丽萍.建设"双一流",重在选择正确的学科发展路径[N].文汇报,2017-09-24(3).
② 王述英,白雪洁,杜传忠.产业经济学[M].北京:经济科学出版社,2006.

的关系上,高职教育则偏重"术"和"应用"。相应地,高职专业在常态化的建设和发展中,必然面临产业发展中技术生产、技术推广、技术转型、技术升级与技术创新等实际问题,其中包括知识、观念、思想、理论、科技、体制、政策、环境、管理、人才等多方面的彼此胶着的复杂的综合问题。而要有效解决这些实际问题,则必然涉及跨学科、多领域的纵横交错的综合知识,必然涉及技术知识与人文知识、管理知识、实践知识等的交叉、重组与融合。基于此,以产业发展需求问题为导向,正视产业发展实践中面临的跨专业、跨领域、跨学科知识问题,坚持专业学科跨界融合发展,把学术思想融入问题的解决和技术的应用过程中,实现高职教育学术性、职业性、专业性、技术性的协同发展与融合创新,促进专业与学科、课程一体化建构①,推动高职教育一流专业学科建设中的应用学术突破,培养以问题解决能力为核心的高素质应用型技术技能人才,就成为高职教育专业学科发展的现实路径。

　　其三,高职教育的"职业属性"特征确立了我国高职教育人才培养过程中独特的工学结合、产教融合培养类型特色。目前,这一特色的发展正从"工作世界"向"产业世界",或者说从职业岗位群走向产业岗位群。二者的差别主要有三个方面:一是领域差别。职业是具体的微观工作领域,是相对稳定的,范围有限。而产业是抽象的、宏观的同类职业工作领域的集合,是持续动态变化的,范围较广。二是技术水平差别。职业岗位工作所需要的技术水平在特定阶段是有标准和规范要求的,是比较成熟并可长期遵循的。而产业发展的技术水平则随着产业发展阶段的层级变化而变化,存在着跃阶性和不连续性。三是发展规律不同。通常,企业职业岗位的发展程度取决于产业发展的成熟度,产业发展越成熟,职业岗位就相对越来越稳定。而产业发展的规律则取决于科技的创新及其发展水平。通常,科技创新越快,产业转型发展就越快。基于此,在专业建设及其人才培养上也存在着较大的差别。工学结合是基于相对固定的职业岗位开展的,课程开发是基于工作过程的典型工作任务,知识的学习与实践侧重于职业岗位当前所必需的素质与能力,工学结合的本质是教育通过企业与社会需求紧密结合。而产教融合则不同,它是基于产业领域的,它所面对的职业岗位群是动态变化的,随着时代的发展和技术的创新,传统的职业岗位可能消失,新的职业岗位群可能生长,知识的学习与实践侧重于培养学生适应产业发展需求的核心素养和关键能力,产教融合的本质在于教育与产业的协同发展。可以说,"产教融合"人才培养模式的提出与实施,标志着高职教育人才培养从基于"工作世界"走向"产业世界",从侧重面向当前的短期就业走向侧重面向长远的发展就业,彰显了我国高职教育发展的时代特征及其人才培养特色。相应地,坚持以产业导向引领专业应用学科发展,既保持高职教育专业学科发展的社会导向思维,又突出高职教育专业应用学科发展的具体方向和领域,促进和推动高职教育专业应用学科的可持续发展,必然成为高职教育开展跨学科应用研究的理性选择。

---

① 　周光礼."双一流"建设中的学术突破:论大学学科、专业、课程一体化建设[J].教育研究,2016,37(5):72-76.

（2）树立学科生态化的协同发展理念

学科认知的模糊与缺失，是当前高职教育专业应用学科发展面临的首要问题。从根本上而言，高职教育专业应用学科的发展还是一个新生发展事物，其生长和发展的规律尚处于实践探索发展阶段，有待进一步地研究和认知。但是，可以借鉴高等教育学科发展的普遍性规律，遵循高职教育专业应用学科发展的实践逻辑，总结高职教育专业应用学科发展的实践经验，坚持问题导向，加强对高职教育学科理论与实践的研究，树立学科生态化的协同发展理念，提高对高职教育专业学科发展理论的认识，防止和避免机械学习和简单模仿普通高等教育专业学科发展模式，系统规划高职教育专业应用学科发展体系，构建形成体现高职教育类型特色的跨界融合的专业应用学科体系，是当前建构高职教育专业应用学科体系的重要思想基础和发展前提。具体可从两个方面予以切入：一是坚持马克思主义关于人的全面发展思想。专业应用学科建设的本质是更好地服务和支撑专业人才培养，是提升专业发展的品质。而人才培养作为当前高职教育的核心使命，在专业应用学科建设中，首先就必须马克思主义关于人的全面发展思想作为指导思想，把教育与生产劳动相结合贯穿到高职教育专业人才培养的全过程，把专门教育与自由教育相结合的高等教育思想落实到高职教育专业应用学科建设中，建立起以思想政治理论学科为核心、以跨领域专门技术应用学科为重点、以综合人文素质应用学科为基础的高职教育专业应用学科架构，实现高职教育促进人的发展与促进社会发展的价值的协同统一。二是吸取专业学科生态系统化发展理论精华。高职教育专业应用学科体系是高等教育专业学科体系的有机组成部分，其本身就是客观存在的学科生态子系统，受到由社会生态、自然生态和价值生态三大部分组成的社会环境、自然环境和规范环境的影响与制约。为此，要基于高职教育发展的生态空间，特别是"产业世界"的人才发展需求，按照适应性理论、生态位理论、共生理论与竞争理论等生态学理论提供的发展思路①，系统设计、思考和建构高职教育专业应用学科协同发展的专业学科体系，形成适应产业发展需求、生态位交错关联、相互交叉融合、共生竞争发展的专业应用学科生态链。

（3）构建专业学科融合发展模式

模式发展缺失也是当前高职教育专业学科建设面临的突出问题。而学科建设模式的选择和构建则关系到大学学科建设的核心。哈佛大学、麻省理工学院、斯坦福大学等世界一流大学及其学科建设模式的经验表明②：世界一流大学都有自己一流的学科及其学科建设模式。此外，从王洪才、顾海良等专家学者的观点来看，对"双一流"建设的根基在于学科的认识已基本形成共识。比如，王洪才认为，"双一流"建设的重心在学科。③ 顾海良认为，"双一流"建设要坚持以学科建设为基础。④ 而从根本上说，无论其一流学科及其具体学科建设模

① 翟亚军，王战军.基于生态学观点的大学学科建设应然研究[J].科学学与科学技术管理，2006，27（12）：111-115.
② 翟亚军.大学学科建设模式新解：基于世界一流大学的分析[J].学位与研究生教育，2009（3）：42-47.
③ 王洪才."双一流"建设的重心在学科[J].重庆高教研究，2016，4（1）：7-11.
④ 顾海良."双一流"建设要坚持以学科建设为基础[J].中国高等教育，2017（19）：15-16.

式如何变化,都存在一个基本的共同属性特征,即表现为主体学科、主干学科、支撑学科和特色学科的有机统一,其综合体现于学科体系的完整,卓越依赖于学科特色的突出,活力来源于学科之间的协调。其中,主体学科是大学的基础,主干学科是大学的品牌,特色学科是大学的优势,支撑学科则预示了大学发展的潜力。其实,这反映了高等教育专业学科建设模式的一般规律。高职教育作为高等教育的一种独立类型,其学科建设模式必然也遵循这样的规律。只不过在实现路径、模式组合、发展方向、组织建构、应用领域等诸多方面有所不同罢了。从当前高职教育产教融合人才培养模式凸显的跨领域、跨学科、跨行业、跨部门等跨界人才培养特征和高职教育课程改革呈现的课程项目综合化、课程知识模块化、课程性质职业化、课程方向人文化等发展特征来看,结合《中共教育部党组关于印发〈高校思想政治工作质量提升工程实施纲要〉的通知》(教党〔2017〕62 号)要求,高职教育专业学科融合发展模式可以从学科、社会、学习者、产业、政策等方面进行设计和建构:一是依托课程载体进行跨学科关联融合发展研究。这里主要涉及基础学科之间的交叉与融合和基础学科与应用学科之间的交叉与融合。二是依托社会问题导向进行学科与社会实践的融合研究。三是依托学习者职业倾向开展学科与能力素质培养融合研究。四是借鉴普通高等教育专业学科发展路径及其发展规律,从遵循产业发展规律的视野,加强高职教育专业应用学科融合发展规律研究。五是从高职教育创新驱动发展的视角,加强对高职教育专业应用学科融合发展应有地位与作用的现实研究与政策探究。

第五章　现代职业教育体系背景下应用型学科发展研究

一、产教融合背景:学科视域下中职教师专业能力的调查研究

(一)学科视域下中职教师专业能力的研究方案

1.问题的提出

(1)中职教师专业能力发展问题

中国经济新常态对中职教育提出了更高要求。党的十八大提出,要加快发展现代职业教育。《国家中长期教育改革和发展规划纲要(2010—2020年)》指出"发展职业教育是推动经济发展、促进就业、改善民生、解决'三农'问题的重要途径,是缓解劳动力供求结构矛盾的关键环节,必须摆在更加突出的位置","把提高质量作为重点"。《国务院关于加快发展现代职业教育的决定》中提出要"巩固提高中等职业教育发展水平"。

为贯彻落实党的十八大和十八届三中全会精神,教育部、国家发展改革委、财政部等六部委组织编制了《现代职业教育体系建设规划(2014—2020年)》,规划中明确:要"加强中等职业教育基础地位","巩固提高中等职业教育","调整优化中等职业教育布局",要"根据职业教育的特点完善教师资格标准、专业技术职务(职称)评聘办法",要"探索在职业学校设置正高级教师职务(职称)"等。

党的十九大报告明确提出:要完善职业教育和培训体系,深化产教融合、校企合作。这些文件的出台表明完善中职教师培养途径、加强中职教师师资队伍水平是当前中职教育为适应中国经济新常态的首要任务。

(2)中职教师专业能力是中职学校办学水平提升的关键因素

中职教师的专业能力决定了中等职业教育的培养质量。高水平的中职教师队伍是中职学校培养技能型专业人才的重要保障。2011年11月,《教育部 财政部关于实施职业院校教师素质提高计划的意见》(教职成〔2011〕14号)明确,要"提升教师专业素质、优化教师队伍结构、完善教师培养培训体系",并于2013年5月,根据《教育部 财政部关于实施职业院校教师素质提高计划的意见》制定了《职业院校教师素质提高计划中等职业学校专业骨干教师培训项目管理办法》和《职业院校教师素质提高计划中等职业学校青年教师企业实践项目管理办法》,同年9月,教育部在《中等职业学校教师专业标准(试行)》中明确指出中等职业学校教师"要经过系统的培养与培训,具有良好的职业道德,掌握系统的专业知识和专业技

能"。2016年10月,教育部、财政部联合出台了《教育部 财政部关于实施职业院校教师素质提高计划(2017—2020年)的意见》(教师〔2016〕10号),明确指出要"切实提升职业院校教师队伍整体素质和建设水平"。《国务院办公厅关于深化产教融合的若干意见》(国办发〔2017〕95号)指出,要"加强产教融合师资队伍建设"。《中共中央 国务院关于全面深化新时代教师队伍建设改革的意见》中更是明确指出要"全面提高职业院校教师质量,建设一支高素质双师型的教师队伍"。从这些出台的文件不难看出相关教育行政主管部门已经认识到中职教师师资队伍水平的重要性,提升中职教师专业能力迫在眉睫。

(3)中职教师专业能力发展长期脱离学科归属,被限制在专业教育范围之内

专业是培养学生的组织形式,学科是教师的成长平台,教师的成长有赖于学科。[①] 但笔者前期调研铜仁市三所中职学校发现,无论是学校管理者还是教师个体,都只注重专业,没有学科意识。在只谈专业、不谈学科的中职学校,在教师的潜意识中,专业能力发展就只依托专业,不依托学科,这在很大程度上限制了中职教师在学科视域下的专业能力发展诉求。当前,研究中职教师专业能力提升的诸多文章,主要强调的是专业经验和专业技能,如《提高中职教师职业能力的有效措施》一文中提出的教师入职门槛、职业经历等都着重于教师专业[②]。据此,跳出专业视角,从学科视域下研究中职教师专业能力提升有其现实价值。

(4)中职教师职称晋升要求有学科建设成果积累

职称晋升是中职教师专业能力提升的重要标志,现行的中职教师职称评审所要求的业绩成果中有多处要求都涉及学科要素。如《贵州省人力资源和社会保障厅 贵州省教育厅关于印发〈贵州省中等职业学校教师系列专业技术职务任职资格申报评审条件(试行)〉的通知》(黔人社通〔2020〕124号)中,第十二条"评审条件"第(二)款"业绩成果"的第3条:作为主要参与者完成市(厅)级以上科研课题或教学质量工程项目,有较好社会、经济效益;或主持企事业单位新产品研发、技术革新等项目1项以上,并经县(区)级科技部门鉴定,具有一定的社会价值和经济价值;或总结出的教改经验和研究成果经省级教育行政部门认定并在市(州)级以上范围内广泛推广应用(须提供佐证材料,下同)。第5条:在科技成果推广、社会实践及其他科技工作中作出较大贡献,取得较显著社会、经济效益,近5年来新增利税50万元以上。第6条:获省(部)级科技进步奖、哲学社会科学优秀成果奖、优秀教学成果奖三等奖以上;获教育科研优秀成果奖、优质课竞赛省级二等奖(排名前二)或市(厅)级一等奖(排名第一)或县级一等奖(排名第一)3次。第7条:以发明人、设计人身份独立获得与本专业新技术相关的授权发明专利1件以上;或以发明人、设计人身份获与本专业相关的授权实用新型专利或外观设计专利或软件著作权授权专利3件以上。第10条:个人出版专著1

① 彭熠.从学科专家到专业教师:基于NBPTS标准的美国教育硕士人才培养研究[D].长沙:湖南师范大学,2014.
② 夏卉荣,尼勃斐.提高中职教师职业能力的有效措施[C]//中国职工教育和职业培训协会秘书处.中国职协2013年度优秀科研成果获奖论文集:下,2013.

部:文科类 10 万字以上,理工农医类及艺术、体育、外语 7 万字以上;或主编、主审出版使用的中职教材,个人完成 3 万字以上(提供出版社和使用单位的证明);或参编经省级以上教育行政部门审定的中职学校教材、教参书等,个人完成 10 万字以上。第 11 条:所任教专业在教学和技能考核中评价良好(须提供学校佐证材料,下同)。且发表较高水平学术论文或教学研究论文:文科类 4 篇、理工农医类 2 篇。但教育行政主管部门却长期忽视中职学校学科的存在,在其出台的相关职业教育文件中,有关中职学校的扶持政策多集中于中职学校专业层面,却从未提及中职学校的学科问题。在鼓励中职学校相关项目申报方面也只是集中在特色专业项目,缺少学科项目的申报。另外中职学校自身缺乏对学科重要性的认识。笔者通过查阅文献、实地调研与访谈发现,目前中职学校的领导层、管理干部和教师群体都缺乏学科意识,普遍表示没有考虑过中职学校的学科问题,所以唤醒中职学校管理者和教师群体的学科意识很有必要。

2.中职教师专业能力国内外研究现状

目前对中职教师专业能力的研究主要集中在中职教师专业能力的结构和中职教师如何培养这两方面上,研究中职教师专业能力内涵与用学科视域研究中职教师专业能力的文章较少。

(1)中职教师专业能力内涵研究

笔者通过文献研究发现,各个研究者对教师专业能力的认识目前还没有统一,教师专业能力的定义在《中华人民共和国教师法》中也没有明确提出。中职教师相比较普通教育的教师而言更加侧重的是"双师型"教师,所以中职教师的专业能力本质上应是"双师型"教师应具备的专业能力。

王义澄开创了"双师型"教师概念的先河,在其《建设"双师型"专科教师队伍》中具体阐述了如何培养"双师型"教师队伍,为我国职业教育"双师型"教师队伍建设的研究拉开了序幕,对"双师型"教师的研究起到了奠基作用。[①] "双师型"教师是既具有作为教师的职业素质和能力,又具有作为技师(或其他高级专业人员)的职业素质和能力的专业教师。"双师型"教师不是教师素质与工程师素质的简单叠加,而是两者在知识、能力和态度等方面的有机融合,其必须将生产、管理、服务知识和能力吸收内化,并能有效地再现、传授给学生。[②]

(2)中职教师专业能力结构研究

惠转转等(2015)认为中职教师专业能力应该包括"专业理念、知识、实践、发展能力等方面,此外还有师德、沟通与合作能力、教学能力"[③]。李梦卿等(2015)认为中职教师专业能力应包括"师范、知识、实践、工程能力"[④]。吴全全(2014)认为"双师型"教师的能力应有:专

①② 周明星.中国职业教育学科发展 30 年(1978—2008)[M].上海:华东师范大学出版社,2009:101.
③ 惠转转,孟庆国.中职教师培养质量追踪调研与对策建议:基于职业技术师范院校与普遍高校比较的视角[J].职教论坛,2015(28):26-30.
④ 李梦卿,安培.卓越中职教师培养的基本认知、价值追求与实施路径[J].教育发展研究,2015(17):34-39,73.

业理论知识;与该专业相关的职业工作知识;职业教学知识。① 李运萍(2012)认为中职教师专业能力应有专业实践能力、专业教学能力、模块设计能力和职业指导能力。② 古力文等(2017)认为中职教师的专业能力应包括:教学能力;培训能力;职业鉴定能力;课程开发研究能力;开展职业交流合作能力;具备识别职业健康风险的能力。③《中等职业学校教师专业标准(试行)》中指出"专业标准规定,中职教师既要有较好的通识性知识、教学设计能力、实训实习组织能力、教育评价能力等,还要有教学研究和专业发展能力"。

(3)中职教师培养的问题及策略研究

王向东(2013)指出,中职教师队伍中师范类专业毕业的人数较少,对职业教育教师培训基地的建设有所欠缺,专业课教师中拥有高学历的人数不多。对此,他认为要完善职教师资培养培训组织体系,健全教师培训基地,深化教师任用制度改革。④ 对于如何提高中职教师的教学能力和更好地适应各类教师的需求,陈永芳(2009)认为"对于中职教师的职后培训应与其职前培养相结合,要科学且连贯地衔接;在培养中要注意职业与教育并重;对于培训的时效性和实用性,要以能力标准为导向,以能力现状为基础,教育教学理念需及时更新"⑤。刘维俭(2016)把影响中职教师专业发展的因素总结为教师专业发展认识不够、目标不明、动力不足、规划不周等,他认为促进教师专业发展离不开良好的校园文化、科学指导、激励措施和尊重教师的发展规律。⑥ 胡艳等(2014)认为影响中职教师专业发展的因素应有教师的收入、工作负荷、教龄以及毕业的院校等,应建立合理的优秀教师选拔制度,提高专任教师准入标准,合理配置教师数量。⑦ 耿文杰(2015)指出中职教师专业发展的途径有三条:首先,教师自身要转变理念,为专业发展提供深层动力;其次,学校要为教师发展提供有利条件;最后,社会要为其提供政策与资金的支持,为教师专业成长保驾护航。⑧ 针对中职教师职业能力现状,赵雪等(2013)做了相应的问卷,问卷表明"中职教师的教育知识和职业背景知识比较薄弱,课程开发能力和校企合作能力也有待加强。为此,中职学校要努力构建分层次的专业师资培训机制,深化校企合作培训机制,开展社会服务活动,逐步提高教师实践能力和课程开发能力"⑨。赵文平(2013)指出"中职教师对课程实施的认知与行为不一致。对此,他认为应加强职前教师教育的课程素养教育、职后中职教师需到企业实践培训并完善外部环境"⑩。黄立晴(2015)认为"中职教师教学能力不足,表现在对教学大纲的理解与钻研

---

① 吴全全.职业教育"双师型"教师内涵及能力结构解读[J].中国职业技术教育,2014(21):211-215.
② 李运萍.中职教师应具备的技能结构及层次分析[J].职教论坛,2012(13):67-70.
③ 古力文,曾俊榕.中职教师教育中教师专业能力建设及其途径[J].职业技术,2017,16(2):82-86.
④ 王向东.浙江省中职师资培养培训现状调查与对策建议[J].职业技术教育,2013,34(10):50-54.
⑤ 陈永芳.中职教师培养培训体系的内涵及其衔接[J].职业技术教育,2009,30(25):52-55.
⑥ 刘维俭.中职教师专业发展的影响因素及提升路径[J].职教论坛,2016(12):26-29.
⑦ 胡艳,郝国强.中职教师专业发展及其影响因素研究[J].中国职业技术教育,2014(19):39-46,51.
⑧ 耿文杰.中职教师专业发展有效途径探究[J].中国职业技术教育,2015(28):101-104.
⑨ 赵雪,李蕾蕾,赵宝柱.中等职业学校教师专业知识与专业能力现状调查分析[J].职业技术教育,2013,34(10):55-59.
⑩ 赵文平.中职教师课程实施能力现状及培养策略研究[J].广州职业教育论坛,2013(5):11-14,28.

能力不强、教学基本功弱、教研实力有限、理论与实践不一致、做中教的能力较弱。针对此类问题黄立晴认为要在中职教师职前、试用期和入职后做好培训,不仅如此,管理部门也要积极做好助推教师专业发展的工作"①。孙海峰在《中职院校教师科研能力现状分析与提高对策》(2016)中指出在中职院校中,年长教师思想守旧,经验保守,对科研不屑一顾,而年轻教师科研意识不够,教学工作任务重,缺乏主动性。对此,他认为,教师应该积极强化提高科研意识,加强"内功",积极参加科研实践活动,加强科研能力。② Chen Lidong 等(2012)认为当前中国中等职业学校存在以下几点问题:第一,对年轻教师的培训不够。第二,管理部门对中职教师培训的人力和财政支持不足。第三,教师的激励机制不完善。第四,培训基地不能满足教师的需求,对教师培训没有针对性。对此,他提出了校企合作的办法,可以很好地帮助解决当前教师职业能力培训的矛盾。③ 通过上述文献研究,笔者发现,目前我国中职教师专业能力存在的问题主要表现在课程实施能力、人才培养能力、科研能力等方面。

(4)学科视域下中职教师专业能力相关研究

目前在学科视域下研究中职教师专业能力的文章几乎没有,仅罗静(2017)在《中职学校要不要谈学科》中提出:"学科是中职教师课程开发的源泉,是其对创新人才培养的摇篮,是其科技研发能力的依托。"④

(5)研究述评

中职教师专业能力提升问题是我国职业教育研究中的一个重要课题。

从研究内容来看,目前我国中等职业学校教师专业能力提升的培养方式主要是由学习、培训、实践锻炼等外部力量来开展的,并且与教师个体的职称晋升需求结合不紧密,因此,中职教师专业能力提升缺乏内在动力。要从根本上提升中职教师的专业能力,还需要教师自身深刻理解专业能力提升和职称晋升的关联度,更新教师个体对专业能力提升的认识,从而提升教学能力、实践能力和科技研发能力,产出高质量的成果,实现职称晋升,以谋求个体发展的积极性带动中职教师专业能力提升。

从研究方法来看,已有研究多集中于理论探讨,缺少相关的实证研究,在查阅的文献中,只有少部分文章对其进行个案分析。如李琼、舒底清对湖南师范大学职业技术学院培养中职专业教师的案例进行了探讨。中职学校教师专业能力提升的研究亟待有新的研究方法的突破,如调查研究法、访谈法、数理统计法等。

在研究视角方面,有关中职教师专业能力的研究虽然不少,也在存在问题的研究中提出了"职业背景知识薄弱""课程开发能力有待加强""教学研究水平有限""科研缺乏主动性"

① 黄立晴.中职教师教学能力现状及对策研究[J].教育评论,2015(8):123-126.

② 孙海峰.中职院校教师科研能力现状分析与提高对策[J].科技与企业,2016(9):185.

③ CHEN Lidong,MA Shuying,SHI Lei,et al.The construction of the secondary vocational teachers training system based on 'cooperation between school and enterprise'[J].Knowledge Discovery and Data Mining,2012,AISC 135:573-578.

④ 罗静.中职学校要不要谈学科[N].中国青年报,2017-09-11(10).

等与学科高度关联的问题,但在给出解决问题的策略时,基本都从专业视角出发,还没有人从学科视域给出对策。其原因在于相关教育主管部门、中职学校管理者和教师长期忽视中职教育的学科问题,事实上中职教育也有学科。周光礼(2016)在分析学科、专业、课程三者之间的关系时指出:课程来源于学科,是从学科知识中选择一部分"最有价值的知识"组成教学内容。专业是由若干门课程组成的,围绕一个培养目标组成的课程群就是一个专业。① 学科有基础学科与应用学科之分,Joan Luft(2015)认为,应用学科的用途通常是为了指导一个具体的职业或行业,并为这个职业或行业解决问题。而基础学科更多的是关系到知识自身的发展。② 中职教育有别于普通教育,其课程应来源于应用学科。罗静在《对现代职业教育体系中应用学科生态位的探讨》(2017)一文中也认为,中职和高职专科都有知识及其分类,当然也有学科,只是在我国应用学科层次体系中,中职和高职专科层次的学科生态位是断裂或缺失的。应用学科的产生大多需要基础学科知识的交叉融合。③ 此外,Diane Orlich Kuhlmann,Alexandre Ardichvili(2015)认为,专业技能中的知识来源于应用学科,应用学科的理论有助于专业技能的发展。④ 所以笔者认为目前极有必要从学科视域探索出一条有助于中职教师专业能力发展的有效路径。

3.研究目的和研究意义

(1)研究目的

①提高教育行政主管部门、中职学校管理者和教师的学科意识。

②提出学科视域下促进中职教师专业能力发展的具体对策和方法。

③促进中职教师个体的发展。

④提升中职教育总体师资队伍水平。

(2)研究意义

在理论意义方面:之前对中职教师专业能力的研究基本是以专业为切入点,分析其结构、出现的问题及提升对策,本书旨在从学科视域研究中职教师专业能力提升,丰富职业教育理论中有关教师培养的理论。

在实践意义方面:第一,从学科视域研究中职教师职业能力提升,打破原来的中职教师职业能力提升的专业局限,引导中职教师从学科视域提升教学能力、实践能力和科技研发能力,从而整体提升其专业能力并拓宽中职教师职业能力提升空间。第二,从学科视域研究中职教师职业能力提升,促进中职学校管理者学科意识萌芽,为中职学校创新发展贡献力量。

① 周光礼."双一流"建设中的学术突破:论大学学科、专业、课程一体化建设[J].教育研究,2016,37(5):72-76.

② LUFT J.The Challenges of being a fox—library and information science as an applied discipline[J].Bibliothek Forschung und Praxis,2015,39(2):132-137.

③ 罗静.对现代职业教育体系中应用学科生态位的探讨[J].铜仁学院学报,2017,19(5):55-60.

④ KUHLMANN D O,ARDICHVILI A.Becoming an expert:developing expertise in an applied discipline[J].European Journal of Training and Development,2015,39(4):262-276.

4.核心概念界定

(1)中职教师专业能力

专业能力是与职业能力密切相关的一个概念。一般来说,专业能力对应着某一个职业中的某一个或某一类岗位,是工作岗位对劳动者的要求。专业能力相对于从事任何活动都需具备的一般能力而言,专指人在某项活动中所具备的能力。

中职教师应该是"双师型"教师这一说法得到了业界普遍认可,"双师型"教师是既具有作为教师的职业素质和能力,又具有作为技师(或其他高级专业人员)的职业素质和能力的专业教师。"双师型"教师不是教师素质与工程师素质的简单叠加,而是两者在知识、能力和态度等方面的有机融合,其必须将生产、管理、服务知识和能力吸收内化,并能有效地再现、传授给学生。[1] 所以笔者认为中职教师的专业能力应该是既有普通教师的能力,又有技师的能力,是教师和技师在能力上的有机融合,是一种可以将生产、管理、服务的能力吸收内化,并能有效地再现、传授给学生的能力。用学科视域看待中职教师专业能力,可将其划分为教学维度、实践维度、科研维度。

(2)学科视域

《辞海》中将学科定义为:一是学术的分类,指一定科学领域或一门科学的分支。二是"教学科目"的简称,也称"科目"。教学中按逻辑程序组织的一定知识和技能范围的单位。2011年国务院学位委员会、教育部颁布了《学位授予和人才培养学科目录(2011)年》该目录共划分了13个学科门类,其中一级学科110个。笔者认为学科应包括基础学科和应用学科,但无论是基础学科还是应用学科,它们都是一整套系统有序的知识体系,是知识的分类学问的分支,是围绕知识体系所建立的组织形式。也就是说,因为学科具有双重属性,既可以被定义为知识体系,又可以是组织形式,所以我们在谈学科视域下中职教师专业能力提升问题时要兼顾中职教师应具备的知识储备和中职学校的学科建设。

本书的学科视域正是一种学科立场,立足于中职教师应具备的知识体系,审视其专业能力中教学维度、实践维度、科研维度中存在的问题与不足,并通过完善其知识体系的途径来提升中职教师专业能力。

5.研究思路与研究方法

(1)研究思路

为探索出一条适合中职教师专业能力提升的有效路径,本书将设计调查问卷并进行实地调查。运用Excel 2016和SPSS 17.0软件,对调查所获得的数据进行统计与分析,通过查阅文献、深度访谈、数理统计等方法,以期用学科视域发现目前中职教师专业能力发展中存在的问题,并分析问题出现的原因,进而提出促进中职教师专业能力发展的可行对策与路径。

---

[1]　周明星.中国职业教育学科发展30年(1978—2008)[M].上海:华东师范大学出版社,2009:101.

（2）研究方法

①文献综述法

通过查阅国内外有关中职教师专业能力提升和中职教师培养的期刊、学位论文以及著作，对它们进行整理与归纳，从整体上了解与把握研究现状，并为本书提供理论依据。

②问卷调查法

本书根据我国中职教育发展对"双师型"教师的能力要求，编制了《学科视域下中职教师专业能力提升研究——以铜仁市六所中职学校为例》的调查问卷，对贵州省铜仁市中职学校的教师进行调查研究。调查内容包括中职教师的性别、年龄、职称、教龄、学历、授课类型、工作经验等基本情况，以及中职教师专业能力和科研水平。通过对回收问卷的分析，笔者找出中职教师专业能力发展中存在的问题及影响因素，并有针对性地给出合理建议。

③数理统计法

运用 Excel 2016 和 SPSS 17.0 对问卷调查的结果进行百分率和平均数的统计分析。

④访谈法

笔者就"中职师资队伍建设"的相关问题，对部分中职学校管理者和教师进行访谈，听取他们的看法并做好相关记录。

（二）学科视域下中职教师专业能力的现状调查

1.问卷调查的制定与实施

（1）问卷设计

本书以我国中职教育发展对"双师型"教师的能力要求和国内对职业学校专业课教师专业能力构成的现有研究为基础，参照教育部颁布的《中等职业学校教师专业标准（试行）》，编制了《学科视域下中职教师专业能力提升研究——以铜仁市六所中职学校为例》的调查问卷。问卷共分为三个模块，第一个模块是基本信息的调查，涵盖性别、年龄、职称、教龄、学历、教授科目、是否为师范专业、是否有企业工作经历。第二个模块是中职专业课教师专业能力量表，用于调查教师专业能力现状，本量表将中职教师的专业能力划分为三个维度，即教学维度、实践维度、科研维度。其中教学维度包括教学设计能力、教学实施能力、教学评价能力共 18 题，实践维度主要测量教师的校企合作与社会服务能力共 6 题，科研维度包括课程开发能力、科研能力共 10 题，合计 34 题。问卷采用里克特 5 点积分法，从很不赞同到非常赞同，依次记 1~5 分。第三个模块是科研水平的调查，主要调查中职教师参与科研的意识与态度、中职教师的科研能力与方法、中职教师的科研成果、外部因素对中职教师参与科研工作的影响等（见附录）。

（2）问卷预测及结果

初稿形成后，为考察问卷结构的合理性和筛选题目，笔者于 2017 年 11 月选取铜仁市碧江区中职学校 100 名教师进行预测，共发放问卷 100 份，回收问卷 80 份，其中有效问卷 72

份。经问题编码,采用 SPSS17.0 对获取的数据进行统计、分析、整理。通过降维因子分析,去掉不符合维度要求的问项。经对问卷的题目表述、题目的理解、题目的数量进行进一步的调整和修改,最后确定问卷第一模块涵盖 9 个问项,第二模块涵盖 26 个问项,第三模块涵盖 13 个问项。

本书对所设计问卷进行了信效度检验,得出调查问卷的 Cronbach's α 系数值为 0.9。按 De Vellis 的观点,Cronbach's α 系数值为 0.8~0.9 表示非常好。本问卷分析结果为 0.9,说明调查问卷具有较高的信度,可以完全被接受。

(3)调查实施

本书选取了铜仁市德江县中等职业学校、印江县中等职业学校、思南县中等职业学校、万山区中等职业学校、松桃中等职业学校这 5 所中等职业学校的专业课教师为研究对象。共发放问卷 300 份,回收问卷 250 份,回收率 83.3%,其中有效问卷 237 份,有效率 94.8%。调查问卷均采取匿名填写形式,并对 5 所学校 5 位教师进行了深度访谈,并记录了访谈信息。

(4)数据处理

经问题编码,采用 SPSS 17.0 和 Excel 2016,对获取的数据进行统计、整理。对有关项目进行了百分率和平均数的统计分析,为了了解中职专业课教师专业能力的内部差异,本书对教师专业能力的三个方面(教学能力、实践能力、科研能力)进行了相关性分析。根据 SPSS 17.0 中相关性分析的相伴概率值 p,即 $p<0.05$ 表示具有显著性差异,$p<0.01$ 表示存在极显著性差异。

2.中职教师专业能力分析

(1)中职教师基本情况

在被调查的 237 位中职专业课教师中,102 人为男性,135 人为女性,分别占调查总数的 43% 和 57%,女性教师的数量略高于男性教师的数量,目前中职学校专业课教师男女比例处在均衡状态。在教龄方面,排除 3 个缺失值,教龄在 3 年以内、4~6 年、7~18 年、19~30 年、31 年以上的教师分别为 87 人、44 人、59 人、37 人、7 人,分别占调查总数的 37.2%、18.8%、25.2%、15.8%、3%,可见,在被调查的专业课教师中有着 3 年以内教龄的教师人数最多、7~18 年教龄的次之,有着 31 年以上教龄的老教师人数最少。在授课类型方面,担任专业基础课、专业应用课、专业实践课教师的人数分别为 166 人、31 人、40 人,所占比例分别是 70%、13.1%、16.9%,可见目前中职学校中负责教授基础理论课的教师占据大多数。在对是否有过企业经历的调查中发现,有 42.6% 的教师有在生产一线的工作经历,但是仍有 57.4% 的教师没有除教书之外的工作经验,通过访谈发现,专业课教师到生产一线培训的机会也很少,由此可见,多数专业课教师真正实践的机会并不多,更多的属于"纸上谈兵",这对其专业能力的提升极为不利。在对是否为师范科班毕业的调查中发现,师范科班毕业的教师人数为

129 人,占 54.4%,非师范专业毕业的人数为 108 人,占 45.6%,可见非师范专业毕业教师占有一定的比例,这部分教师在教学能力上相对师范专业毕业的教师而言会薄弱一些,教学能力的薄弱会影响教师专业能力水平,因此,为提升中职教师师资队伍水平,中职学校有必要对其专业课教师的教学能力进行培养加强。在是否为全职教师方面,所参与调查的专业课教师中有 222 人为全职教师,占总人数的 93.7%,兼职教师有 15 人,占总人数的 6.3%,通过访谈发现,目前中职学校中由于多数专业课教师都为刚入职的年轻教师,其专业能力有待提升,为保证教学质量,中职学校不得不另聘请一些在生产一线的工作人员作为学校的兼职教师,教授专业课。

表 5-1　参加调研的中职教师基本情况分析

统计变量	类别	人数	百分比/%
年龄	25 岁以下	40	16.9
	26~35 岁	129	54.4
	36~45 岁	34	14.3
	45 岁以上	34	14.3
学历	专科	26	11.0
	本科	209	88.2
	研究生	2	0.8
职称	助教	106	44.7
	讲师	106	44.7
	副教授	24	10.1
	教授	1	0.4

由表 5-1 可知,当前中职教师在年龄层次上处于断层状态,起不到以老带新的作用,不利于中职教师专业发展,学历方面以本科学历为主,缺乏高层次人才,在职称方面中职教师多集中于助教和讲师,高级职称教师少之又少,以上种种现状如年龄断层、学历不达标、职称不够等都表明当前中职教师师资队伍水平综合素养不高,无法回应当前中职教育发展的诉求,急需中职学校开展学科建设,以期有效提升中职教师专业能力。

(2)中职教师专业能力状况

调查结果显示,在中职教师专业能力的三个维度里,教学维度的平均得分最高,为 4.4 分,而实践维度和科研维度得分仅分别为 3.8 分和 4.1 分,可见虽然中职教师的教学能力整体处在一个不错的水平,但是实践能力和科研能力却需要提高。

①教学维度

教学维度共有三个子项,分别是教学设计能力、教学实施能力、教学评价能力。

A.教学设计能力

如图 5-1 所示,4 个问项相加共有 528 人选择非常赞同,342 人选择比较赞同,55 人选择不确定,14 人选择较不赞同,9 人选择很不赞同,所占百分比分别约为 55.7%、36.1%、5.8%、1.5%、0.9%。中职教师教学设计能力各问项的均值为 4.3~4.5,综合平均值为 4.4。说明中职教师能够根据本专业的教学目标和不同教学对象的个性差异,有的放矢地进行教学设计。由图 2-2 可知,选择"我能够运用职业教育的相关理论和方法优化教学设计"问项的人数明显少于其他 3 个问项,由此可知与职业教育相关的学科知识是中职教师教学设计能力中的短板。

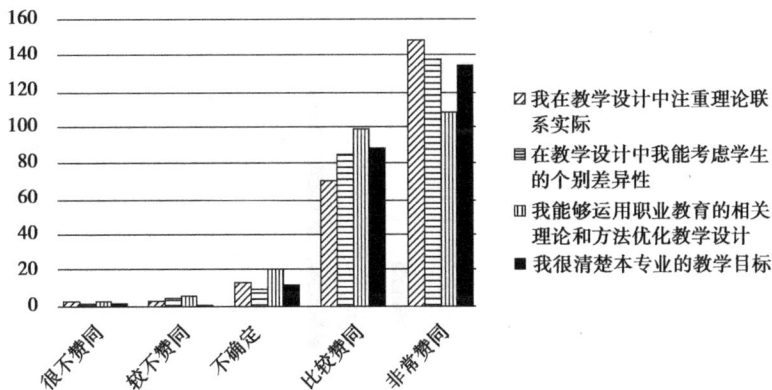

图 5-1　中职教师教学设计能力基本情况

B.教学实施能力

由图 5-2 可知,4 个问项相加从非常赞同到非常不赞同的选择人数分别为 495 人、362 人、72 人、12 人和 7 人,所占百分比分别约为 52.2%、38.2%、7.6%、1.3%、0.7%。各问项平均值为 4.3~4.5,综合平均值为 4.4,整体上符合中职学校对中职教师教学实施能力的要求,但是分数不高。事实上,在教学实施过程中教师更应该注重自身知识储备的更新,只有这样教师才能在课堂教学中抓住学生注意力,以便更好地完成教学任务。中职教师在"我在教学过程中充分运用了多媒体辅助手段"问项上选择非常赞同的人数明显少于其余 3 个问项,说明中职教师在教学媒介运用上存在短板,还有待加强。

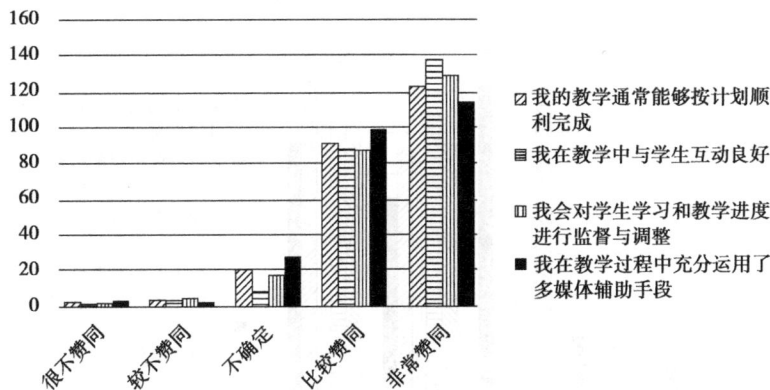

图 5-2　中职教师教学实施能力基本情况

C.教学评价能力

此能力从非常赞同到非常不赞同的选择人数分别为 599 人、285 人、48 人、8 人和 8 人,所占百分比分别约为 63.2%、30.1%、5.1%、0.8%、0.8%。各问项平均值为 4.4~4.6,综合平均值为 4.5。这说明中职教师基本达到了中职学校对中职教师教学评价能力的要求。由图 5-3 可知,对"我不以学习成绩作为评价学生的唯一标准"问项选择非常赞同的人数最多,体现了当前中职教师在教学评价上评价方法多元化的特点,而对于"我经常关注和学习一些新的教学评价方法"问项,选择非常赞同的人数则最少,可见中职教师在教学评价方面知识储备的更新上有所欠缺。

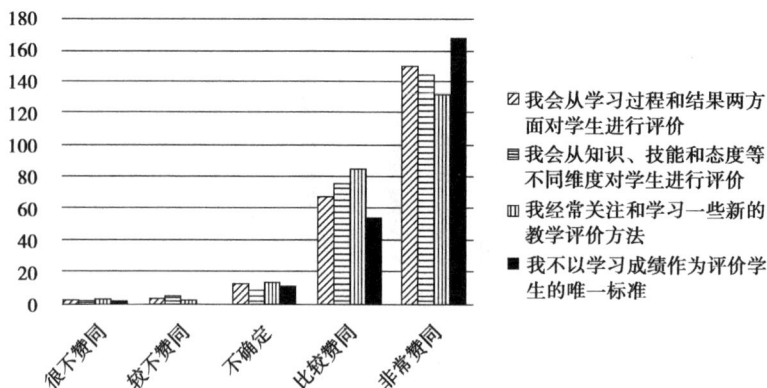

图 5-3　中职教师教学评价能力基本情况

②实践维度

中职教师实践维度主要体现在其校企合作与社会服务能力方面,共有 5 个问项。由图 5-4 可知,5 个问项相加,从非常赞同到非常不赞同的选择人数分别为 410 人、325 人、332 人、71 人和 47 人,所占百分比分别约为 34.6%、27.4%、28.0%、6.0%、4.0%。其各问项均值为 3.6~4.0,综合平均值为 3.8,选择比较赞同和非常赞同的人数仅占 62.0%,在"我会定期到行业机构进行学习和交流"和"我的专业能力在本地行业或企业中有较高知名度"上选择不确定的人数最突出,说明中职教师实践能力还有所欠缺。

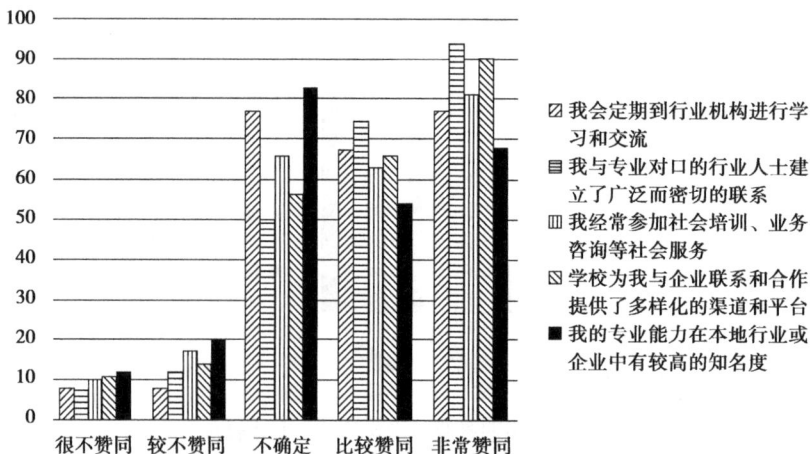

图 5-4　参加调研的专业课教师校企合作与社会服务能力基本情况

③科研维度

中职教师专业能力的科研维度共分为两个子项,分别是课程开发能力和科学研究能力。

A.课程开发能力

校本课程开发是根据本校的教育哲学,通过与外部力量合作,采用选择、改编、新编教学材料或设计学习活动的方式,并在校内实施以及建立内部评价机制的各种专业活动。[①] 由图5-5可知,学校的专业教师课程开发能力结果的 3 个问项加起来从非常赞同到非常不赞同的选择人数分别是 234 人、246 人、170 人、42 人和 19 人,所占百分比分别约为 32.9%、34.6%、23.9%、5.9%、2.7%。各问项均值为 3.7~4.1,综合平均值为 3.8。这说明中职教师课程开发能力不强,在经济转型供给侧改革的背景下,市场与行业正处在一个飞速变更的时代,中职教师必须根据市场对专业和职业的需求,及时对所教授的课程进行调整与开发,才能适应不断变化的劳动力市场。中职教师必须对所教授的专业有深入的研究,扎根学科,引领专业导向才能担当起重任。

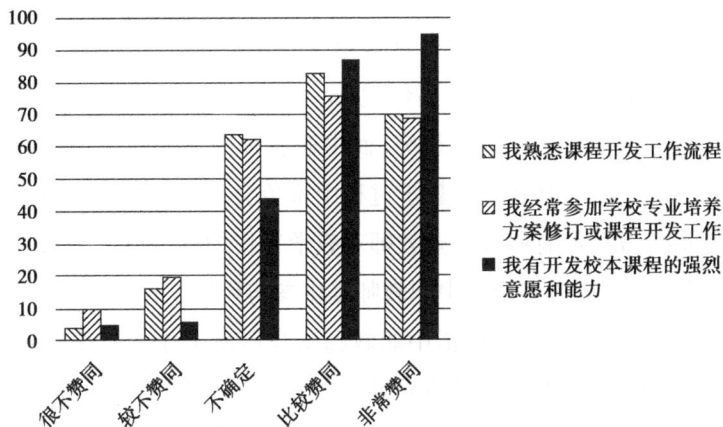

图 5-5　参加调研的专业课教师课程开发能力基本情况

B.科学研究能力

表 5-2　参加调研的专业课教师科学研究能力基本情况

项目	很不赞同	较不赞同	不确定	比较赞同	非常赞同
人数/人	15	44	177	509	677
百分比/%	1.1	3.1	12.4	35.8	47.6

调查结果显示,6 个问项综合起来共有 677 人认为非常赞同,有 509 人认为比较赞同,有 177 人认为不确定,44 人认为较不赞同,15 人认为很不赞同,所占百分比分别约为 47.6%、35.8%、12.4%、3.1%、1.1%。各个问项平均分为 4.0~4.4 不等,综合平均值为 4.2。可见,中

① 顾德建,汤勤华.江苏省部分中职校本课程开发现状研究[J].价值工程,2013(34):225-226.

职教师的科学研究能力有限,无法达到中职学校对教师科学研究能力的要求。

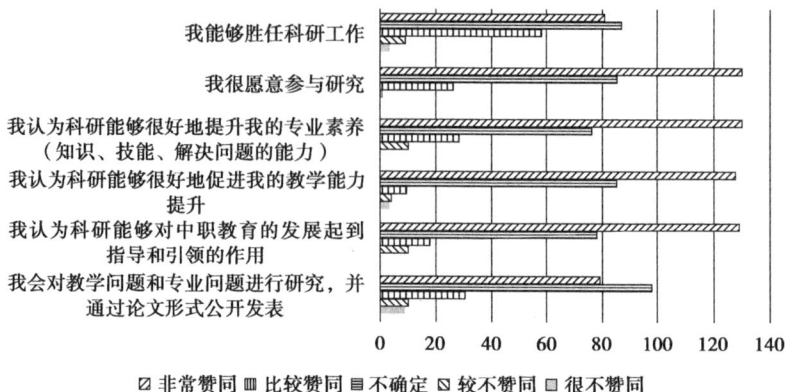

图 5-6　参加调研的专业课教师科学研究能力基本情况

3.中职教师科研水平分析

职教教师的科研素养是推进和深化职业教育改革的基础,是提高职业教育教学质量的保证。① 教师通过参与科研工作可以提升对其专业的知识储备,进而促进其专业能力发展。科研范围非常广泛,科研水平与层次有高低之分,中职教师所做的科研工作有别于大学教师,大学教师所做的科研更倾向于理论研究,而中职教师则是偏向应用科学的研究。此外,教研也属于科研之列,中职教师在日常教学过程中难免会遇到一些问题,这些现实问题虽然有的可以通过培训来解决,但有些却需要教师对教学工作的各个方面进行教学研究来解决。所以中职学校应鼓励并尽可能多地为中职教师提供参与科研工作的机会。

中职教师的科研水平现状主要包括中职教师参与科研工作的意识与态度、中职教师参与科研工作的方法、中职教师取得的科研成果。

(1)参与科研工作的意识与态度

中职教师整体上对其是否应参与科研工作持肯定态度,有84%的受访教师认为中职教师有必要开展科研工作,具体情况见表5-3。

表 5-3　中职教师对中职学校开展科研工作必要性的认识

必要性	不必要	不太必要	说不清	比较必要	必要
人数/人	4	8	26	54	145
百分比/%	1.7	3.4	11.0	22.8	61.2

①参与科研工作的目的

中职教师参与科研工作的目的所占百分比最高的选项是"促进自身专业发展",占到40.5%,"解决教育教学问题"选项紧随其后,占到26.2%,均高于"评职称/评优"的22.8%,这表明中

---

① 欧光琳.川西地区中职教师教育科研能力的现状与对策[J].当代职业教育,2015(10):65-69.

职教师参与科研工作更多的为非功利性目的,是为提升其专业能力服务,具体情况见表5-4。

表5-4　中职教师参与科研工作目的

目的	评职称/评优	促进自身专业发展	解决教育教学问题	开阔视野	应付考核	为了学校评估
人数/人	54	96	62	15	4	6
百分比/%	22.8	40.5	26.2	6.3	1.7	2.5

②不愿意参与科研工作的原因

由表5-5可知,选择"不做也可以"选项的教师仅占5.5%,说明在参与科研工作问题上,中职教师有一定的自觉性,选择"不知道怎么做"的教师所占百分比最高,为51.9%,可见中职教师的个体因素是限制中职教师参与科研工作的主要因素,选择"缺乏氛围"选项的教师所占百分比其次,为42.6%,说明环境因素也制约着中职教师参与科研工作的态度,最后为"缺乏激励措施"和"工作任务重没有精力"两个选项,所占百分比分别为32.1%和39.2%,表明学校因素也同样影响着中职教师参与科研工作的态度。

表5-5　中职教师不愿意参与科研工作目的原因(多选)

原因	不做也可以	缺乏激励措施	缺乏氛围	不知道怎么做	工作任务重没有精力
人数/人	13	76	101	123	93
百分比/%	5.5	32.1	42.6	51.9	39.2

③中职教师对当前学校开展科研工作的情况评价

表5-6反映了当下中职教师对中职学校开展科研工作的评价,仅有34.2%的教师认为目前中职学校的科研工作开展得比较好,大多数教师都持否定态度,由此可见中职学校对科研工作的重视程度及开展需要加强。

表5-6　中职教师对当前学校开展科研工作的情况评价

评价	情况不好	情况一般	说不清	情况较好	情况很好
人数/人	41	75	40	51	30
百分比/%	17.3	31.6	16.9	21.5	12.7

(2)参与科研工作的方法

科研方法的合理运用通常是科研成果价值与质量的保障,在对中职教师的调查中,见表5-7,选择经验总结法的教师人数最多,为60.3%,这从侧面说明了中职教师的科研论文更多的是一种经验性总结,它的科学性与质量相对会大打折扣。由于有相当一部分的中职教师出自非师范专业,他们的教育科研能力有所欠缺,所以只有对中职教师的科研能力进行系统的培养与训练才能提高,才能将中职教师一线教学经验转化为教学理论。

表 5-7　中职教师常用科研方法(多选)

科研方法	经验总结	调查法	实验法	文献研究法	其他方法	不清楚
人数/人	143	140	107	84	57	21
百分比/%	60.3	59.1	45.1	35.4	24.1	8.9

(3)科研成果情况

为客观地反映中职教师科研水平,本书将从中职教师发表科研成果的数量和质量两方面对其进行观察。

①中职教师论文及科研成果发表情况

表 5-8　中职教师论文及科研成果发表情况统计

统计变量	类别	频数	百分比/%
论文及科研成果发表数量	0 篇	82	35.2
	1~3 篇	118	50.6
	4~6 篇	23	9.9
	7 篇以上	10	4.3
论文及科研成果发表等级	市级刊物	21	8.9
	省级刊物	79	33.6
	核心期刊	22	9.4
	SCI/EI/SSCI	5	2.1
	各类增刊	11	4.7
	其他	13	5.5
	无	84	35.7

由表 5-8 可知,中职教师发表论文的数量为 0~3 篇的百分比占 85.8%,4 篇以上仅占 14.2%,在发表等级上,发表在核心期刊/SCI/EI/SSCI 等高端刊物的论文及科研成果仅占 11.5%,由此可知,目前中职教师论文及科研成果发表的数量不多且等级不高。

②中职教师论文及科研成果获奖情况

表 5-9　中职教师论文及科研成果获奖情况统计

统计变量	类别	频数	百分比/%
论文及科研成果获奖数量	0 篇	105	45.1
	1~3 篇	100	42.9
	4~6 篇	21	9.0
	7 篇以上	7	3.0

统计变量	类别	频数	百分比/%
论文及科研成果获奖等级	市级三等	23	9.7
	市级二等	24	10.1
	市级一等	15	6.3
	省级三等	41	17.3
	省级二等	30	12.7
	省级一等	27	11.4
	全国三等	6	2.5
	全国二等	6	2.5
	全国一等	11	4.6

由表 5-9 可知,中职教师论文及科研成果获奖数量为 0~3 篇所占百分比为 88.0%,获得国家级奖项所占百分比仅为 9.6%,可见其论文及科研成果不但获奖数量少而且获奖等级低。

③中职教师参加课题或教改项目情况

表 5-10　中职教师参加课题或教改项目情况统计

统计变量	类别	频数	百分比/%
参加课题或教改项目数量	偶尔参加(参加 1 项以上)	89	37.9
	经常参加(参加 3 项以上)	39	16.6
	没有参加	107	45.5
参加科研课题或教改项目等级	校级	68	28.9
	市级	25	10.6
	省部级	9	3.8
	国家级校外横向合作课题	17	7.2
	无	116	49.4

由表 5-10 可知,中职教师参加课题或教改项目的情况不容乐观,有 83.4% 的中职教师表示没有参加或偶尔参加过课题或教改项目,另外在获奖等级方面,市级、省部级、国家级获奖人数加起来仅占总人数的 21.6%。笔者通过访谈得知,目前虽然部分中职学校管理者已经意识到科研和课题对提升教师专业能力的作用,并提出用课题带动教师发展的意见,但在执行力度上应进一步加强。

④中职教师参编或主编教材数量情况

表 5-11　中职教师参编或主编教材数量统计

选项	一部以上	三部以上	没有参编或主编
人数/人	48	11	176
百分比/%	20.3	4.6	74.3

中职教师参编或主编教材数量情况能够客观地反映出目前中职教师的课程开发能力和科学研究能力,由表5-11可知,有74.3%的教师表示没有参编或主编过教材,课程开发和科学研究是中职教师专业能力中亟待补齐的短板。

（三）学科视域下中职教师专业能力发展存在的问题及因素分析

1.学科视域下中职教师专业能力发展存在的问题

（1）更新教学能力水平有限

与普通教师相比,中职教师虽然需要具备较强的实践动手能力,但其本质属性还是教师,教书育人是其工作的首要要求。但通过调查得知,中职教师目前存在更新教学能力水平有限的问题,具体表现为运用职业教育的相关理论和方法优化教学设计的能力薄弱,对新的教学评价方法学习有限。

（2）运用职业教育的相关理论和方法优化教学设计能力薄弱

教学设计能力是教师在教学工作中必须掌握的一项基本能力,它可以反映教师所掌握的教育知识理论功底、专业知识理论功底以及对自身教学实践的思考。中职教师专业能力的成长离不开教学设计能力的优化。教学设计能力真正得到优化需要扎实的职业教育理论功底为前提,因为教师在做教学设计之时并非凭空捏造,而是以职业教育理论为支撑,倘若没有该理论的支撑,其做出的教学设计必然没有科学依据。然而通过访谈调查得知,目前中职教师的教学设计存在糊弄应付、流于表面、照搬照抄等现象。之所以存在这些现象,一则是因为中职教师教学任务繁重,没有更多的精力去优化教学设计,二则是因为在对中职教师的培养上,学校把重心放了专业层面的提升上,如利用假期将中职教师派到生产一线去实践学习,但并没有对其职业教育的相关理论或方法进行培训,长此以往势必造成中职教师的职业教育相关理论薄弱。即便中职教师在教学过程中有对教育教学的思考,也无法将自身的经验与职业教育相关理论结合起来,去创造性地解决在日常教学中遇到的问题,任教育改革如何进行,中职教师只能是穿新鞋走老路,教学设计的优化无从谈起。

（3）对新的教学评价方法学习有限

为保证中职学校具有较高的教学水平,必须要一套有效果、可操作的教学评价方法为其保驾护航。但传统的教学评价方法仍然是中职学校评价体系中的主流方式,教师仍然是课堂上的主体,学生成为知识的容器,以成绩的高低来评价学生的学习效果。随着社会进步和教育改革的不断深入,这种评价方法的弊端迟早暴露无遗。通过观察与访谈,笔者从教学评价的内容、方式、主体等方面对眼下中职教师教学评价方法做了调查。

在教学评价的内容方面,雅斯贝尔斯说过"教育不只是堆积知识,而是要塑造灵魂"[①]。其意思是教师应当做到教书且育人。而现实情况是中职教师的教学评价过于侧重学生考试的分数高低,而忽视学生其他方面的表现。中职学校有别于普通学校,其目的是培养应用型

---

① 雅斯贝尔斯.什么是教育[M].邹进,译.北京:生活·读书·新知三联书店,1991:3.

人才,是面向市场、面向就业的,有其特殊之处。所以在对中职学校的学生进行评价之时不应只以成绩论高低,应以其全面发展为原则,如倾向于学生对社会与职场的适应程度、学生的综合素质等方面。

在教学评价的方式方面,中职教师则以传统的方式即考试来评价学生在某一阶段学习的效果,传统教学评价方式固然有其存在的价值与意义,但这种方式并不完善,它无法反映学生在某一阶段学习的情感与态度。另外,中职学校的不同专业存在差异,如若用统一的分数标准来测量不同专业的学生,那这套方法则看似表面公平、实则缺乏科学依据,对唤起学生对学习的积极态度和学习的自信心都极为不利。

在教学评价的主体方面,评价的主体仍旧是任课教师和学生,此种评价方法忽略了中职学校学生的特殊性,因为其培养方向是面向市场、面向生产一线的,所以在评价主体上也应让用人单位等外部评价参与进来,消除之前的片面性评价。

综上可知,无论是调查问卷的教师自评,还是访谈与观察的调查所得,均反映出当前中职教师教学评价方法的传统与落后且需要对新的教学评价方法进行学习。

(4)参与课程开发机会受限

笔者通过调查得知,大多数中职教师虽然有着强烈的参与课程开发的意愿,但是大多数中职教师却没有参编过教材,这说明中职教师希望参与课程开发的需求未满足,缺少参与课程开发的机会。究其原因,除学校的激励机制、设备与资源的短缺、教师教学任务繁忙等外部因素外,中职教师自身的能力与科研水平也同样严重限制了其参与课程开发的机会。在参与调查的中职教师中,有着课程开发经历的教师多为教学经验丰富的老教师,其凭借多年教学经验,经过总结提炼来进行课程开发工作。然而不可忽略的是,目前中职教师多为年轻教师,缺少教学经验,如若单凭经验必然会限制其课程开发能力,但课程开发工作不仅需要经验积累,更重要的是教师对所教专业的理解,对其应用学科知识的掌握。目前中职教师多为本科学历,有着高学历的教师少之又少,本科毕业的教师虽然有其专业的学科背景,但其学科功底不足以支撑其参与课程开发工作。这批青年教师在未来五至十年后将会成为中职学校的中流砥柱,所以提升其课程开发能力、增加其参与课程开发的机会势在必行。

(5)实施科学研究能力不足

笔者通过调查得知,不论是出于何种目的,在参与调查的教师中,有83.9%的教师表示开展科学研究是有必要的。尽管在认识层面上绝大多数中职教师认可科学研究的重要性,但是在实施科学研究方面上却存在心有余而力不足的现象。其主要表现为科研方法的落后、科研成果在数量上与质量上不高、参加课题或教改项目的数量及质量不理想等方面。

在选择科学研究方法上,由于缺少专门训练,对各种科学研究方法不够了解,因此中职教师在进行科学研究工作时往往会显得无从下手,不会选择恰当的研究方法来适应当前的研究内容,参与调查的中职教师更倾向于选择经验总结法,而选择实验法、文献研究法等更科学的研究方法的中职教师却相对较少,科学研究方法的单一与落后必然导致其实施科学研究能力的不足。在科研成果方面,客观的数据表明,数量少、质量低是目前中职教师科研水平的真实写照。参与课题或教改项目对教师科学研究能力提升的帮助是不容置疑的,但调查结果显示目前有将近半数的教师没有参与过课题或教改项目,另外在参与课题或教改项目的教师中,也有相当一部分人只是参加学校等级层面的,参与高等级层面课题或教改项目的教师更是寥寥无几。

2.中职教师专业能力发展存在问题的影响因素分析

中职教师专业能力发展受多方面因素制约,从不同的视域研究会发现不同的影响因素。笔者从学科视域出发,分别从微观、中观、宏观三方面审视中职教师专业能力发展存在问题的影响因素,发现影响中职教师专业能力发展的因素包括个体、学校和社会环境三个因素。

(1)个体因素

①中职教师专业能力提升缺少内驱力

目前我国中职教师的发展长期囿于专业范围之内,专业是培养学生的组织形式,学科是教师的成长平台,教师的成长有赖于学科。如果中职学校只讲专业忽视其学科的存在,教师就会缺失向上提升发展的动力①。我国绝大多数的中职学校中,包括学校管理者和教师个体在内,都只注重专业,没有学科意识。在只谈专业、不谈学科的中职学校,在教师的潜意识中,教师个体的发展就只依托专业,不依托学科。然而这不能满足当下中职教师发展提升的诉求,不足以取代学科之于教师成长的深远影响。学科之所以对中职教师的成长有深远的影响,是因为当教师立足于学科这个成长平台之时,学科可以帮助教师深刻理解、理顺其专业知识的来龙去脉,使教师的零散化、碎片化知识可以整体化、系统化,这样也有助于教师自身去创造知识,有助于教师将教学经验转化成教学理论,有助于教师教学经验的积累,不至于数十年的教学经历只是许多个一年的教学经验的再现。但是在现有的中职教师提升路径中,主要都是从提升中职教师的专业经验、专业技能入手的,在对中职教师的培养上主要表现为占用节假日时间对教师进行职后培养或进入生产一线实训,诚然这些做法会对中职教师的专业能力提升有所帮助,但都是从外部使中职教师被动接受,并没有真正唤醒中职教师内心对提升自我的渴望,由于缺少了中职教师发展提升的内驱力,长此以往必定造成中职教师发展提升动力的枯竭。

②中职教师学科基础薄弱

中职教师需要教书育人这一特殊的职业特点,决定了中职教师若想提升其专业能力就必须具备足够的教育学学科知识。教育学学科理论知识储备是否丰富会直接影响教师的教育行为与教育质量,不断积累、优化和更新教育学学科理论知识是中职教师稳固提升其专业能力的重要保障。

---

① 罗静.中职学校要不要谈学科[N].中国青年报,2017-09-11(10).

随着现代职业教育的不断完善和教育改革的不断深入,中职教师的教育学理论知识还需要进一步提升。从学科视角看待中职教师加强其教育学理论知识的问题,应给中职教师创造良好条件使其深入研究教育学学科知识。不仅如此,由于职业教育与普通教育各有不同的侧重点,中职教师还应当多学习职业教育学相关学科知识,通过不断学习新的教育理念与不断实践来达到切实提升中职教师专业能力的目的。笔者通过调查发现,当前中职教师队伍中非师范专业毕业的教师占有一定的比例,这部分教师的教育学相关理论知识还有所欠缺。另外,新任教师占到了当前中职教师的大多数,他们的教育学、职业教育学相关理论知识储备还不丰富,还很难将教育学理论融入平时的课堂中。还有一部分老教师,由于参加工作多年,出现了职业倦怠现象,他们对职业教育已无热情与激情,不愿意再去学习新的教育学理论知识。以上这些原因都会在一定程度上阻碍中职教师的专业能力发展。

(2)学校因素

无论是日常的教育教学,还是教师自身发展,学校都是其主要阵地。学校管理者的办学理念、学校的氛围、制度等都会对中职教师专业能力的提高有着至关重要的影响。

①学校学术氛围有待优化

一个公平、民主、宽松的学术氛围有助于教师的良性发展,有助于提升教师的专业能力。学校管理上应以教师和学生为主,根据教师日常工作的实际情况来制定一个具有可操作性和实践性的管理方法和评价体系。只有营造出一种良好舒适的学校氛围,教师才能安心于教学工作,有利于教师主动追求发展。在调查中有不少教师反映他们将大量精力投入在了应付"考勤"和"业绩"上,对提升自身、发展自身已显得有心无力,如此一来教师发展的积极性必然大打折扣。

②教师培训模式有待转型

对中职教师开展培训是实现提高中职教师师资队伍水平目标的重要一环。笔者通过访谈得知,几乎每一所中职学校每年都有开展对教师的培训活动,尽管如此,仍然有教学设计能力薄弱、教学评价方式落后、课程开发能力不足、科研水平不高等问题出现。这说明教师培训模式出现了问题,通过查阅文献和访谈,笔者发现,目前对中职教师的培训形式比较单一,通常以教师利用假期到生产一线学习为主,其本质还停留在专业层面的培训上。但也有中职学校管理者表示学校正在探索用项目带动教师发展,教师在做科研项目的同时也是对其的一种培训,而且效果很明显。教师通过做项目搞科研,他们的专业水平、教学能力都有了很大提高,具体表现为在做项目的第二年,在省级教学技能大赛上其参赛教师均能获奖。事实上,该校管理者的做法正是将对教师的培训从专业层面上升到了学科层面,因为搞科研做项目就需要学科知识作为支撑,学科在教师专业能力提升的过程中扮演了一个支撑平台的角色。

③中职学校缺乏学科概念

受时代因素制约,过去的中职学校只讲专业不讲学科,中职学校所培养的学生只需要在未来的工作中知道如何去做即可,并不需要研究如何可以做得更好,也不需要学生具有一定的创新能力来优化生产。过去几十年,由于生产力不发达、经济落后等,中职学校不提学科也许是对的。但是放在今天,无论是经济还是生产力都有了极大提升,如果中职学校想进一步提高似乎已不再容易,这时中等职业教育就应当转变思想,适当地引入学科概念,用学科引领中职学校专业的发展,依靠学科平台打造中职学校自身的专业特色,培养符合新时代发展所必需的专业技能型人才。

（3）社会环境因素

中职教师作为生活在社会环境中的个体,其对待职业的态度也必定受到社会环境因素的影响。然而,现实情况是目前的社会环境对中职教师的职业发展并不是那么有利。

①社会缺乏对中职教师的认可

目前人们对职业教育的认识普遍存有偏见,认为中职学校的学生都是中考的落榜生或是无心读书的学生,中职学校的教师也不优秀。此外,受中国传统重学轻术观念的影响,认为读大学研究学问才是高级的,学习技术成为技术工人就低人一等,对中职教师的发展与培养便不重视,如此种种因素均造成了中职教师社会地位低下、中职教师缺乏对职业的认同感。较低的职业认同感必然会打击中职教师提升专业能力的自信心。

②社会缺乏对中职学生创新能力培养的正确认识

创新是一个民族进步的灵魂,是一个国家兴旺发达的不竭动力。但是,很多人认为,中职学校培养的就是"打工仔",不需要创新素养。其实不然,被誉为"台湾爱迪生"的邓鸿杰教授,发明红外线水龙头的时候刚满17岁,就读于台湾的一所中职学校。中职学校对学生创新能力的挖掘,直接关系到所培养学生的综合素质和培养质量。从人才培养目标定位看,中职学生的创新更多体现在技术应用创新上。中职学校的技术应用创新更多是为生产一线与市场服务的,其创意或者灵感需要应用学科的支撑,这对中职教师的专业能力便提出了更高的要求。然而,多数中职学校在学生创新能力培养上还有所欠缺,就更加深了社会对中职学校创新能力培养的误解。

(四)学科视域下中职教师专业能力提升对策

1.学科与中职教师专业能力的相关性分析

表 5-12　中职教师各能力维度相关分析结果

	1	2	3
1 教学能力	1		
2 实践能力	0.601 **	1	
3 科研能力	0.770 **	0.733 **	1

注:** $p < 0.01$。

由表5-12可知,中职教师教学能力、实践能力、科研能力三个能力维度中其两两均呈显著正相关。其中科研能力对教学能力的相关系数为 0.7,大于实践能力对教学能力的相关系数 0.6,科研能力对实践能力的相关系数为 0.7,大于教学能力对实践能力的相关系数 0.6。由此可知,提升中职教师的科研能力对其教学能力和实践能力都大有裨益,在中职教师专业能力的三个维度中科研能力尤为重要。另外又因中职教师科研能力可以反映出其学科底蕴的深浅,所以笔者认为学科与中职教师专业能力存在一些关联,即学科是中职教师专业能力提升的平台,学科是中职教师课程开发的源泉,学科是中职教师科技研发的依托。

（1）学科是中职教师专业能力提升的平台

因为中职教师科研能力的提升可以带动其教学能力和实践能力的进步,所以要想提升其总体的专业能力,可从加强其科研能力入手。既然要提升中职教师科研能力就应当让其多学习、多实践。这时学科便成了其学习与实践的平台。学习上,中职教师站在学科层面可以系统学习必需的专业知识,实践上,中职教师要多做项目、多搞研究,这在专业层面是无法实现的,唯独学科,它为拥有相同学科背景的教师提供了一个归属,使其可以聚在一起互相学习与交流,共同完成科研与项目。另外,中职教师的科学研究离不开实验室、资料室、实验场地等一系列学科条件,学科基地建设无疑为中职教师的科学研究提供了保障,汇集了有限的教育资源来增强学科条件建设,起到事半功倍的作用。此外,学科不仅可以为中职教师提供"硬件"上的保障,在"软件"方面应用学科可以为中职教师搭建学术交流平台,中职教师可通过这一应用学科平台与研究领域的国内外专家进行交流,从而实现自身专业能力的提升。所以,中职教师专业能力提升要站在学科的平台之上。

（2）学科是中职教师课程开发的源泉

为适应当地的市场与就业环境,中职教师需要开发一些校本课程来作为国家课程的补充,然而课程开发所需要的知识从哪里来? 周光礼（2016）在分析学科、专业、课程三者之间的关系时指出:课程来源于学科,是从学科知识中选择一部分"最有价值的知识"组成教学内容。专业是由若干门课程组成的,围绕一个培养目标组成的课程群就是一个专业。[①] 同理,在中职学校,由于有别于普通学校,其课程开发所需要的内容则来自应用学科,中职教师便在应用学科中选择那些对中职学生日后就业发展最有用的知识。另外,由于社会发展的需要,中职教师在进行课程开发之时还要兼顾培养中职学生的创新能力,这就对中职教师课程开发的水平提出了更高的要求。它需要中职教师立足于应用学科的一套完整的知识体系,由博返约,依托应用学科,对其所教授的专业知识结构有深刻的理解与把握,并可从中选择出对中职学生创新能力最有帮助的专业知识加到所开发的课程中,对学生加以启发、开导,使学生能够触类旁通,最终产生新思想与新知识。

（3）学科是中职教师科技研发的依托

《贵州省中等职业学校教师系列专业技术职务任职资格申报评审条件》的业绩要求中,

---

① 周光礼."双一流"建设中的学术突破:论大学学科、专业、课程一体化建设[J].教育研究,2016,37（5）:72-76.

有多处提到了对中职教师科技研发能力的要求,同时这也很好地回答了中职教师是否应该具备一定的科研能力的问题。但是中职教师如果把提升自身专业能力的视野局限在专业范围,没有学科意识,即如果不做项目、不搞科研,那么中职教师的科技研发能力便无法得到锻炼,完成业绩要求也无从谈起。另外,当今科学技术日新月异,技术发展引领产业升级,从而带动行业变化。中职学校对人才的培养要面向社会、面向就业就必须时刻把握科学技术变化最前沿,对技术、产业、职业的变化需拥有敏锐的嗅觉,从而合理设置专业,实现社会与学校的零对接,而实现这些的前提便是中职教师要拥有一定的科技研发能力。而应用学科无论是作为一套完整的知识体系,还是围绕该体系所建立起来的组织,都为中职教师的科技研发能力的培养提供了依托。首先,作为一套完整的知识体系,中职教师扎根于应用学科,深入其研究领域,不断从应用学科的土壤中摄取其必需的知识,随着时间推移,中职教师必然会对其所教专业有更深刻的认识,当产业的技术前沿发生变化之时,中职学校及教师便可从容面对,及时对其专业、课程的设置进行调整。其次,应用学科作为一个组织,其为中职教师搭建起的学科交流平台,也起到了至关重要的作用。中职教师通过发表学术论文、参加学术会议,可以很好地与全国其他学校中职教师相互交流与学习,了解最新的科研动态,进而提升中职学校对技术前沿变化的适应力。所以中职教师若想谋求长久发展,必先找到其学科归属,只有依托学科才能参与科研工作,进而提升科学研究能力。

2.学科视域下中职教师专业能力提升对策

根据对调查问卷和访谈内容的分析与整理,并联系学科与中职学校的关联及学科对中职学校的意义,笔者认为用学科视域来探索如何提升中职教师专业能力不失为一条有效路径。中职教师专业能力受多方面因素制约,包括教师个体、学校、社会环境三个因素,这三个因素必须共同发力才能有效提升中职教师的专业能力。笔者从以下四个方面提出中职教师专业能力提升的对策,其是否有效希望可以通过实践来论证。其中对策包括唤醒中职教师专业能力提升的学科自觉、厘清中职学校应用学科与专业建设的关系、打造中职教师专业能力提升的平台、拓宽中职教师培养学生创新能力的视野。

(1)唤醒中职教师提升专业能力的学科自觉

所谓唤醒中职教师的学科自觉,就是要求中职教师要有学科意识,懂得站在学科高度去提升专业能力。

在教师层面,其要有应用学科的思维,找到其应用学科归属,在应用学科的土壤中去发展,切勿"谈学科色变",切勿把教师研究应用学科看成不务正业。因为中职教师要把生产、管理、服务的能力吸收内化,并有效地再现、传授给学生需要一定的理论功底与知识,中职教师只有扎根于应用学科才能更好地吸收并消化这部分知识。另外中职学校管理者应该允许教师在教授其专业知识的同时,额外地教给学生一些其专业所属应用学科的知识,使中职学校学生对其专业的知识脉络有一个整体的把握,从而有利于学生日后长久的进步,这些离不开中职教师的学科自觉。

在学校层面,建议针对教师群体建立起应用学科组织,此做法有利于唤醒教师的学科自觉。专业是培养学生的组织,学科才是教师成长的平台,中职学校不仅要培养学生,教师也同样需要成长。当应用学科作为组织,其人才培养、社会服务、科学研究这三方面的职能与中职学校的人才培养、社会服务、科学研究这三大职能不谋而合,这为中职学校在教师群体中的应用学科建设奠定了基础。目前有部分中职学校在教师队伍培养上提出了"用项目带动教师能力提升"的做法,事实上,这已经是一种应用学科的思维,因为做项目也是做科研,中职的科研必然离不开应用学科,因为中职教师做科研必须立足于一套完整的知识体系,用应用学科作为其科研的支撑。此外做项目搞科研往往需要团队的通力合作而非一人之力,用应用学科的不同归属来划分教师群体,有利于教师组建科研团队,以便更好地完成科研项目,在潜移默化中熏陶教师的学科意识,唤醒其学科自觉。

(2)厘清中职学校应用学科与专业建设的关系

早期的学科与专业并没有明确的界限,都承担着人才培养的职能,直到19世纪初,学科才在承担人才培养职能的同时承担起了科研职能,学科为了壮大自身不得不淡化对人才的培养。由此,学科和专业逐渐走向分化。所以学科和专业在人才培养的统一性上是被人为分割的。专业是由若干门课程组成的,围绕一个培养目标组成的课程群就是一个专业。[①] 在中等职业学校,专业课程来源于应用学科,是从应用学科知识中选择一部分对专业技能型人才培养最有用的知识组成教学内容,若干个这样的课程就构成了中等职业学校的专业。

专业是培养学生的组织,应用学科是中职教师成长的平台。中职学校在考虑设置专业与专业建设的同时,要考虑市场因素和学校自身发展的历史优势以及学校教师的学科背景。不可在专业设置上随波逐流,跟风设置专业,不能因为目前哪个专业热门就草率地设置该专业。因为目前我国中职教师普遍为本科毕业,有其自己的应用学科底蕴,这一点在中职学校的专业建设上不可忽视,依托学科有利于学校专业更好地发展,只有中职教师将自身的学科底蕴继承并发扬,中职学校师资队伍才会有整体提升,中职学校的专业才会办出特色、办出招牌。

(3)打造中职教师专业能力提升的平台

学科是中职教师专业能力提升的平台,建议中职学校应引进学科概念并在中职学校中进行应用学科建设。建设应用学科就是在打造中职教师专业能力提升的平台。中职学校应用学科建设可从应用学科的学科团队、学科条件、学科交流平台等方面入手。

首先在应用学科的学科团队建设方面,目前中职学校的教师群体基本是按照专业划分的,这种划分方式会把有着不同学科背景的教师划分到同一群体中,这为在搞科研做项目的教师之间相互交流与学习设置了障碍,不利于中职教师科学研究的进行,因此建议中职学校应以应用学科为依据划分教师群体,以便教师拥有学科归属,在学科归属中组成的应用学科的学科团队在做项目搞科研时可达到事半功倍的效果。此外,应用学科的学科团队带头人,可以帮助学科团队把握长期稳定的研究方向,制定可持续发展规划,有利于中职教师长久发

---

① 　周光礼."双一流"建设中的学术突破:论大学学科、专业、课程一体化建设[J].教育研究,2016,37(5):72-76.

展。在组建应用学科的学科团队时,要注重团队的年龄结构,新老教师并存有利于教师之间经验的传授,加快青年教师专业能力的提升。

其次在应用学科的学科条件建设方面,对经费不充足的中职学校,集中有限的资源打造优质的学科平台可有效缓解经费问题,可使学校最大限度扩大科研成果的影响力。特别是在中职学校的重点应用学科的打造上,更应该加大力度,集中投资,配备科研必需的设备仪器,创造一个培养应用学科人才和科技研发的基地。

最后在建设应用学科的学科交流平台方面,中职学校应创建自己的学术期刊,给予教师发表观点的平台,鼓励教师多做科研、多发文章,积极举办高水平的学术年会。这些举措不仅可增加中职学校学科建设的影响力,而且通过与外界的沟通与交流能更好地促进其应用学科的发展,教师专业能力也会随之提升。

(4)拓宽中职教师培养学生创新能力的视野

中国职业技术教育学会副会长俞仲文教授在发表他对"新职教"的看法时认为,在办高水平职业教育的路上最大的障碍源于理念的落后,职业教育不应仅仅是成熟技术规范流程的再现,学生应该具有一定创新能力。而长期以来中职教师对学生的培养却局限在专业范围之内,所教授的都是如何再现成熟的技术规范流程,此举对中职学生创新思维的形成和教师的成长都极为不利。

因此笔者建议中职学校对学生创新能力的培养应放宽视野,引入学科意识。中职教师在课堂上所教授的知识应不局限于专业范围内既定的知识,而应跳出专业范围,在应用学科中去寻找对培养对学生日后创新能力有益的知识予以传授。教师在讲授专业知识时不仅要求学生记住定律、概念,还要将这些知识产生的过程和方法教给学生,以便在潜移默化中熏陶学生的创新意识,使学生"知其然也知其所以然"。此外,科学技术发展到今天,简单的创新,靠"点子多""灵机一动"已经很难成功,有时候一项创新需要若干门应用学科的交叉融合,因此中职学校的应用学科建设的重要性显得更为突出。

专业是培养学生的组织形式,学科是教师的成长平台,教师的成长有赖于学科,唤醒中职教师学科意识是提升中职教师专业能力的关键所在。教师专业发展离不开学科,需要通过科研不断更新其知识储备。本书将学科作为研究中职教师专业能力的切入点,找到学科与中职教师专业能力关联的同时,用学科视域审视其专业能力,通过调查发现其专业能力现状与存在的不足,并分析出现问题的原因,进而有针对性地提出中职教师的专业能力提升策略。同时教育行政主管部门以及中职学校,也应认清中职教育中学科的存在,帮助中职教师找到其学科归属,鼓励中职教师参与科研工作,并为其科研工作创造良好条件,为中职教师专业能力发展提供不竭动力。

由于笔者能力不足、水平有限,本书的深度还有待加强,鉴于少有人用学科视域看待中职教育问题,所以用学科视域研究中职教师专业发展还有很长的路要走,此课题值得继续深入研究,在今后的工作和学习中笔者一定会继续努力,深入研究,为中职教育的建设添砖加瓦。

二、"双创"教育背景:高职院校"双创"教育共生联动模式的构建可助推学科发展

在"大众创业、万众创新"时代背景下,高职院校如何在创新创业中,发挥主力军和生力军作用,展现高职教育产业属性和教育属性,实现立地、应用技术改良更新式的创新①,形成独具高职特色的双创教育模式,成为亟待解决的问题。共生理论视角下,高职院校"双创"教育离不开地方企业的参与,以此为突破点,通过高职院校"双创"教育 HVC(Higher Vocational Colleges)—LE(Local Enterprises)共生联动模式的构建,探析其模式存在的必要性和可行性、结构要素及运行机制,以期借助共生理论指导高职院校"双创"教育模式的合理设计和实施,促进彼此合作深入有效开展和"双创"教育工作顺利推进。而这些对高职院校的应用学科来说,可以为其发展奠定基础。

(一)学科生长基础:高职院校构建"双创"教育共生联动模式的必要性和可行性

高职院校构建"双创"教育共生联动模式的必要性和可行性,可以视为高职院校发展应用学科的基础条件。

1.构建 HVC—LE 共生联动模式的必要性——相需共存

高职院校如何构建特色鲜明的"双创"教育模式?从宏观层面来看,明确相关"双创"教育政策背后蕴含的关注点,可以促进高职院校在政策指导下,有方向、有重点地开展"双创"教育建设工作。国家层面,2015 年发布《国务院办公厅关于深化高等学校创新创业教育改革的实施意见》(国办发〔2015〕36 号)中,明确强调在人才培养目标上,需要修订实施高职高专专业教学标准,确定高职高专创新创业教育目标要求,在创新创业实践上,关注创业教育实践平台,如建好职业院校实训基地,办好全国职业院校技能大赛等。在督导方面,将创新创业教育相关情况纳入高职高专质量年度报告和毕业生就业质量年度报告重点内容,接受社会监督。②地方层面,贯彻相关文件精神,各地颁布了意见或方案,通过对 16 个省份的"双创"教育相关政策文本中提及高职院校的内容进行分析,可以发现高职院校的"双创"教育亟待企业参与和支持,尤其在高职院校"双创"人才培养方案制定及培养(培养标准、课程教材编写、现代学徒制试点等)、"双创"实践平台的建设、"双创"比赛和职业技能的组织、"双创"教师队伍建设(教师互聘)、社会资源利用(职业教育集团、行业协会、中小企业服务中心等)等方面,见表 5-13。

高职院校的"双创"教育要真正意义上得到践行,很有必要加强与企业,特别是与高职院校所处区域中地方企业之间的人员联系,须知没有创新创业经验或经历的老师,是无法培养出具备"双创"意识、精神、能力的学生的③。反观现实,高职院校"双创"教育多为"校本模

① 俞仲文.做大众创业万众创新的生力[N].光明日报,2015-05-14(16).
② 国务院办公厅.国务院办公厅关于深化高等学校创新创业教育改革的实施意见[EB/OL].(2015-05-13)[2017-08-26].中国政府网.
③ 侯长林.没有创新的师傅哪来创新的徒弟[J].成才之路,2014(7):9.

式",忽略企业、企业兼职教师的参与①,在研究成果上,斯琴、范哲超《我国高等职业教育创业教育研究热点的可视化分析》(2017)一文也指出现存的研究不足,急需关注高职双创教育中多主体联动模式的构建。②

表 5-13　各省发表的政策文本中关于高职院校"双创"教育与企业关系密切的描述

地域	政策名称	专门涉及"职业教育""高职""高专",与企业关系紧密的政策文本
华北	《北京市深化高等学校创新创业教育改革实施方案》	教材编写:整合编写一系列适合**高职**、本科、研究生等不同学历层次学生所需的职业生涯规划和就业创业指导通识教材
	《河北省人民政府办公厅关于深化高等学校创新创业教育改革的若干意见》	教育研究:遴选建设一批覆盖研究生、本科、**专科**不同培养层次的大学生创新教育研究中心,加强不同类型和层次高等学校专业教育与创新创业教育相融合的理论研究和实践
	《内蒙古自治区深化高等学校创新创业教育改革的实施方案》	人才培养:在各**高职**院校中逐步推开学分制改革,通过建立教师互聘、课程互选、学分互认等机制;举办以行业、产业、新技术、新需求为主题的全区大学生创新创业大赛
华东	《上海市深化高等学校创新创业教育改革实施方案》	人才培养:深入探索……**高等职业教育**"双证融通"人才培养改革试点和现代学徒制试点,培养当代社会所需的创新型"大工匠"人才 资源利用:各相关部门要充分利用各种社会资源 制度完善:**高职高专**、研究生教学质量年度报告制度、毕业生就业质量年度报告制度和上海技术技能人才需求定期发布制度
	《江苏省深化高等学校创新创业教育改革实施方案》	实验实训:增加实习实训比重……**高职高专**类专业不少于50%;共建共享创新创业实践平台
	《福建省教育厅关于深化高等学校创新创业教育改革十六条措施的通知》	人才培养:融合相关部门、科研院所、行业企业制定的专业人才评价标准,在2017年以前完成制定并实施新的各专业人才培养方案
中南	《河南省教育厅关于印发深化高等学校创新创业教育改革实施方案的通知》	实验实训:利用各种场地资源建设大学生创新创业实践基地
	《湖北省人民政府办公厅关于进一步深化高等学校创新创业教育改革的意见》	人才培养:引导**高等职业教育**服务经济社会发展,优化调整专业设置
	《广东省教育厅关于深化高等学校创新创业教育改革的若干意见》	教师发展:国家**高职**示范(骨干)校要建立教师教学发展中心;鼓励其他**高职**院校单独或联合设立教师教学发展中心;开展教师创新创业专项培训、实训和交流
	《广西壮族自治区人民政府办公厅关于深化高等学校创新创业教育改革的实施方案》	实验实训:各高校创新创业实践基地面积……**高职高专**要达到2 000平方米以上;增加实习实训教学比重……高职高专实践性教学课时占总课时数不少于50%
	《海南省高等学校深化创新创业教育改革的实施方案》	实验实训:省级示范性**高职**院校自主使用的创新创业实践基地面积不少于2 000平方米,其他**高职**院校要有自主使用的创新创业实践基地

①　董慧.校企协同创新创业人才培养体系研究[J].中国高校科技,2016(11):38-41.
②　斯琴,范哲超.我国高等职业教育创业教育研究热点的可视化分析[J].中国职业技术教育,2017(4):86-90.

续表

地域	政策名称	专门涉及"职业教育""高职""高专",与企业关系紧密的政策文本
西南	《四川省深化创新创业教育改革实施方案》	人才培养:支持省内高校联合行业企业,举办各类科技创新、创意设计、创业计划等大学生竞赛,积极组织省内**高职高专**学生参加全国**职业**院校技能大赛
	《云南省教育厅关于深化高等学校创新创业教育改革的实施意见》	平台搭建:鼓励与大企业联合建立服务大众创业的开放创新平台,支持与社会力量联合举办创业沙龙、创业大讲堂、创业训练营等
西北	《陕西省深化高等学校创新创业教育改革实施方案》	建设原则:"省校联动、多元主体、广泛参与、培育精品"的原则
	《甘肃省深化高等学校创新创业教育改革实施方案(试行)》	实验实训:集中力量分类分步建设一批与全省经济社会发展紧密联系的职业教育集团和一批大型开放共享型实训基地,建立职业教育合作平台和合作机制
	《新疆生产建设兵团办公厅关于深化高等学校创新创业教育改革的实施意见》	资源利用:大力推动各级各类科技创新资源向在校大学生全面开放

注:相关资料来源于教育部及各省人民政府网站。

　　基于此,迫切需要在高职院校的"双创"教育中,构建 HVC—LE 共生联动模式,打破"校本模式"。HVC—LE 共生联动模式中,HVC(Higher Vocational Colleges)表示高职院校,LE(Local Enterprises)表示地方企业;"共生"(Symbiosis)一词源于生物学中的群落生态学,其概念最早由德国微生物学家安东·德·贝里(Anton De Bery)提出,表示两个不同物种基于需求,形成共同生存、协同进化并获益的关系。[1] 在我国,袁纯清在其著作《共生理论——兼论小型经济》(1998)中,指出"共生是共生单元之间在一定共生环境中按某种共生模式形成的关系"[2]。简括地说,共生意味着各共生单元之间协调合作、互利互惠。所谓"联动",即联合行动,意为若干相互关联的事物,一个变化时,其他事物也跟着变化[3]。故高职院校"双创"教育 HVC—LE 共生联动模式就是高职院校与地方企业作为共生单元,彼此之间协调合作、联合行动,实现互利共赢的状态。

　　2.构建 HVC—LE 共生联动模式的可行性——兼容共生

　　在共生理论视角下,高职院校和地方企业要在"双创"教育活动中,形成共生关系,实现共生联动,彼此之间需要具备多项质参量并且兼容。所谓质参量是指共生单元的一系列活动要素,主要表现为共生单元的投入与产出。[4]

　　从高职院校来看,作为培养社会所需的创新型"大工匠"人才,应用技术研发创新的场

① DE BARY H A.Die Erscheinung der Symbiose[M].Strasbourg:Verlag von Karl J.Trubner,1879:35.
② 袁纯清.共生理论:兼论小型经济[M].北京:经济科学出版,1998:9.
③ 联动[EB/OL].(2017-06-15)[2017-09-30].百度百科.
④ 姜茂,朱德全.自由与共生:职业教育与区域经济联动发展的生态学审视[J].职教论坛,2014(10):17-20.

所,高职院校拥有开展"双创"教育各项经费,应用技术研发创新团队,完善的实验实训设备、平台和基地等资源,储备了大量创新人才和技术,可以与地方企业共享创新创业基地、信息、人力、技术研发等资源。另外地方企业参与高职院校人才培养,加入高职院校办学管理,可以促使其紧跟市场需求,动态调整人才培养方案,提高学生的社会适应力。

从地方企业来看,在社会创新创业系统中,地方企业占据了资金、市场信息等资源,要在激烈的竞争中获取更多创新资源,就必须与外部市场中其他创新单元(如高校、研究机构等)建立联系,寻求合作,进而形成合作优势,生产和提供满足市场需求的产品和服务。与高职院校开展合作,可以为地方企业带来经济效益(培养经费、获得廉价劳动力、获取可以转化的创新项目等)和社会效益(提高企业知名度、扩大区域影响力等)。所以高职院校与地方企业,两者之间具备多项质参量且兼容(表5-14),彼此之间相互需要,存在共生关系,能够建构高职院校双创教育 HVC—LE 共生联动模式。

表 5-14   高职院校"双创"教育 HVC—LE 共生联动模式中共生主体的质参量(Z)

共生主体	质参量(投入与产出)					
	ZHVC1	ZHVC2	ZHVC3	ZHVC4	ZHVC5	ZHVC6	ZHVC
高职院校 (HVC)	培养经费支出 (投入)	实验实训设备、平台、基地 (投入)	教师培训、发展 (投入)	高职院校"双创"人才培养质量提升 (产出)	高职院校"双创"教育相关建设经验、研究成果 (产出)	高职院校研发和技术服务提高(产出)	……
	ZLE1	ZLE2	ZLE3	ZLE4	ZLE5	ZLE6	ZLE
地方企业 (LE)	高职院校"双创"人才指导 (投入)	实验实训、创业创新相关资源共享(投入)	相关企业人员的加入、参与 (投入)	培养学生的资金收益(产出)	实习实训人员的劳动力收益 (产出)	能够带来经济效益的创意、技术、专利等;提高企业社会知名度,扩大影响 (产出)	……

(二)学科生长点:高职院校"双创"教育共生联动模式的结构要素

高职院校"双创"教育共生联动模式的结构要素可以视为高职发展应用学科的生长点。

根据共生理论,共生结构包括共生单元、共生模式和共生环境三个基本要素[1],在高职院校"双创"教育 HVC—LE 共生联动模式中,其结构要素亦然,主要由共生单元、共生模式和共生环境三要素共同构成。

---

① 袁纯清.共生理论:兼论小型经济[M].北京:经济科学出版,1998;9.

1.共生单元——高职院校+地方企业

共生单元又称为共生主体,是指构成共生体或共生关系的基本能量生产和交换单位[①]。在高职院校"双创"教育 HVC—LE 共生联动模式中,以 HVC 和 LE 为核心活动者,两者共同构成了培养高职院校"双创"人才的主体单元,需要发挥各自的优势,利用各自占有的资源,围绕高职学生共同开展一系列"双创"教育活动。针对当前存在的地方企业,没有真正意义上参与人才培养过程,所以需要构建高职院校"双创"教育 HVC—LE 模式打破高职院校与地方企业之间在培养"双创"人才方面的割裂,在共享效益(经济效益、社会效益)的同时也承担主体培养责任(高职院校指导老师和企业老师)。

除此之外,从整个社会创新创业系统来说,政府和相关创新创业公共平台与中介机构也能为 HVC—LE 实现共生联动,提供支持,助推发展。其一,政府作为高职院校"双创"教育相关政策法规的制定者、高职院校"双创"活动的宏观推动者,尤其是地方政府部门,负责区域内部的高职院校"双创"教育的规划发展,制定各类保障性机制措施,成为 HVC—LE 共生联动模式的支持单元。其二,政府创新创业中心、科技创新服务中心、全国高职院校生服务创业网、技术成果转化服务中心、科技园区、孵化器、众创空间等各类相关创新创业公共平台与中介机构,能够提供信息、物质和技术等转化的渠道,成为 HVC—LE 共生联动模式的助推单元。

2.共生模式——HVC—LE 互惠+连续共生

共生模式反映共生单元彼此之间行为方式及能量交换特征,一般通过行为方式(寄生、偏利共生和互惠共生)和组织模式(点共生、间歇共生、连续共生和一体化共生等多种状态)来表现[②]。高职院校与地方企业之间的合作,要达到 HVC—LE 共生联动的状态,只有基于互惠共生、连续共生才能够较好地生成并分配新的能量,使共生关系得以维持并加强。在共生行为方式方面,要维系 HVC—LE 之间的互惠共生关系,需要高职院校和地方企业,基于合作关系,不断生成新能量(利益、技术、人员等),并对这些新能量进行分配,实现彼此的互惠互利;在共生组织模式方面,要保持 HVC—LE 之间的连续共生状态,需要高职院校和地方企业在合作期间,能够不间断地完成能量生成——能量分配——能量获取——再生成——再分配——再获取的过程,以能量的持续生成和分配、交换为纽带,循环推进 HVC—LE 共生联动。

那怎么才能落实互惠共生、连续共生?可以依托共生界面。通过共生界面("双创"教育实践平台、"双创"基地、高职"双创"教育联盟等)的搭建,可以建立高职"双创"教育联盟,利用网络技术(HVC—LE 联盟网站、移动网络 APP 等)和实体组织单位(专门 HVC—LE 联盟办公室、管理机构),调动一切社会资源,构建机制制度,实现地方企业"双创"基地和高职

① 徐学军,唐强荣,樊奇.中国生产性服务业与制造业种群的共生:基于 Logistic 生长方程的实证研究[J].管理评论,2011,23(9):152-159.
② 司尚奇,曹振全,冯锋.研究机构和企业共生机理研究:基于共生理论与框架[J].科学学与科学技术管理,2009,30(6):15-19.

院校"双创"教育实践基地的融合共通,简而言之,在高职院校"双创"教育 HVC—LE 共生联动模式中,依托高职"双创"教育联盟,这一共生界面可以促进高职院校和地方企业彼此之间的交流,使其在合作时间内,依靠双方优势资源的投入(人员、信息、设备、资金等质参量),进而产出(人才培养质量提升、社会影响力扩大、创新创业能力增加等),实现两者的能量共享和分配。

3.共生环境——政策引导+空间支持

共生单元并非孤立存在的,需要依存外部环境,良好的共生环境可以保证高职院校"双创"教育 HVC—LE 共生联动模式的顺利开展,其中政策环境、空间环境对 HVC—LE 实现共生联动,影响深远。

政策环境层面,主要涉及各级政府及其教育行政部门关于"双创"教育实施相关政策(如《天津市教委关于进一步加强天津市高等学校创新创业教育改革的措施》),鼓励企业重视并参与创新创业政策(如《昆明市支持小微企业创业创新基地城市示范建设的若干政策》),相关知识产权保护、人才引导的政策等(如《人力资源社会保障部关于支持和鼓励事业单位专业技术人员创新创业的指导意见》、国家知识产权局等五部委印发《关于进一步加强知识产权运用和保护助力创新创业的意见》),这些都为 HVC—LE 模式的构建和运行营造着良好的政策环境。

空间环境层面,在一定地域范围内,高职院校和地方企业分布密集度高低影响着共生关系强弱、密度高低,分布密集度越高,共生关系越易形成且越强,如美国硅谷,高校密集,企业密布。当前我国各地职教城、科技城、大学城兴起,高职院校联合地方企业,利用地域资源,可以为 HVC—LE 模式的实施打造空间优势。如南京工业职业技术学院地处中航科技城,与高校、科研所(南京航空航天大学、解放军理工大学等)毗邻,通过与南京轻工机械厂、深圳金蝶投资发展有限公司合作建设科技园,结合人才培养、专业建设、学校发展等状况,引进科技型大中小企业、大学生创业型企业以及商业服务型企业,取得良好成效,成为"大众创业、万众创新"示范基地。

(三)学科生长保障:高职院校"双创"教育共生联动模式的运行机制

高职院校"双创"教育共生联动模式的各项运行机制可以视为高职发展应用学科的生长保障。

基于共生理论,高职院校"双创"教育 HVC—LE 共生联动模式的顺利和深度推进,需要建立一套具有可行性的机制予以支撑和保障。在目标协同的基础上,通过经费支持、文化熏陶、制度支撑,实现彼此之间共享利益,共担责任,共建标准,共评效果,如图5-7所示。

1.目标协调机制——目标协同+组织联动

高职院校"双创"教育中推进 HVC—LE 共生联动模式,根本宗旨在于落实高职院校双创教育行动方案,培养并提升高职学生、高职教师、企业的创新创业意识、精神和能力,实现彼此之间互惠、连续式的共生共赢。要落实这一宗旨,作为共生界面——高职"双创"教育联

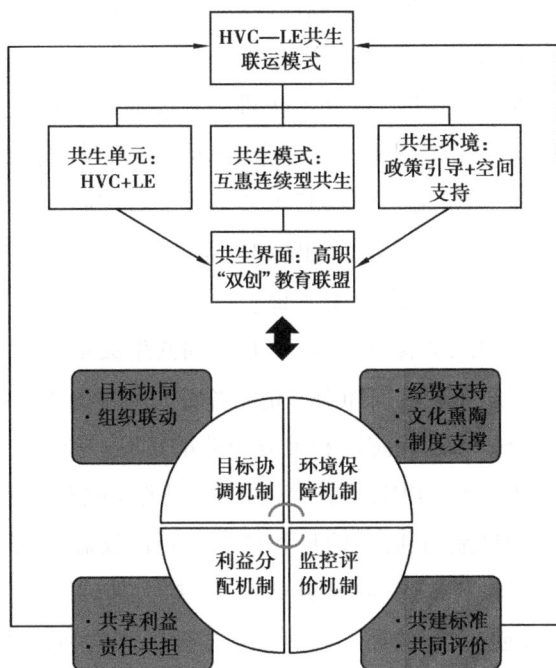

图 5-7　高职院校"双创"教育 HVC—LE 共生联动模式运行机制

盟需要商量并制定规则,组成专门的目标协同机构,对高职院校、地方企业开展双创教育进行现状评估和预期设想,组织协调,共同制订短期、中期和长期目标,并对其进行细化,形成年度方案,使其具体的目标、任务得以落实到高职院校和地方企业。在这一目标协同过程中,高职院校与地方企业各部门组织及相关核心成员,需要共同参与其中,在共同的目标驱动下,形成组织合力,确保两者在知识、技术、资金、人员等创新创业要素的交流、共享和分配,可以是建立在共生界面基础上的交流中心和管理委员会,可以是地方企业与高职院校成员各种方式(现场、网络等)交流。如辽宁机电职业技术学院在政府的支持下,建设了丹东新区创新创业学院,并设立专家咨询委员会(负责提供咨询)、学院管理委员会(进行决策)、院务委员会(进行具体事务执行),围绕同一目标进行共同管理。

2.环境保障机制——经费支持+文化熏陶+制度支撑

高职院校"双创"教育 HVC—LE 共生联动模式的顺利实施,需要与之相应的经费支持、文化熏陶、制度支撑为高职院校"双创"人才的培养提供了物质保障、文化保障、制度保障。

其一,经费支持是 HVC—LE 共生联动模式顺利实现的物质保障,从资金来源来看,政府层面能够为高职院校、地方企业创新创业发展提供直接财政资金资助或间接财税优惠;地方企业能够赞助高职院校;高职院校自身也可以通过内部投入(设置专项经费,纳入学校年度预算)和外部争取(校友捐助、企业援助)的方式,扩展经费来源,用以开展"双创"教育师资培训、课程开发和教学实训、奖励资助教师和学生参与创新创业等,使其 HVC—LE 共生联动模式有充足的运行经费。其二,共生文化环境能够为 HVC—LE 共生联动模式营造文化氛围,在高职"双创"教育联盟中,生成双方(高职院校、地方企业)都能认同的共生文化,在"双创"教育目标、发展规划、任务使命等方面形成相对一致的认识,以便合作的深入开展。其三,完善的制度举措能够加快"双创"教育工作进程。如武汉职业技术学院通过颁布实施《"创新创业学分"管理办法》《大学生休学创业管理办法》《大学生创新创业教育实践基地建设与管理办法》等管理办法,建立起了"双创"人才培养的管理制度体系,为地方企业和高职院校合作的投入(如知识和技术资源)和产出(如创业创新成果)提供了便利。

3. 利益分配机制——共享利益+责任共担

在高职院校"双创"教育中,为保持 HVC—LE 之间共生关系的稳定性和持续性,需要建立良好的利益分配机制,考虑高职院校和地方企业各自的利益诉求。在利益分配方面,本着互利共赢的原则,通过充分征求高职院校和地方企业的意见,考虑双方的实际需要、对创新创业的贡献程度、创新创业投入、在创新创业活动中承担的风险和实际利益,共同协商,分配经济利益(创新创业过程中创造的利润、信息和技术的转让收益、高职院校学生通过直接或间接方式学习到的知识、经验和技能等)和社会利益(扩大品牌影响力、美誉度等),同时还要按劳分配,保证参与"双创"教育的相关人员获得合理适宜的利益,实施创新创业优惠,调动参与人员(教师、学生、企业员工等)的积极性。高职院校教师可以在"双创"实践基地自主创业亦可以到地方企业挂职,参与企业管理运作,地方企业老板或员工也可以成为高职院校的兼职教师,带领学生进行创新创业活动。利益共享的同时也要落实相应的责任,可以通过建立约束机制,对高职院校和地方企业之间实现联盟的创新创业行为和活动加以约束。如浙江工贸职业技术学院以建立"契约约束"机制的方式,通过签署协议,明确合作企业开展创新创业教学任务,指导师生参与创业实践等职责。

4. 监控评价机制——共建标准+共同评价

高职院校"双创"教育 HVC—LE 共生联盟模式的实施过程是否真实有效、实施结果是否达到既定目标、取得何种效果、产生何种共生效益[①],需要建立合理的监控评价机制来对其进行监督评判。

其一,高职院校和参与"双创"教育的地方企业共同建立"双创"人才质量监控和评价标准。基于高职"双创"教育联盟的共生界面,高职院校应该充分利用地方企业资源(如地方市场的发展需求、人才需求、技术需求、消费者需求信息,招聘用人标准,对创新创业的要求),实现 HVC—LE 联动共生能够符合社会"大众创业、万众创新"发展需要,符合地方社会、市场需求,符合企业、行业的用人标准,符合高职院校人才培养要求的"双创"人才质量监控和评价标准。在具体目标、内容制定过程中,需要立足高等职业教育特色,结合高职院校和合作的地方企业自身特征,制定"双创"人才质量监控指标、评价内容、考核方式。如宁波职业技术学院立足现实,通过建立"创业质量检测跟踪体系",跟踪并收集参与双创教育的学

---

① 刘虎,匡瑛.职业教育集团内部共生机制的构建:生态学的视角[J].职教论坛,2010(22):9-12.

生相关信息(创意孵化率高低、创业成功率大小、创业失败的缘由),来评价"双创"教育的实施效果。其二,高职院校和参与"双创"教育的地方企业共同评价双创人才培养质量高低,并接受社会机构(教育行政部门、高职毕业生就业单位)监督。在 HVC—LE 共生联动模式中,高职院校和地方企业共同参与学生的整个培养过程,熟悉了解学生创新创业精神、意识和能力的发展,所以需要将高职院校评价与地方企业评价相结合,结果评价与阶段性过程评价(大一、大二、大三阶段)相结合,专门化"双创"教育(针对有创业意向,具备创新意识的学生个人或班级)和普及化"双创"教育(针对全体学生)评价相结合。

总之,共生视角下,在共生环境中,高职院校与地方企业作为共生单元,通过共建共生界面,共享知识、技术、人才、基地和平台等资源,由此形成互惠共生、连续共生的高职院校"双创"教育 HVC—LE 共生联盟模式,并通过目标协同、共生保障、利益分配和监控评价四大机制的构建,最终推进创新创业真正落实于高职学生培养工作。

三、应用转型背景:学科生态建设衍生教学服务型大学系列研究

研究应用学科生态化发展,必然需要明确其学科所处的环境状况,置身高校应用转型背景,衍生教学服务型大学系列研究,具体包括:首先需要明确学科的办学基础,也就是当前教学服务型大学的办学定位困境及突破策略;其次,围绕教学服务型大学学科生态化发展,提出相应的建设举措;最后,学科发展离不开具体实践的落地,而教学服务型大学入学教育生态体系的构建,有利于其学科生态化体系的形成。

(一)办学基础:教学服务型大学的办学定位困境及突破策略

2015 年 10 月发布的《教育部 国家发展改革委 财政部关于引导部分地方普通本科高校向应用型转变的指导意见》,引导地方高校转型建设成为应用型大学,2017 年 2 月发布的《教育部关于"十三五"时期高等学校设置工作的意见》,应用型大学作为高等教育体系中重要组成部分被明确确定。在这样的现实背景下,在应用型大学行列中,承担着培养应用型人才职责,开展应用性科学研究和社会服务的教学服务型大学如何办,成为亟待思考和解决的问题,其中,办学定位成为"办一所什么样的大学的基本回答,办好一所大学的首要前提"①。教学服务型大学亦不例外,需要明晰其办学定位,促进其合理化、适宜化发展。基于此,运用生态位理论,从生态位重叠、生态位宽度、生态位态势三方面深入分析目前教学服务型大学办学定位中存在的问题,试图突破现存的办学定位困境,为实现办学定位合理适宜目标提供相应策略。

1.生态位理论的内涵解读

生态位一词,英语为"Niche",含有"位置、适合的位子"之意。② 这一概念最先由美国学者 R.H.约翰逊(1910)提出,之后其内涵不断扩充。在国外,当前具有代表性的生态位概念

---

① 郭秋平.大学办学定位的理性探讨[J].现代教育管理,2011(5):50-53.
② 张明新.媒体竞争分析:架构、方法与实证———一种生态位理论范式的研究[M].武汉:华中科技大学出版社,2011:78.

如下:格林内尔在1917年发表的《加州鸫的生态位关系》,该文章从种群的空间分布和对环境适应的角度,阐述了生态位指"每一物种由自身结构上的功能上的限制被约束在其内的最后分布单位"①;英国动物学家埃尔顿(Elton)在1927年出版的《动物生态学》,该书从生物功能角度出发,指出每一个物种在生物社群中处于特定地位和功能②;哈奇金森(Hutchinson)在1957年从生物种群的环境资源视角,提出生态位是生物单位生存条件的总和。③ 在国内,对生态位理论的研究始于20世纪80年代,如1997年朱春全在其生态位态势理论与扩充假说中,明确认为生态位应该具体包括两个方面的内容:生物单元的态(各种因素相互作用的状态)和势(对外在环境的现实影响力或支配力)。④

从中可以看出,不管是国外还是国内研究,生态位概念纷繁复杂,但有一点可以肯定,生态位反映的是该物种在某一时期、某一环境范围内所占据的空间位置,受到两方面的影响:第一,主体与外部环境之间的物质、能量和信息交换状况;第二,主体内部各个部分之间的关系及发展状况。

2.生态位理论视角下教学服务型大学面临的办学定位困境

所谓办学定位,学者们各抒己见,如眭依凡(2001)从理念层面,指出大学办学定位是一种关于办成什么样大学的理念,具体包括大学的方向、角色和特色。⑤ 郭桂英和姚林(2002)从办学依据层面,提出办学定位要从社会需要、学校环境、办学条件及现状出发。⑥ 而牛金成(2012)在此基础上,认为高校办学定位还要对自身在社会与高等教育系统中所处位置进行愿景构思。⑦ 刘文错(2016)进一步阐明了高校办学定位需要确定服务面向、发展目标及任务的一系列规划活动。⑧ 不管内涵如何,由上述内容可以看出,办学定位受到高校内外部因素的影响,至少包含两个方面的内容:一个是目前学校所处的位置;另一个是学校将来发展的状况。

当前比较认可的黑龙江科技大学、江汉大学、浙江树人大学、武汉纺织大学、宁波大红鹰学院、常熟理工学院、铜仁学院等已经明确定位于教学服务型大学⑨。其办学定位的相关表述见表5-15。

① GRINNELL J.Field tests of theories concerning distributional control[J].American Naturalist,1917(51):602.
② 林开敏,郭玉硕.生态位理论及其应用研究进展[J].福建林学院学报,2001,21(3):283-287.
③ 张光明,谢寿昌.生态位概念演变与展望[J].生态学杂志,1997(6):46-51.
④ 朱春全.生态位态势理论与扩充假说[J].生态学报,1997,17(3):324-332.
⑤ 眭依凡.大学校长的办学定位理念与治校[J].高等教育研究,2001,22(4):49-52.
⑥ 郭桂英,姚林.关于我国高校办学定位的研究[J].江苏高教,2002(1):59-62.
⑦ 牛金成.高校办学定位研究:内涵、属性与内容[J].现代教育科学(高教研究),2012(4):18-20.
⑧ 刘文错.应用型本科院校办学定位分析[J].中国高等教育,2016(9):32-34.
⑨ 梁国胜.建设教学服务型大学应是一部分本科高校转型选择[N].中国青年报,2016-05-30(11).

表 5-15　部分教学服务型大学的办学定位表述

校名	微观层面办学定位	宏观层面办学定位
黑龙江科技大学	①"思想道德素质高、工程实践能力强"的高素质应用型人才培养；②构建以矿业为特色、多学科协调发展的学科体系；③构建开放、多元、有序、效能的人才资源管理体系；④科技工作向"质量性、战略性、组织性、导向性"转型	①"立足应用，精准育人"的办学理念；②应用型的办学定位；③创建特色鲜明的高水平应用型科技大学
江汉大学	①以本科教育为主，积极发展研究生教育；②协调发展高等职业教育、继续教育；③具有创新精神和实践能力的高素质应用性、创新性、国际性人才的培养	建成与武汉经济社会发展地位和水平相适应、在国内有影响有特色的高水平地方综合性大学
浙江树人大学	①高级应用型人才培养；②"质量立校、人才兴校、学科强校、服务特校、开放活校、凝心聚力"发展战略	建设一所综合实力在全国民办高校中处于一流、部分学科和研究领域在全国高校中有重要影响的"教学服务型大学"
武汉纺织大学	"知识、能力、品格"协调发展的人才培养	建设特色鲜明的高水平大学
宁波大红鹰学院	①高素质应用型人才的培养；②解决区域中小企业工程技术问题的研究；③服务区域经济增长和社会进步	①"致良知、育实才、立善业"的办学理念；②"成为中小企业发展的首选大学"的办学理想；③领先的、有改革创新示范价值、特色鲜明的民办大学
常熟理工学院	①高素质应用型人才的培养②"质量立校、特色名校、人才强校、开放活校、文化兴校"的发展战略	建设特色鲜明、质量著称、与区域经济和社会发展良性互动的应用型品牌大学
铜仁学院	①以本科教育为主，探索研究生教育；②立足黔东，面向全省，辐射武陵；③适应区域经济社会发展需要，专业基础坚实、实践能力较强、人格品质健全、富有创新精神和社会责任感的高素质应用型人才的培养；④实现由单一的师范类专业向多学科性应用型专业转型；⑤形成理学、工学、农学、教育学、文学、历史学、管理学、艺术学等多学科协调发展的学科专业体系	①办学类型为教学型、应用型；②建设成为全省及武陵山区特色鲜明、开放创新的多科性应用型大学

注：资料来源于各校官方网站。

从表 5-15 中可以看出，当前定位于教学服务型大学的高校办学定位意识强，已经对办学定位有了一定程度上的深入研究。但不可否认的是，一些高校办学定位还存在着一些问题。那么从生态位理论视角来看，教学服务型大学要实现办学定位恰如其分，要实现其办学"生态位"合理、适宜发展，在生态位重叠、生态位宽度、生态位态势三方面，面临如下生态困境，亟待突破。

（1）教学服务型大学办学定位的生态位重叠

"生态位重叠"反映的是在生态系统中，两个或两个以上生物个体或种群生态位相似性的量度，用来描述生态位[①]。因为生态位重叠度越高，说明在其功能和其他物种的关系方面就具有较高程度的相似性，那么对同种资源的争夺性越强，竞争也就会越激烈，最终导致该物种要么被淘汰，要么实现生态位分离（完全分离、部分分离）而形成共存。[②] 这就表明，在生态环境下，每一个物种都需要拥有自己的角色和地位，能够占据一定的生存空间，发挥一定的功能，同时通过一定程度的竞争，促进生态物种的不断进化和发展。

在《教育部关于"十三五"时期高等学校设置工作的意见》中，已经明确将我国的高等教育学校大体分为研究型、应用型和职业技能型三种类型[③]，教学服务型大学归属于应用型大学行列，这就充分说明了教学服务型大学作为在培养目标、办学理念、发展思路等一系列问题都要与社会、市场等保持高度匹配性的应用型大学，既不能继续维持原有的办学定位模式，也不能照搬照抄研究型大学抑或职业技能高校的办学定位模式。所以在办学定位结构中，对内，需要建立各种制度机制，借以明确规范高校内部各部分的当下及未来的发展状况，创设一种适合教学服务型大学生长的内在土壤。对外，需要在保障其生存发展条件的过程中，依托地方政府、地方市场资源，保持教学服务型大学办学的外在活力。但是一些高校办学存在着生态位重叠的状况，主要表现为以下两大方面：

第一，一些教学服务型大学内部各要素（学科发展、人才培养、科学研究、社会服务等）办学定位不全面，缺乏具体可行的规划。所谓的高校办学定位应该是一个包括了总体目标定位、学校类型定位、办学层次定位、特色定位、学科定位、服务面向定位等多个方面的体系[④]，而非简单意义上的高校整体宏观层面的发展目标抑或微观层面某一部分的发展定位。但从上述相关教学服务型大学办学定位表述来看，一些教学服务型大学办学定位不太全面，着重于总体目标、办学类型、办学层次等方面，而在办学特色、学科发展定位以及服务面向等方面缺乏细致的发展规划。

第二，要达成"同类型高等学校之间有序竞争、争创一流的发展格局"的目标[⑤]：一方面教学服务型大学与同行列的应用型高校之间，需要展现教学服务型大学特征，实现各自高校

① 刘开淼,魏立志.关于高校生态教育的若干思考[J].教育探索,2009(2):3-4.
② 李永峰,唐利,刘鸣达.环境生态学[M].北京:中国林业出版社,2012:88.
③⑤ 中华人民共和国教育部.教育部关于"十三五"时期高等学校设置工作的意见[EB/OL].(2017-02-17)[2017-09-30].中华人民共和国教育部政府门户网站.
④ 周倩.省部共建高校办学定位中存在的问题和对策建议[J].现代教育科学(高教研究),2012(6):166-169.

的有序发展;另一方面教学服务型大学培养出来的满足地方需求的应用型人才数量和层次需要根据地方市场需求适当调整,需要发挥地方政府、地方市场主体(如地方企业、行业)的作用,实现同类高校的一流发展。但综观教学服务型大学当前的关于办学定位的表述,存在着定位空泛的情况,高频率出现的"高水平"一词,在传递一些教学服务型大学宏伟的发展目标时,也间接折射办学定位的内容空洞,办学水平中的"高水平"体现在何处,体现在哪些方面? 这些问题都必须追问并加以回答,所以教学服务型大学在办学定位方面还需要进一步深入研究国家及地方高等教育体系发展的特点、趋势和要求,还需要进一步深入分析和总结高校的优劣势。

(2)教学服务型大学办学定位的生态位宽度失衡

所谓"生态位宽度"本质上反映了物种对环境资源的利用和适应状况,用来衡量生态位关系。在生态系统中,如果该物种在综合利用资源的能力、利用资源多样化的程度和竞争水平三方面都比较弱,则表明其生态位较窄;与之相对,则说明其生态位较宽。[①] 同理,教学服务型大学不是独立存在的,必然涉及教学服务型大学在整个社会系统中的利用资源的综合能力,利用资源多元化的程度及竞争水平。由地方本科院校发展而成的教学服务型大学,其办学定位合理化、适宜化的实现,回避不了办学生态位宽度问题,必须明晰在办学体系中,各办学参与主体(政府、地方市场和高校自身)各自占有的资源限度。

当前,地方本科院校向应用型大学转型发展工作正在如火如荼地开展,相关政策文本中(如国家层面的《教育部　国家发展改革委　财政部关于引导部分地方普通本科高校向应用型转变的指导意见》,地方层面的《四川省关于引导部分地方普通本科高校向应用型转变的实施意见》等)高频出现的"企业""行业""学校"充分说明了应用型大学的发展离不开其他外部主体的参与。[②] 即高校要向应用型方向发展已经不是高校单一个体的内部事务,而是在充分发挥高校主体地位的基础上,需要外部政府部门、行业部门、企业部门的支持和帮助、合作。同理,教学服务型大学作为应用型大学中的一类高校,亦然。政府、地方行业、企业与身处地方的教学服务型大学之间本应息息相关,参与地方高校办学定位活动,共同探讨确定符合地方实情,适合高校发展的办学定位内容。但反观当下的教学服务型大学的办学定位相关表述(表5-15),政府、地方行业和企业并没有很好地参与到教学服务型大学的办学定位活动中,在办学过程中,参与主体之间处于相对失衡的状况,三者之间并没有建立起相互平衡、相互联系、共同参与学校发展的实施、协商、监督、评估等制度机制[③],即一定程度上,教学服务型大学办学定位中涉及的参与主体尚未达成一致协商的现状,特别是当前严重缺乏地方行业企业参与学校办学定位体系建设的机制,没有设置相应的组织机构及制度保障。地方

① 王刚,赵松岭,张鹏云,等.关于生态位定义的探讨及生态位重叠计测公式改进的研究[J].生态学报,1984,4(2):119-127.
② 陈昌芸,侯长林.地方高校发展转型的涵义及出路:基于政策文本的分析[J].职教论坛,2016(22):72-78.
③ 刘振天.谁来给高校办学定位[N].中国教育报,2012-10-01(05).

市场主体的生存空间受到一定程度的挤压,办学生态位宽度较窄,必然无法发挥其市场具备的特有功能,无法达成三方参与主体,保持各自办学参与的生态位宽度的平衡的目标。

(3)教学服务型大学办学定位的生态位"态""势"的分离

从某种意义来说,所谓"生态位"即是"态"(物种过去生长发育、学习以及与环境相互作用积累的结果)和"势"(物种对环境的现实支配力或影响力)的综合反映①。教学服务型大学办学定位亦然,既具有"态",办学定位需要考虑原有的大学内外部办学结构特征,同时又具有"势",办学定位需要考虑现有的政策、资金、人力、环境等变化,明确现有办学结构的功能发挥情况。也就是说,教学服务型大学办学定位的良性发展,需要将"态""势"两方面的内容结合一起,既要考虑过去,又要立足现在,而不是与之割裂。

在当前的教学服务型大学办学体系中,其办学定位却面临着"态""势"分离的现状,严重影响了教学服务型大学办学定位体系的生态平衡,主要表现在如下方面:

第一,原先的地方高校在建设成为教学服务型大学之前,有着各自的办学传统、办学特色、办学优势及劣势等,在引导地方院校向应用型方向转变的现实背景下,一些高校顺应时代发展要求,定位于应用型大学体系中的教学服务型大学,并不是对过去高校自身所有一切的全盘否定,需要考虑到原先高校的内部办学状况如何,外部发展状况如何,与其他地方高校相比发展现存优势、劣势在哪里。这些涉及办学定位中生态位"态"内容的诸多问题。只有在充分全面了解高校自身处境的基础上,结合大学发展逻辑和以服务为宗旨的教学服务型大学特征②,才能有可能实现其办学定位的合理、适宜化,做到办学定位合乎教学服务型大学发展逻辑,适宜教学服务型大学发展方向。但在相关的办学定位的表述中(表5-15),一些高校办学定位没有很好地凸显出原有办学定位与现有办学定位的联系,没有很好地反映出各自优势的充分发挥、劣势的有效弥补。

第二,地方高校定位于教学服务型大学,可谓机遇与挑战并存,基于此,不得不思考教学服务型大学在所处地方社会中扮演着什么样的角色、未来应该扮演什么样的角色、现有影响力主要体现在哪些方面、未来应该发挥什么样的影响力等涉及办学生态位中"势"内容的问题,高校假若缺乏对现有和未来角色认识,过高或过低地评价影响力,都不利于教学服务型大学办学定位体系的构建。反观现实,一些教学服务型大学的办学定位表述,并没有明确描述出高校在地方社会的影响力、作用力,缺乏对办学生态位中"势"相关问题的回答。

3.教学服务型大学办学定位合理、适宜化策略

考量生态位视角下的教学服务型大学办学定位困境,从存在的办学生态位重叠、办学生态位宽度失衡、生态位"态""势"分离三个方面提出如下策略:力推实现办学定位的合理,合乎教学服务型大学发展逻辑,体现教学服务型大学发展特征;实现办学定位适宜,适合教学

① 马金虎.论高等教育生态位的重叠与矫正[J].教育评论,2010(3):3-5.
② 陈昌芸.对教学服务型大学服务社会的探讨[J].铜仁学院学报,2017,19(2):53-57.

服务型大学自身发展,起到适合、融入并引领地方发展的作用。

(1)错位办学和精准定位并重

正如伯顿·R.克拉克所指出的:高等教育系统本身"单一的结构阻碍变革,唯有多元化的结构才能促进变革"[1],教学服务型大学办学定位体系亦不例外。一般而言,大学办学定位体系包括内部及外部的办学定位结构,这就意味着:对内,做到精准定位,在内部各部分各自所占的恰当的生态位上,发挥各自的效能,实现内部办学定位结构符合教学服务型大学发展逻辑;对外,做到错位办学,保障各参与办学定位的各主体在各自恰当的生态位上,明确教学服务型大学在地方市场、地方政府及地方高校行列中的办学定位。简单而言,即通过错位办学定位,精准定位策略,来突破办学定位生态位重叠困境。具体包括了以下内容。

第一,对内,面对有限的内部办学资源情形,高校需要进一步完善内部办学定位结构,厘清内部各要素之间的办学定位关系及各自的办学生态位,实现办学定位的精准化,做到重点突出,详略得当。在宏观层面发展目标指导下,明晰微观层面的学校类型定位、办学层次定位、特色定位、学科定位、专业定位、学校管理定位、校园文化定位、教师队伍定位、人才培养定位、科学研究定位、服务面向定位等各部分的内容,做到微观和宏观的有机统一。

第二,对外,面对广阔的外部环境,一方面高校需要与其关系密切的政府、地方市场建立良好的外部办学定位结构,与政府、地方市场保持适度的位置和关系,做到张弛有度,在保持教学服务型大学发展逻辑的基础上(如以政治论统摄下的人本论、认识论和文化论的有机结合为教学服务型大学的哲学基础[2]),形成适宜自身发展,适宜、融入并引领地方社会发展的办学定位生态位。另一方面,高校需要与同类型高校或周边高校开展有序竞争,共创风格各异的"一流",依托地方政府、地方市场资源,打造专属于高校自身的品牌、名片,以此来诠释"一流"教学服务型大学的内涵,避免其生态位被同类型高校或周边高校挤占或重叠,最终形成错位办学和精准定位并重的办学定位局面。

(2)有限办学和恰当宽度融合

教学服务型大学是一种"以服务为宗旨并通过以培养应用型人才为主兼顾科技、文化艺术服务社会的应用型大学"[3]。要具体落实服务宗旨,就需要多元参与主体,在各自的生态位上,发挥各自的功效,共构办学定位体系。所以针对前文指出的办学生态位宽度失衡困境,需要坚持多元参与,各参与主体之间有限办学,恰当宽度的策略。具体可以从参与主体、参与层次、参与环节三方面来实施。

第一,在参与主体方面,各参与主体在涉及办学定位的权利和责任方面,能够做到各司其职、各司其责,保持各自的生态位宽度,并在此基础上,形成教学服务型大学、市场、政府之

① 伯顿·R.克拉克.高等教育系统:学术组织的跨国研究[M].王承绪,徐辉,殷企平,等译.杭州:杭州大学出版社,1994:219.
② 侯长林,罗静.论教学服务型大学的哲学基础[J].贵州社会科学,2017(1):113-117.
③ 侯长林,罗静,叶丹.应用型大学视域下新建本科院校办学定位选择[J].教育研究,2015,36(4):61-69.

间协商和沟通机制,以此建构并保障一种多元主体共同协商的办学定位格局形成,做到将这些办学定位主体都纳入统一的办学定位框架中,最终实现有限办学和恰当宽度的融合。

第二,在参与层次方面,各参与主体需要在各自的生态位上,在规定权责范围内,明确自身在高校办学定位体系中的边界,有限度、分层次地参与到办学定位活动中。在宏观方面,依据《中华人民共和国高等教育法》《引导部分地方普通本科高校向应用型转变的指导意见》《中国共产党普通高等学校基层组织工作条例》《教育部关于"十三五"时期高等学校设置工作的意见》等法律政策,政府通过对教学服务型大学办学定位体系进行宏观层面的规划和指导,为其定位发展提供思想上的指导和制度、政策、资金等方面的支持。在微观层面,在政府的宏观指导下,高校、地方市场主体则主要负责办学定位的具体事务,即基于实情,将政府的宏观指导落实到微观层面,具体实施下去。如地方市场主体与高校可以达成合作协议,对其发展前景进行规划。

第三,在参与环节方面,政府、教学服务型大学、地方市场主体参与不同环节,进行分工和协作,最终实现办学参与生态位的相对分离,发挥各自优势,规避各自劣势的效果。以地方市场主体为例,在高校的服务面向环节,可以引入地方市场主体,通过对地方企业或行业的需求进行调研、评估,来知悉明确高校服务侧重点,借以弥补政府、高校的办学定位缺陷,以此来明确生态位宽度。

(3)特色办学和协调包容共存

教学服务型大学办学定位体系的建设,绝非"空中楼阁",它建立在修正原有不恰当办学定位结构的基础上,立足于国情、省情、区情及教学服务型大学特征,学校具体情况,在实践和理论中通过不断地探索、完善而成。不可否认,其办学定位结构建设都非一日之功,面对办学定位生态位的"态""势"分离的困境,需要采取特色办学定位、协调包容的策略,具体从以下两方面着手。

第一,办学定位结构多元,各校各显特色。教学服务型大学内涵丰富,包括民办高校、行业高校、新建地方本科高校等,这些高校虽然都定位于教学服务型大学,但是层次水平参差不齐,各有特色,这就意味着各个大学的办学定位结构也应该在共性基础上,做到多元、特色办学,在具体实践中,需要充分考虑自身学校特征、学校办学优势和劣势、所处地域政治、经济、文化、人口等方面的资源等来加以分析,在此基础上设计富有特色的办学定位思路,构建各有特色的办学定位体系。以铜仁学院为例,结合所处的地缘优势,在学科发展定位方面,围绕"梵净山"核心,正在逐渐形成并壮大发展林业生态、锰钾汞高效利用与治理、文化生态、高等教育与职业教育的特色学科专业体系。

第二,协调包容的办学定位格局,实现"态""势"统一。教学服务型大学在办学宗旨、办学模式、人才培养、教师队伍等方面的诸多不同,决定了其办学定位格局必然有别于其他高校,需要打破并改革办学定位格局,需要评估并摸清高校自身与周边地域高校及同类型高校的实力、影响力,在此基础上全面了解教学服务型大学的办学生态位的"态""势"情况,充分发挥高校办学优势,弥补办学劣势,抓住办学机遇,迎接办学挑战,形成定位优势和劣势与发展机遇和挑战协调包容、共存的办学定位局面。综上所述,对高校自身而言,可以通过调整学校内部结构适应现有的办学定位环境。例如:高校可以通过原有院系办学定位结构调整、重新组合来聚合高校应用性资源,借以打造优势应用性专业,更好地改变并拓展地方行业、企业与政府参与办学定位的空间,最终实现特色办学;可以在考虑国情、省情的前提下,设置一些组织机构来了解高校在办学生态位方面"态""势",沟通并联系高校外部环境,如可以成立由学校成员、有学术背景的企业家、政府职员等共同参与的高校办学定位委员会,使其成为处理办学定位事宜的沟通平台。

(二)建设举措:教学服务型大学学科生态化发展探讨

教学服务型大学是大学,是大学就有学科建设问题。从生态的角度看,高等教育具有生态性,学科也具有生态性。我国教学服务型大学起步较晚,大多由新建本科院校转型发展而来,学科基础薄弱,还存在不少生态问题。因此,我们对教学服务型大学的学科进行生态考察是十分必要的。

1.学科生态化发展理论追溯

"学科"是一个外来词,最早出自古拉丁文"disciplina",其原意为知识及权力,后逐步演化为英文"discipline",其含义也发生了一定的变化,专指各门知识。伯顿·R.克拉克认为:"知识是通过世世代代累积起来的,各门学科都是历史发展的产物,它们随时间迁移而发展。"[1]也就是说,知识产生并积累到一定阶段需要进行整理和分类时,学科便出现了,人类也就从此进入学科阶段。或者说,学科产生于人类对知识的分类。

学科的分化过程就是学科的发展演变过程。无论在西方还是东方,学科分化的一个重要特征都是"由比较单一的初级综合学科向多门学科分化"[2]。但在学科的分化过程中,东方和西方又呈现出不同的特征。东方(主要指中国)学科的发展肇始于春秋、战国的诸子之学,后发展为董仲舒的儒学,再到众多的单一学科。而西方学科之母则是哲学,后归于神学,最后是多学科的分化。在相当长的历史时期,人文社会学科的分化在中国一直占据主导地位,自然学科(包括技术学科)的分化则相对滞后,而西方人文社会学科的分化与自然学科(包括技术学科)的分化则是并驾齐驱的。可以说,那时的东方诸子百家之说与西方哲学,都是反映古代人类认识水平的初级的综合性学科。比如,西方早期的哲学就是混沌的、笼统的哲学,这种哲学在16—18世纪由于各门学科的革命出现了分化,尤其是在自然科学方面相继出现了生物学、生理学、医学、天文学、数学、化学、物理学等一门门独立的、系统的学科之后,西方的学科就呈现出树状发展的结构。到19世纪上半叶,由于知识的膨胀和日益复杂,

---

① 伯顿·R.克拉克.高等教育系统:学术组织的跨国研究[M].王承绪,徐辉,殷企平,等译.杭州:杭州大学出版社,1994:15.
② 孙绵涛.学科论[J].教育研究,2004(6):49-55.

科学分化的进一步精细,各门学科也就因之丰富多彩。到 20 世纪中叶,知识的积累和发展出现了新的变化:一方面,知识的分门别类的研究朝着更精细、更深入的方向发展;另一方面,由于各种横断学科、综合学科、交叉学科的出现,知识又朝着综合化、整体化的趋势发展,从而使知识在新的阶段出现更高层次的综合。这种知识的综合也是学科的综合,即更高层次的综合学科也就出现了。

到目前为止,关于学科主要有五种说法,即教学科目说、创新活动说、知识门类说、科学分支说、双重形态说。这五种说法都在一定程度上揭示了学科的内涵。但笔者认为,不管对学科怎么定义或表述,学科最基本的类型只有两个:一个是知识门类型学科;另一个是组织形式型学科。美国学者伯顿·R.克拉克在《高等教育新论——多学科的研究》一书中就明确提出,"学科包含两种含义:一是作为知识的'学科',二是围绕这些'学科'建立起来的组织"①。在知识门类型学科和组织形式型学科两大类型学科中,居于第一位的还是知识门类型学科。知识门类型学科是组织形式型学科的基础和前提,没有知识,就没有因知识而产生的组织,或者说,组织形式型学科是因为要传承、创新知识才产生的一种知识劳动的组织方式或组织结构。伯顿·R.克拉克也非常明确地指出:"学科明显是一种联结化学家与化学家、心理学家与心理学家、历史学家与历史学家的专门化组织方式。"②

最早提出"生态学"概念的是德国生物学家恩斯特·海克尔(Ernst Haeckel)。生态学与人们的日常生产和生活息息相关。特别是近几十年来,随着人类环境的不断恶化,生态问题已成为全球问题。如何解决这些问题?人们不自觉地想到了生态学,用生态学的观点来解决人类的问题,解决人与环境的问题,于是逐步形成了一种崭新的世界观和方法论。生态学也就变成了一种哲学观和世界观,也就成为指导学科发展的一种思想。

"生态化"是苏联学者创用的概念,其内涵是将生态学的观点、原则渗透到人类生活的各个方面,用人和自然协调发展的观点去思考问题、处理问题,从而使自然、人和社会和谐发展。因此,"生态化实际上就是'生态学化'"③。高等教育的生态化就是指运用生态学的观点探讨高等教育发展的规律,使高等教育内部及高等教育与其外部环境协调发展。其内涵十分繁杂,"主要包含'两种关系':人与人的关系,环境与人的关系"④。以此类推,用生态学的观点探讨学科发展的规律,使学科内部、学科与学科之间及其与外部环境协调发展,就是学科的生态化,其内涵主要是指学科自身的发展变化,即学科之间、学科与环境之间的关系,也就是"学科与学科之间互为输入与输出、相互营养、相互繁殖,学科与学科环境之间相互影

---

① 伯顿·克拉克.高等教育新论:多学科的研究[M].王承绪,徐辉,郑继伟,等译.2 版.杭州:浙江教育出版社,2001:134.
② 伯顿·R.克拉克.高等教育系统:学术组织的跨国研究[M].王承绪,徐辉,殷企平,等译.杭州:杭州大学出版社,1994:34.
③ 赵中建.教育的使命:面向二十一世纪的教育宣言和行动纲领[M].北京:教育科学出版社,1996:87.
④ 张忠迪.论大学教育生态化[J].教育评论,2009(1):24-26.

响、相互作用的复杂的生命系统"①。

2.教学服务型大学学科生态化发展存在的问题

服务型大学源于 19 世纪美国的威斯康星大学"为州服务"的办学理念。但是,"服务型大学"概念则是生活在 20 世纪中后期的挪威奥斯陆大学的阿瑞德·特捷达夫提出的。他将服务型大学的主要特征归纳为:"对其学术劳动力的管理是通过与外部客户在购买研究、教学或咨询服务时所达成的合同来控制,依赖于它所得到的合同以及它在市场上的持续竞争力。"②国外服务型大学发展比较成熟,已经形成开创性服务型大学、企业大学、公司大学、创业型大学、批判性服务型大学等典型模式。

服务型大学在我国起步较晚,具体表现形式就是教学服务型大学。"教学服务型大学"概念是刘献君在 2007 年才正式提出的。他认为,教学服务型大学的"教学和科学研究以服务地方为宗旨,培养地方需要的应用型人才,产出地方需要的应用性成果,大力开展以满足社会需要为目的的各种服务活动,形成为地方全方位服务的体系"③。侯长林等将教学服务型大学全方位服务地方的体系概括为价值取向服务地方、学科专业对接地方、人才培养面向地方、科学研究着眼地方、师资队伍融入地方、国际教育植根地方和文化建设引领地方七个方面。④ 在教学服务型大学建设实践方面,黑龙江科技大学、浙江树人大学、武汉纺织大学、河南师范大学、宁波大红鹰学院、铜仁学院等,先后朝教学服务型大学的方向转型发展。到目前为止,在我国新建地方本科院校朝应用型方向转型发展的学校中,定位为教学服务型大学的已成为仅次于应用技术大学的第二大阵营,即我国朝应用型大学转型发展的新建本科院校主要包括应用技术大学和教学服务型大学两大类。

教学服务型大学大多从新建地方本科院校转型发展而来,其前身以师范专科学校为主,学科建设存在不少问题。笔者曾将教学服务型大学学科建设存在的问题归纳为"学科基础薄弱、盲目追求学科建设'大'而'全'和学科建设趋同现象突出"⑤三方面。但从生态化的角度看,教学服务型大学学科发展存在的问题则主要表现在以下五个方面。

(1)学科适应性不强

教学服务型大学在学科生态发展上存在两个方面的不适应:一是老学科普遍存在对地方经济环境研究不够、与地方需求对接松散、不能很好地适应地方经济环境的变化等问题。比如,教学服务型大学前身以师范专科学校为主,其绝大部分学科只是服务地方教育教学,与地方其他产业发展不沾边。二是新学科、新专业虽然是根据社会发展的需要举办的,但是由于只考察需要,没有考虑可能,大多数没有学科的火种,从零起步,盲目上马。尤其是新建

① 崔建华.北京高等教育的学科生态特征分析[J].北京工业大学学报(社会科学版),2009,9(6):75-80.
② 余承海,程晋宽.西方服务型大学的发展模式与展望[J].江苏高教,2009(6):147-149.
③ 刘献君.建设教学服务型大学:兼论高等学校分类[J].教育研究,2007(7):31-35.
④ 侯长林,张新婷.对教学服务型大学的理性探讨[J].铜仁学院学报,2015,17(3):52-58.
⑤ 罗静.打造特色学科,提升新建地方本科院校办学水平[J].铜仁学院学报,2013,15(6):122-125.

的工科类学科,由于没有积累和积淀,办学条件严重不足,培养的学生"缺乏营养",不能"健康成长",达不到社会的要求,适应不了社会的需要。三是部分决策者的学科建设顶层设计理念适应不了教育层次的变化。虽然学校由专科升入本科,但学科建设思路没有改变,表现出"上了台阶,但水土不服"的现象。大多教学服务型大学学科建设的基础比较薄弱,尤其在学科团队、科研条件、服务产业等方面,都不同程度地存在问题,如果决策者不与时俱进,没有学科概念,"重专业轻学科,导致所需的学科建设措施和经费没有落实到位"①,就会导致学科建设滞后、没有扎实的学科积淀,专业建设就无从谈起。

（2）学科协同发展不够

从教学服务型大学这个大系统看,升本给新建学校带来很多新的发展增长点,在同一层级的老学校也一夜之间增加了很多新的竞争对手,整个系统表现出千帆竞发、如箭在弦的激烈竞争态势。由于新学科扩张太快,众多学科共处一校,往往来不及"左顾右盼",只能"埋头苦干",只注意到其自身的发展,倾向于将单个学科作为工作的着力点,顾及不到相互之间的协同问题,忽视了学科与学科之间的联系,甚至割裂了学科之间的关联,更无视由若干学科组成的高校学科体系的整体发展。用生态学的眼光看,构成生态系统的各个要素及其量比关系以及各要素在时间、空间上的分布都是有要求、有底线的,一旦突破底线,就会给生态系统的稳定和功能发挥带来大的影响,甚至是"灭顶之灾"。因此,这种狭隘的学科发展意识是非常危险的。

（3）学科生态位定位不准

当前,一些教学服务型大学因为对学科建设的认识不到位,不考虑实际情况,盲目跟风,见别人办什么学科就跟着办什么学科,见别人怎么建设学科就怎么建设学科,以至于各教学服务型大学学科建设趋同现象十分严重。用生态学的观点看,就是生态位重叠度高,学科之间定位趋同现象明显。这种现象主要表现在:一是学科方向上的重叠。向综合型大学发展可以说是我国绝大部分地方高校发展的梦想,这就使学科的重叠成为必然。我国地方高校的千校一面,其具体体现就是学科的千校一面。当前,国家倡导教学服务型大学朝应用型方向转向发展,带来了一些可喜的变化,但如果引导不好,又会出现应用型大学旗帜下的新的千校一面,出现新的学科方向的重叠。二是系统结构上的重叠。教学服务型大学尤其是由原师专升格的学校,其学科系统结构的基础重叠度很高。你有的,我也有,没有自己的特色。这种学科生态位的重叠,一方面造成学科资源的浪费,另一方面也造成优势学科对劣势学科资源的挤占,对学科的发展极为不利,"盲目趋同是地方高校学科方向确立的大忌,如此则永远不能形成自己的特色学科"②。

---

① 罗静. 打造特色学科,提升新建地方本科院校办学水平[J].铜仁学院学报,2013,15(6):122-125.
② 李庆春.树立区域意识 建设特色学科:以惠州学院学科建设为例[J].惠州学院学报(社会科学版),2011,31(4):98-101.

(4)学科群落没有形成

群落是指在一定生活环境中的所有生物种群的总和。教学服务型大学的学科群落是指这个系统内的所有学科的总和。教学服务型大学系统的学科群落属于增长型群落,随着学校的快速发展,学科大家庭的新成员不断出现,但是学科之间的有机联系还没有真正建立,也就是说,学科群落没有真正形成,或者说,只有其"表"而无其"实"。比如有的学校一下发展到四五十个专业、十来个学科,表面上已经具备了一定数量的学科,但是并非所有学科的知识和知识体系都已经具备学科形成的基本要求,围绕学科知识及知识体系的组织形式也没有真正形成,它们之间的关系离生态群落里种群之间的有机联系还有差距,甚至差距还很大。更何况,在资源有限的情况下,学校为申报硕士点、博士点,集中人力、物力、财力重点建设几个学科的做法普遍存在。应该说,为了能抢占学科发展的制高点,在短期内集中力量实现重点突破的发展思路是无可厚非的,但大部分资金甚至绝大部分资金被层层叠加于几个重点学科或重点支持学科上,也是有问题的,尤其是那些基础薄弱的学科,发展起来会更加举步维艰。

(5)学科建设不系统

学科建设本身是一个系统工程,涉及学校所处的环境、学科建设的基础、学科建设的主体、体制机制的建设等多个方面。教学服务型大学的学科建设基本上还处于起步阶段,学科生态系统残缺的现象比较普遍,比如:从学科结构上看,有主干学科,但缺支撑学科;从学科建设的队伍上看,有从事一般研究工作的教师,但缺学科带头人;从学科建设的条件上看,有一定的实验室,但缺实训基地;等等。这种学科生态系统的残缺,必然影响学科生态系统的整体周流和互动共生。

3.教学服务型大学学科生态化发展的策略选择

(1)坚持地方导向,确定学科生态化建设的逻辑起点

教学服务型大学的办学定位决定了学校办学的宗旨和统摄性职能就是为地方发展服务。地方发展涉及的面虽然很宽,但是教育、卫生、文化、体育事业和产业发展是地方发展的关键与重要内容。因此,教学服务型大学学科的设置应该以地方教育、卫生、文化、体育事业和产业为导向,与地方教育、卫生、文化、体育事业和产业群相对接。地方事业和产业才是教学服务型大学学科建设的逻辑起点。根据这个逻辑起点建设的学科:一方面,可以直接为教育、卫生、文化、体育事业和产业服务提供科技支撑,彰显教学服务型大学服务社会的职能;另一方面,又能够提高教学服务型大学学科发展适应社会环境的能力,并能够使教学服务型大学学科从服务地方教育、卫生、文化、体育事业和产业环境中获取更多的红利。学科的发展和生物的进化一样,也需要不断适应其赖以生存的环境。生态环境是生物体赖以生存的物质条件,地方事业和产业环境是学科赖以生存的物质条件。生态环境的变化会影响其供容能力的变化。生物体在自然选择中所表现出来的与其生态环境相适合的现象,就是生物的适应性。因此,学科建设如何改变自身,与地方事业和产业发展相吻合,也是学科生态化发展需要解决的适应性问题。

我国现有教学服务型大学大多是刚刚转型发展而来的,与地方经济社会发展不适应的老学科还大量存在,学科结构不合理是教学服务型大学普遍存在的问题。因此,为了与地方经济社会发展需求相适应,教学服务型大学必须调整学科结构。否则,学校整个学科的发展就不能适应地方事业和产业发展的需要,既达不到服务社会的目的,也不能从地方事业和产业发展中获取资源。但这个工作不能操之过急,要尊重规律,循序渐进。不过,最终目标是调整到学科群能够对接地方事业和产业群,形成学科建设与地方事业和产业发展相适应的相生相伴、共生共荣的良好局面。

坚持地方事业和产业导向,不仅是学科设置要考虑地方事业和产业发展的问题,更重要的是学科发展的整个过程都要考虑如何主动适应地方事业和产业环境的变化。那么,学科如何主动适应地方事业和产业环境的变化?第一,要建立学科发展环境调查机制,对教学服务型大学,尤其要重视建立地方事业和产业发展需求调研机制。不了解地方事业和产业的需求情况,适应问题就无从谈起。第二,要建立灵敏的动态调节机制。对地方事业和产业情况进行调查,就是为了促进学科的改造,以适应其发展。即便是了解和把握了地方事业和产业发展的情况,如果没有相应的反应机制,在需要及时调整的时候就会显得很木讷,学科建设也等于"零"。所以,灵敏的反应机制的建立至关重要。适应性生态理论指出,学科发展要主动适应环境的变化,但二者之间也相互作用。这就是说,当学科建立后,尤其是当学科发展到一定阶段后就应该积极地影响环境。一些著名大学的优势学科往往能带动一方经济或事业的发展。教学服务型大学学科建设的整体优势不明显,但是不排除某个学科或某些学科在特定区域内有其相对优势,能够发挥一定的引领和示范作用。这是教学服务型大学学科发展尊重其适应性规律不能放弃的机遇和使命。

(2)强化地方性和应用性,找准合适学科发展的生态位

生态位(Niche)源自拉丁文"nidus",指生物群落中种群或物种个体占据的一定的空间和具有的功能,强调生物物种在空间、营养和竞争中的关系。在自然界,没有两个物种的生态位是完全相同的,如果两个物种的生态位出现重叠,就会出现竞争,竞争的结果就是强者胜弱者败,重叠越多,竞争越激烈。用生态学的眼光看,学科也有生态位的问题。所谓学科的生态位,是指学科系统中某个学科占据的空间和具有的功能。一个学科要厘清自己所处的生态位,首先要明晰学科建设水平,比如,学科建设水平比较是在国际、国内还是省内,或者是在不同学校之间?学科建设水平是一流、领先,还是其他什么地位?明晰了自己的建设水平,就能够有针对性地提出学科建设的目标。其次,同一所学校内由不同学科构成的系统也存在生态位的问题,即在学校的学科发展战略中,某个学科是处于优先发展地位还是后备地位等。一个学科只有找准了自己的生态位,才具有生存空间,也才能生存和发展。学科的

竞争其实就是在生态位上的竞争,学科的优势体现在生态位上,劣势也体现在生态位上。

　　教学服务型大学的学科建设,既要考虑在国际、国内学科系统中的生态位,也要考虑其在本省或本区域内不同学校同一学科之间的生态位和同一所学校学科系统中的生态位,这样才能找准适合自己发展的生态位。教学服务型大学中每一个具体学科的生态位都是不一样的,但是总体而言,教学服务型大学的学科都应该强化应用性、地方性和特色性。因为"强化学科专业地方性、应用性、特色性的属性定位,是教学服务型大学立足地方、融入地方、服务地方,主动为地方经济社会发展服务的具体体现"①,尤其是教学服务型大学趋利避害的重要选择。教学服务型大学身处地方,与地方有着千丝万缕的联系,而地方事业和产业发展更多的是需要应用型的人才和应用性的科研。因此,教学服务型大学学科的优势在应用性和地方性,研究性学科和研究性内容不是教学服务型大学的选择。只有这样,才能避免与研究型大学学科建设的重叠,使其尽可能处于最低限度的竞争状态,找准其合适的生存空间,即找准自己的生态位。同时,由于学科在整个竞争链条中所处的位置是动态变化的,因此,教学服务型大学还要时刻保持清醒的头脑,制订符合实际的学科发展规划,选择能够凸显地方性和应用性的学科建设模式。

　　(3)把握生态化发展规律,推进学科建设上水平

　　协同性规律。生物体之间的相互关系,不仅影响每一个物种的生存,还影响其他物种的生存,决定着物种群落和生态系统的稳定性。每一个物种都不是孤立的,都处在和其他物种的相互联系、相互作用中。正是生物体之间的这种相互依存关系,才使生物体相互之间能够进行协同进化。教学服务型大学的学科也同样如此,也具有协同性。学科生态的协同性主要是指学校各学科之间的相互碰撞和协作,包括相互竞争和共生,也包括与其所处的社会环境之间的协同进化。教学服务型大学的学科要考虑两个方面的问题:一方面要考虑老学科与新建学科、老学科与老学科及新建学科与新建学科之间的协调,尤其是资源分配,既要考虑老学科,又要考虑新建学科,还要考虑老学科中需要保留并长期发展的与暂时保留今后要逐步淘汰的学科之间的投入,以及新建学科之间的平衡等;另一方面要考虑教学服务型大学学科建设与其所处的地方事业和产业环境的协调问题,即学科建设与地方事业和产业发展相适应的问题。这就要求学校要建立学科协同发展的机制。学校应依靠相关机制促进各学科之间以及学科与地方事业和产业之间的相互交流与沟通,进而达到协同发展的目的。与此同时,学校还要不断优化学科资源配置,确保学科的比较优势。学科的协同性绝不是简单的同一性,"撒胡椒面"的做法体现不了重点建设学科和优势学科的战略地位,学校在资源配置方面要尽可能保证它们的发展需求,使其在协同发展中保持可持续的引领和示范作用。

　　多样性规律。生物多样性是指在一定时间和一定区域所有生物物种及其遗传变异,以及生态系统的复杂性的总和。生物多样性规律内在地要求,如果要拯救濒危的物种,不仅要

①　沈云慈.教学服务型大学的"道"与"路"[J].高等教育研究,2014,35(3):40-44.

对所涉及的物种的种群进行专项重点保护,而且需要对物种所生活的整个生态系统进行有效的保护。学科诞生之初是单一的,但随着历史的演进,逐步向多学科方向发展。整个西方大学的发展史,就是大学从单学科向多学科发展的历史。现代大学已经形成了多学科并存的学科架构,尤其是"大学知识体系的丰富和更新为多学科教学的开展提供了有力的支撑,也改变了大学原有的学科面貌"①。这就要求教学服务型大学在其学科建设过程中,要有学科建设的总体思维,要重视相关学科和学科群的建设。学科之间相互需要、相互补充,其实也是相互利用和相互支撑,形成一种多样性的有机联系。所以,教学服务型大学与其花更多的资源去建一个和原有学科没有关系的新学科,倒不如花较少的资源沿着学科群的方向建一个相近的学科,或者根据需要将学科交叉,做大做强学科群,推进学科生态的多样化发展。

系统性规律。生态系统(Ecosystem)一词,是英国生态学家阿瑟·坦斯利(Arthur Tansley)在 1935 年提出来的。所谓生态系统,"就是在一定区域中共同栖居着的所有生物群落与其环境之间由于不断进行物质循环和能量流动过程而形成的统一整体"②。它是一个动态系统,具有能量流动、物质循环和信息传递三大功能和自我调节能力。学科系统就是一个完整的生态系统,任何单个学科的良性发展都离不开学科系统的良性有序运行。这就要求教学服务型大学在学科建设方面要遵循生态系统性规律,具体包含三个方面:一是要有学科发展的系统生态思维,学科系统是一个生态大系统,内含多个子系统,在进行学科建设时,一定要有学科发展的系统整体观,不能"只见树木,不见森林";二是要建立学科资源合理配置的机制,使处于学科生态系统内的各学科生态因子能够及时地得到资源配给,以保证其健康发展;三是要加强学科生态系统的生态关系建设,学科生态系统的生态关系十分复杂,有的相互交织,甚至相互对立,但同时又相互支撑,共生共容。我们要正确认识这些关系,才能把握其运行规律,使教学服务型大学的学科发展更加系统、规范、科学。

值得注意的是,很多教学服务型大学在学科建设导向中陷入一种纠结状态,这种纠结状态来源于教育行政主管部门所执行的传统的学科评价指标体系。传统的学科评价指标体系是按照研究型大学学科建设的发展要求设置的,对科研项目、奖项、成果等级别要求很高,在人才培养工作模块上也将博士点、硕士点的数量作为重要指标考核。俗话说,"一把钥匙只能开一把锁",这个评价指标体系与教学服务型大学学科生态化建设的地方导向逻辑起点冲突,并不适合教学服务型大学学科建设水平的评价。在当下,一个学科如果走出校门,要与其他学校的学科"一决高下",但教育行政主管部门仍然用传统的学科评价指标体系"这杆秤"来称量,那么结果争议很大,大家无所适从。因此,笔者呼吁,教育行政主管部门在学科建设导向中要实行分类管理,要专门制定引导教学服务型学科建设水平不断提高的新的学科建设评价指标体系。适合的、良好的评价指标体系的构建,既是一种价值导向,也是教学

---

① 崔建华.北京高等教育的学科生态特征分析[J].北京工业大学学报(社会科学版),2009,9(6):75-80.
② 奥德姆,巴雷特.生态学基础:第五版[M].陆健健,王伟,王天慧,等译.北京:高等教育出版社,2009:15.

服务型大学学科生态化可持续发展的保证。

(三)落地实践:教学服务型大学入学教育生态体系的构建

高校新生入学教育过程是大学生完成角色转变及适应的过渡阶段,对学生的健康成长成才至关重要,入学教育的质量直接影响高校后续学生思想政治教育工作的成效。随着人类生活与生态学的紧密结合,很多研究者开始用生态学的观点、视角去发现、思考问题,最终有效解决问题,实现人与自然协调发展。生态学的理论逐渐成为一种指导思想、一种新的方法论视角。[①] 在卓越学生培养目标下,笔者运用生态学的观点探讨入学教育的规律,可提高入学教育实效。生态学概念最先由德国生物学家海克提出,是生物学科中的专业之一,生态系统的良好运转是生态学良性发展的重中之重。生态系统是生态学中的核心概念,由英国生态学家于1935年提出,指"在一定区域中共同栖居着的所有生物(即生物群落,biotic community)与其环境之间由于不断进行物质循环和能量流动过程而形成的统一整体[②],是一个动态的系统。能量流动、物质循环和信息传递是其三大特点,且处于生态系统中的每个个体为保持系统稳定性与其他物种是相互合作的关系。入学教育就像生态系统中的一个物种,它是高等教育这一大的生态系统良好开展的一部分,入学教育的教学内容以及各种信息都在入学教育这个生态系统中进行流动,在师生、生生之间产生影响,形成一个生态教学场。这个教学场由一个个鲜活的个体、群体和环境组成,每一个个体和群体都在其中通过交流、互动,达成目标,共同成长。所以构建入学教育生态体系对大学生成长成才、快速适应大学学习和生活十分必要。

1.入学教育在卓越学生培养过程中的作用探析

(1)引导学生自我认知的功能

入学教育可引导大学生进行自我认知。大学生进入新的学习环境,首要工作就是进行个人分析,认识和评估自己的性格特点、知识素质和能力结构,客观评价和判断自己,找出优势和不足,通过对自身全面认知后,制订科学的大学行动计划。这种过程实质就是对自身了解和反思的过程,有利于大学生对自我进行全面系统的认知、分析和判断,认清自身值得发挥的优势和需要弥补的不足,从而提高学习的主动性和自觉性。

(2)引导学生做人和做事的导向功能

入学教育生态体系的建立对刚进校的大学生在学习和活动中的动机、需要、目标和行为具有十分明显的导向作用。从高中过渡到大学,很多大学生会遇到角色转变、新环境的适应、新的人际关系的组建和维护、不同难度的专业课程的学习等问题,抓住入学教育这一个切入点,积极引导,能有效地为学生提供一个大学发展的方向,也能对大学生进行思想政治教育,促使大学生有目标、有计划、有方向,把自己的行为都集中到促进既定目标的实现上来。

① 罗静.教学服务型大学学科生态化发展探讨[J].贵州社会科学,2015(12):115-120.
② 奥德姆,巴雷特.生态学基础:第五版[M].陆健健,王伟,王天慧,等译.北京:高等教育出版社,2009:15.

（3）引导学生进行赏识教育的功能

入学教育生态体系的建立对大学生自信心的建立有鼓舞作用。在师生建立了初步信任后，运用马斯洛的需求层次理论，分析大学生的自身特点，对他们进行赏识教育，引导他们树立自信，让他们明晰大学生的未来发展需要制订切实可行的目标和规划，把大学当作起点，只要愿意勤奋、努力，逐一实现制订的目标，他们就会获得极大的成就感，从而激发和引导他们不断朝自己设定的更长远目标前进。因而，入学教育可引导学生构建一个大学四年的蓝图，有利于消除他们的懒惰思想，纠正他们的思想认识偏差，形成一种积极上进、奋发进取的精神状态，促进思想政治工作的开展。

2.入学教育生态体系的构建

入学教育是一个系统工程，涉及教育主体、环境、过程和内容。笔者的入学教育生态体系是基于教学服务型大学人才培养目标构建的，其中环境生态的构建是最重要的，为保证其生态性，由环境生态分别制约教育主体、过程和内容。入学教育生态体系图如图5-8所示。

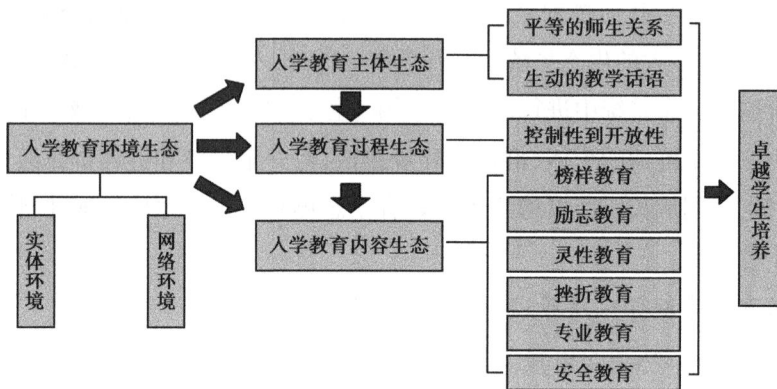

图5-8　入学教育生态体系图

（1）入学教育环境生态

在学校实体环境方面，营造良好的育人文化氛围。教学服务型大学以培养卓越人才为目标，应高度重视和促进入学教育的发展，将卓越学生培养与入学教育相联系，以校长、思政专家和教授为学生上第一课等方式来创设全员育人的环境，逐渐确立入学教育专家库名单并不断更新，这是壮大入学教育师资队伍的有效途径。另外，学校应关注教师思政素养的提升，教师承担着学生的三观教育，及时纠正错误思想和观点，发挥教师主导作用时不断加强学术影响力，提高教师的业务能力进而影响、服务和带动学生。

在网络环境生态方面，全媒体时代下互联网思维为入学教育环境体系建设提供了资源、载体。2015年《关于进一步加强和改进新形势下高校宣传思想工作的意见》要求"要创新网络思想政治教育"，"建设一支由学生和青年教师骨干组成的网络宣传员队伍"，"推进辅导员博客、思想政治理论课教师博客、校务微博、校园微信公众账号等网络新媒体建设"。青年学生接触网络比较多,大部分信息从网上获取,网络充实了学生知识的同时淡化削弱了传统思政教育的效果,所以在入学教育前需创设健康主流的网络环境。利用思政教育网站、QQ、博客、微博、微信等途径抢占思政教育网络主阵地,构建师生互动、双方话语表达和监督的平台,让学生能够正确客观地表达诉求,这将对学生行为养成起到潜移默化的影响。

（2）入学教育主体生态

①师生关系生态:从教师权威到师生平等,凸显以生为本

《国家中长期教育改革和发展规划纲要（2010—2020 年）》（以下简称《纲要》）提出"把育人为本作为教育工作的根本要求","要以学生为主体,教师为主导,充分发挥学生的主动性,把促进学生健康成长作为学校一切工作的出发点和落脚点","要尊重教育规律和学生身心发展规律",另外,主导者、人文关怀者、培养者和合作者是对现代教师的定义,是师生生态关系构建的基础。大学生初入校园,对一切都比较陌生,要想迅速融入大学,顺利开启大学生活,入学教育是第一课堂,入学教育中师生平等关系的构建和氛围对学生的影响尤为重要。入学教育师生生态关系的构建应摒弃传统教师权威的观念,构建和谐平等的师生关系,让学生感到轻松、亲切,让学生先爱上这里的教师,进而拉近师生距离。

②教学话语生态:形象化且多元运用

师生交流从被动灌输到主动交互式对话,实现控制性到参与性的转变。教师是话语体系的构建者和传播运用者。大学生思想相对比较开放,认知视野宽广,比较排斥空洞的说教,需要有时代气息的思想注入,教师要不断创新,在不同的场合选择不同的话语进行沟通和交流。目前笔者通过很多文献得知,入学教育存在说的没人听、讲的信仰和真理没人信等现象,对理论性强的内容不能理解,教育者话语表达与学生心理期待存在较大的落差,影响双方对话效果,导致无效沟通的问题出现直接影响入学教育的实效。在师生话语构建中,教师要摒弃以往的被动灌输的固有模式,深入学生,进行自由平等交流,实现交互式对话,并在话语体系构建中搭建参与式平台,多倾听学生的心声,让他们的诉求有地方说,这也是快速了解学生、掌握其思想动态的一种途径。

③话语运用从固定化到形象化

入学教育中尤其是理念教育、爱国教育和校纪校规等内容运用比较多的是标准严肃模式化的话语,虽然很多学校在创新入学教育模式,如志愿者活动、午餐会、新生研讨咨询会等形式,但语言的传递还是固定化的较多。根据现在大学生的思想特点,他们更容易接受贴近他们生活、符合他们心理诉求的语言,因此入学教育话语应尽量形象生动。有人提出语言和思维是紧密联系的整体,思维的形成在入学教育中也非常重要,形象化的语言有助于学生形象思维的形成,能起到事半功倍的作用。运用贴近学生学习生活的话语获得学生对入学教育的认同和接受,要求教师了解学生的思想需求,把握他们的思想活动规律和特点,再结合他们自身在自媒体下的精神需求,采用通俗易懂的话语进行讲解,力求通俗、形象和生活化,

贴近学生心理接受程度,这样易达成共识,进而增强入学教育的生机、效果。

(3)入学教育过程生态

入学教育过程保证从控制性到开放式,让学生切身感受到自己才是学习的主体。整个教育过程不是固定化地允许学生自己提出感兴趣的内容、想解决的疑惑以及普遍喜欢的教学方式,而是实现入学教育这个生态系统中各种信息的流动,在师生、生生之间产生影响,形成一个生态教学场。这个教学场由一个个鲜活的个体、群体和环境组成,每一个个体和群体都在环境中通过交流、互动,达成目标,共同成长。

(4)入学教育内容生态——模块化教育

雅斯贝尔斯认为大学的使命是整全人的培养,并提出整全人应拥有以下特征:第一,拥有渊博的知识理念和猎取知识整体性的眼光,因为大学主要以整体性知识的形式存在,整全人只能在有整体性知识的环境下培养,这样有利于学生环境适应性的提高。第二,具有基本的科学态度和科研能力,拥有科学的观念和坚定的科学立场,并对研究能够进行科学评价和接受褒贬。这也是大学特色性的体现,比如拥有坚定的求知意志,在教师科研中学习和体会。第三,具有强的责任意识,强调通过自我思考最终实现自我负责观念意识的养成。第四,自由但有自我约束力,主要体现在学术自由上。[①] 以上这些特征正是教学服务型大学培养卓越学生的目标,给高校入学教育内容的选取很大的启示,笔者认为入学教育内容应紧紧围绕以下几个方面:第一,注重大学生整体意识的培养——引入校长第一课和优秀校友榜样性教育。第二,注重大学生主动求知意识,使学生学会发问——引入优秀科研教师和大学生励志教育。第三,注重大学自由环境的营造——引入灵性教育。第四,注重人文教育——引入责任感教育和挫折教育。雅斯贝尔斯提出人文教育重点通过大学精神的教育来实现,进而提升大学生的自我意识。这里重点进行大学精神的教育和解读。第五,注重专业技能——引入专业教育。除此之外,高校应精选安全教育内容,尤其是适合大学生群体的网络安全和性安全知识,《纲要》中特别提出,要"加强师生安全教育和学校安全管理,提高预防灾害、应急避险和防范违法犯罪活动的能力"。这是针对我国近年来不断频发的校园安全事故和治安事件提出的重要举措。近年来大学生安全意识薄弱引发的事件屡见不鲜,高校应在新生刚入学时先入为主,让学生了解安全才是他们开启大学之旅最重要的条件,从而树立安全防范意识。

教学服务型大学的人才培养主要目标是培养卓越学生,要重视入学教育对其引导的重要性,本书构建的入学教育生态体系虽是雏形,但可为后续的研究奠定一定的基础,使得学生的开学第一堂课能够在学校环境、师生主体、教学话语及教育过程动态互动下保持生态性。

---

① 侯长林,罗静,郑国桂.雅斯贝尔斯大学整全人教育思想探讨[J].教育探索,2016(1):17-21.

四、"双一流"建设背景:地方院校发展策略助力一流学科建设

自国务院颁布《统筹推进世界一流大学和一流学科建设总体方案》(以下简称《总体方案》)以来,"985""211"大学都在围绕"双一流"建设磨刀擦枪,制定具体实施方案,而地方院校虽然也都在关注"双一流"建设动向,但真正行动起来的只有少部分办学实力较强的老牌地方本科院校,绝大多数地方院校认为"双一流"建设就像天空中的星星,可望而不可即,有实际行动的新建本科院校更是微乎其微。这其实没有达到国家通过"双一流"建设打破"存在身份固化",带动中国高等教育质量整体提升的期望和要求。

"双一流"建设是一个开放的体系,面向所有高校,甚至包括高职院校。从目前来看,地方院校很难与"985""211"大学比拼,但不等于在所有学科方面都没有机会。从未来看,"双一流"政策不是短期行为,而将在未来50年内主导中国高等教育的发展。50年,只要抓住历史机遇,制定科学的发展战略,选准发展路径,完全有可能使一所地方院校走向卓越,成为中国乃至世界一流大学。所以,地方院校不能放弃对"双一流"的追求。放弃对"双一流"的追求,就等于放弃走向卓越的希望。

当然,地方院校对"双一流"的追求,不能跟着"985""211"大学的路子走,而要根据自身的实际进行选择。诚如美国教育家亚伯拉罕·弗莱克斯纳(Abraham Flexner)所说:"大学像其他组织一样,总是处在特定的社会结构之中而不是之外,不同的国家有不同的大学,期望大学适应一种单一的模式是很荒谬的。"[①]尽管地方院校的情况各不相同,但是主要策略有"合理定位建一流""扎根地方建一流""特色发展建一流""突出应用建一流""开放办学建一流"等。[②]

这些举措可以助力地方院校的一流学科建设,具体表现为:第一,合理定位建一流,精准学科目标;第二,扎根地方建一流,明确学科服务;第三,特色发展建一流,挖掘学科特点;第四,突出应用建一流,实现学科契合;第五,开放办学建一流,寻求学科共生。

(一)合理定位建一流,精准学科目标

一所地方院校能否成功创建"双一流",首先是要根据"双一流"建设提出的总体要求和目标任务,以及学校自身的办学实际,做好顶层设计,合理确定发展定位。诚如加州大学伯克利分校原校长田长霖教授所说"一所大学重要的首先要明确其作用、职责、目标、定位,这样你才能开始"[③]。定位合理与否,直接关系着"双一流"背景下地方院校的生存和发展问题。发展定位高了、宽了、偏了,都不行。那么,地方院校如何确立其发展定位呢? 笔者以为主要有两点:

第一,定位在争创区域一流。"双一流"建设目标是分层的,有世界一流、国家一流和区

① 亚伯拉罕·弗莱克斯纳.现代大学论:美英德大学研究[M].徐辉,陈晓菲,译.杭州:浙江教育出版社,2001:46.
② 侯长林,罗静,陈昌芸.地方院校的"双一流"机会在哪儿[N].光明日报,2017-08-15(13).
③ 宋晓梦.田长霖教授谈21世纪如何创新重组研究型大学[N].光明日报,2000-01-12(B1).

域一流。地方院校发展目标定位，要结合学校实际进行确定，既不能好高骛远，也不能伸手就能够轻松地摘到桃子。就地方院校的整体情况而言，一般应该定位在争创"区域一流"的层次上，此后，根据办学水平的逐步提升，将定位逐步调整为"国家一流"，再进而上升为"世界一流"。也就是说，在办学定位层次上，首先需要明确并坚定发展目标，须知方向的失误只会造成"南辕北辙"，地方院校要在所处区域的同类型高校中，实现有序竞争并争创一流，确定适合地方院校的发展方向和地域范围是不可或缺的。铜仁学院地处贵州省东部武陵山区腹地，结合校情、市情、省情，在办学区域定位上明确提出："立足黔东，面向贵州省，辐射武陵"要求。其次需要适时而动，动态调整定位，切莫停滞不前。因为"任何一所具体院校的地位都是由其历史地位，它所继承的资源，如图书馆、建筑物、地理位置等以及它的竞争者、学生和资源方面的成败情况等来决定的"①。而上述这些决定地方院校地位的要素都是动态发展的。特别是在当前的高等教育普及化、多元化的时代，在《国务院关于印发〈统筹推进世界一流大学和一流学科建设总体方案〉的通知》《教育部 国家发展改革委 财政部关于引导部分地方普通本科高校向应用型转变的指导意见》《教育部关于"十三五"时期高等学校设置工作的意见》等政策的引导推动下，地方院校正处于"变革"时期，原有定位格局正在被打破，新兴的地方院校办学局面正在形成。所以在办学定位调整规划方面，地方院校更需要紧扣"变化"，紧跟院校发展形势和时代发展趋势。

第二，定位在学科点的突破。"双一流"包括"一流大学"和"一流学科"。地方院校要想一步跨到"一流大学"，不管是"世界一流大学"或"国家一流大学"，还是"区域一流大学"，都是不太现实的。从地方院校的实力看，只能从争创"一流学科"做起，将其定位在学科点的突破上。伯顿·克拉克在《高等教育新论：多学科的研究》一书中指出："要使高等院校的地位得到升迁和变革，无论国家采取什么行动，最终都要由著名教授和出类拔萃的年轻教师争取研究经费、争取优秀本科生和研究生等的市场力量来决定。"②这就告诉我们，高校地位变革背后的决定性因素是学者和学生。地方院校将学者和学生的力量汇集，聚焦于某一个或几个学科，就能够实现某一个或几个学科点的突破与发展，而通过这些学科点的突破可以为建一流学科打下坚实基础，逐步实现从一流学科到一流学科群，进而带动整个学校最终走向一流。比如瑞士洛桑酒店管理学院就是通过专业提升获得"世界最好的国际酒店管理人员培训院校"的美称，美国马萨诸塞州的富兰克林欧林学院通过课程组织变革和教学方式的创新，在工程技术领域赢得了世界声誉。

地方院校要想在学科点上有所突破，把某一个或少数几个重点学科建成国内领先、具有国际影响乃至国际一流水平，就必须走学科交叉融合之路。没有这样的理念，要想建一流的学科几乎不可能。华中科技大学原校长李培根院士在上海大学和智慧树网联合主办的"创

① 伯顿·克拉克.高等教育新论：多学科的研究［M］.王承绪，徐辉，郑继伟，等译.2版.杭州：浙江教育出版社，2001：169.
② 伯顿·克拉克.高等教育新论：多学科的研究［M］.王承绪，徐辉，郑继伟，等译.2版.杭州：浙江教育出版社，2001：144.

新教育国际论坛"上表示,"未来颠覆性的原始创新一定发生在不同学科交叉的边缘上"。世界一流大学在做交叉学科方面有很多成功的先例,地方院校也可以学习。当然,地方院校组建交叉学科平台,要结合地方资源和学校实际,汇聚各方面力量,才能在学科及学科点建设方面率先崛起。

（二）扎根地方建一流,明确学科服务

"扎根地方",并非始于今日。1904 年 6 月 7 日,范·海斯在校长就职典礼上提出的威斯康星大学"为州服务"（service to the state）的想法,以及他在威斯康星州出版协会的演讲上明确表达的"在大学的仁慈影响扩展到州里每一个家庭之前,我将决不会感到满足。这就是我要去实现的州立大学理想"①等办学思想,就是扎根地方办大学的最早理念。在这一理念指导下逐步发展起来的威斯康星大学,就是扎根地方建世界一流大学的典型案例。即扎根地方建一流大学也是高等教育的基本规律之一。习近平总书记指出的"我们要认真吸收世界上先进的办学治学经验,更要遵循教育规律,扎根中国大地办大学"②说的也是这个道理。

地方院校的根在"地方",是地方的土壤、水分、气候等滋养地方院校。因此,地方院校要创建"双一流",就像一棵幼苗要长成参天大树,就必须把根深深地扎入地方的土壤中,才能充分汲取地方的养料,强健自己的体魄,在与其他院校的竞争中处于有利地位,如果忽视了脚下的土地,不把根扎进地方,很难想象能够长成什么样子。因为"本土是地方院校的天然'绿海'和'世袭领地',不可坐失,不可不重新审视并充分发掘利用,以逐渐培育自己的办学特色,凝练核心竞争力,即要顶天须先立地"③。

所谓扎根地方建一流,就是要将"双一流"建设目标与地方经济社会发展尤其是产业转型升级相结合,努力成为地方创新发展的智库和策源地,引领地方经济社会发展。扎根地方的目的,是在做强自己的同时,支撑和引领地方的进步与发展。那么,如何才能把大学的根须深深地扎进地方的土壤之中? 笔者以为,首先,要有明确的扎根地方的办学理念。这里指的明确的扎根地方的办学理念,不是简单地将"扎根地方"四个字照搬,而是要结合学校实际进一步具体化。铜仁学院地处贵州省铜仁市,在创建高水平应用型高校的过程中,明确提出了"铜仁需求·国家标准"的办学理念。所谓"铜仁需求·国家标准"就是要根据铜仁市的需求开展科学研究、培养人才,并力求达到国家标准。"铜仁需求"是扎根地方的具体要求,能够使广大教职工从身边找到服务社会的实实在在的"对象";"国家标准"是"双一流"建设的目标,一开始做不到"国家标准",也可以从"铜仁标准"做起,然后逐步提升,做"贵州标准",直至"国家标准",甚至"国际标准"。④ 所以,"铜仁需求·国家标准"是铜仁学院扎根

①　CURTI M,CARSTENSEN V.The University of Wisconsin:A History,1848-1925[M].Madison:University of Wisconsin Press,1949:88-89.
②　习近平.在北京大学师生座谈会上的讲话[EB/OL].(2014-05-05)[2017-08-25].中国网.
③　蔡宗模,吴朝平,杨慷慨.全球化视野下的"双一流"战略与地方院校的抉择[J].重庆高教研究,2016,4(1):24-32.
④　罗静.对铜仁学院"铜仁需求·国家标准"办学理念的解析[J].铜仁学院学报,2016,18(6):49-54.

地方建一流的很好体现。其次,要成立服务地方的组织机构。要扎根地方,就要服务地方,大学自身的基本职能也包括服务地方。可见,服务地方是地方院校的重要工作。怎么才能确保服务地方落到实处?这就需要成立相应的组织机构予以保障。美国康奈尔大学在走向世界一流大学的过程中,为了强化社会服务大学职能,就成立了社会服务中心。我国地方院校在谈大学职能时也都会把社会服务与人才培养和科学研究相提并论,但事实上,"落实不够,比如人才培养和科学研究等大学职能都有相应的教务处、科研处等办事机构,而社会服务职能是悬空的,没有对应的职能部门"①。最后,要在服务中引领地方经济社会的发展。地方院校要争创一流,就不仅要服务地方,更重要的是要在服务中引领地方经济社会各方面的发展,"成为地方经济社会发展的动力引擎,在人才培养、科技服务、产业转型升级中成为'母机'——策源地、动力源、协同创新者"②,尤其是要努力成为创新人才培养的摇篮和知识生产的中心。这样才能首先在地方赢得良好的声誉,然后逐步扩大影响,同时,只有这样才能把大学的根须深深扎进地方,植入本土,从本土经济社会和文化传统中去汲取营养,赢得红利。对学科来说,可以以此明确学科的服务范围,促进其更好发展。

(三)特色发展建一流,挖掘学科特点

2014年5月4日,习近平总书记在北京大学师生座谈会上的讲话中指出:"办好中国的世界一流大学,必须有中国特色。没有特色,跟在他人后面亦步亦趋,依样画葫芦,是不可能办成功的……世界上不会有第二个哈佛、牛津、斯坦福、麻省理工、剑桥,但会有第一个北大、清华、浙大、复旦、南大等中国著名学府。"③习近平总书记的这番话,在高等教育界引起了很大反响。确实,一流大学没有固定的模式,在一流大学的百花园中朵朵都不同,就是在美国,也只有一个哈佛,因此,成功的关键在于特色。"双一流"建设《总体方案》鼓励和支持不同类型的大学和学科差别化发展。地方院校要想争创一流,特色发展是重要途径。特色一般包括两方面的含义:一是"人有我优";二是"人无我有"。地方院校与"985""211"大学比,除个别地方院校的个别学科具有走"人有我优"的特色发展之路的实力外,绝大多数地方院校是没有这个实力的。也就是说,摆在绝大多数地方院校面前的特色发展之路其实只有一条,那就是"人无我有"。"人无我有"的特色具有不可替代性,不可替代性才最有竞争力。在发展战略的词典里,有蓝海战略和红海战略之说。红海战略是指在现有的场域空间中,采取白热化手段,面对面地肉搏,以打败竞争对手为目的。而蓝海战略不以竞争对手为标杆,避开锋芒,开辟自己的市场和领地。地方院校建设"双一流",就是要走"少人去"的地方,甚至"无人区"和"野人山",努力开辟属于自己的一片蓝海,并在自己的蓝海中养精蓄锐、韬光养

① 侯长林."康奈尔计划"对新型大学建设的启示[J].铜仁学院学报,2017,19(4):56-63.
② 蔡宗模,吴朝平,杨慷慨.全球化视野下的"双一流"战略与地方院校的抉择[J].重庆高教研究,2016,4(1):24-32.
③ 习近平在北京大学师生座谈会上的讲话[EB/OL].(2014-05-05)[2017-08-25].中国网.

晦,做出特色,增强核心竞争力,再杀入红海,才有可能"逐鹿中原",走向世界。伯顿·克拉克说得好:"院校的希望与其说产生于彼此间的共同点,不如说产生于相互之间的差异。"①

地方院校的特色发展,主要表现在两个方面:一是特色学科的发展。学科是龙头,学科的特色形成了,科学研究的特色、师资队伍的特色、社会服务的特色等也会相继形成。比如景德镇陶瓷大学根据社会对人才的需求,形成了以陶瓷工程和工艺美术为学科特色的办学风格,如今已是中国陶瓷产业技术创新基地、世界陶瓷文化交流基地,在国内外享有盛誉。江南大学的食品科学与工程、北部湾大学的海洋生物学和铜仁学院的林学等走的都是"人无我有"的特色发展之路。二是文化特色的发展。观察大学的发展,我们不难发现,不同的大学都有自己特殊的发展历程,以及属于自己的思维方式和价值追求,而特色文化则是大学核心竞争力的重要表现。从高等教育发展史看,"世界上著名的大学都是依靠文化的不断积淀和独特的大学精神及管理理念才逐步赢得世界声誉的"②,比如剑桥大学就是以其深厚的历史文化底蕴和独特的大学文化气质饮誉世界的,柏林大学以崇尚大学自治和学术自由奠定了其在现代大学中的地位,耶鲁大学就是高举"真理与光明"的旗帜才培养了许多真理卫士和光明斗士。对世界一流大学做进一步考察,我们还会发现,其在社会和科学领域的贡献几乎都与特色文化有关。比如美国的普林斯顿大学(Princeton University)在科学上的成就与其特有的文化——"美丽的心灵"是密不可分的。③ 总之,倾力打造特色,才能充分展现各个地方院校的魅力。

(四)突出应用建一流,实现学科契合

《教育部关于"十三五"时期高等学校设置工作的意见》将我国高等教育从总体上划分为研究型、应用型和职业技能型三大类型。按照这种划分,地方院校基本上属于应用型高校的范畴。应用型高校的主要任务就是从事服务经济社会发展的本科以上层次应用型人才培养,并从事社会发展与科技应用等方面的研究。这就告诉我们,地方院校在建设"双一流"的过程中,不能跟在"985""211"大学的后面亦步亦趋,而是要把"应用"放在突出的位置。突出应用要努力做好三方面的工作:一是培养一流的应用型人才,尤其是创新创业人才。在今天这样一个"大众创业、万众创新"的时代,地方院校一流人才培育的目标定位应该是创新创业人才。培养不出创新创业人才,很难说是一流的大学。地方院校在应用型人才培养方面,尤其要做好应用本科人才的培养。美国杜肯大学伯隆教授说:哈佛大学、耶鲁大学等世界名校"最主要的共同点就是拥有最好的本科教育,都非常重视教学。一个大学对待教学和本科教育的态度,标志了其成熟水平"④。哥伦比亚大学曾经因为忽视本科教育险些倒下,后来

① 伯顿·R.克拉克.高等教育系统:学术组织的跨国研究[M].王承绪,徐辉,殷企平,等译.杭州:杭州大学出版社,1994:289.
② 侯长林.建设一流大学,听听雷丁斯的声音[N].光明日报,2016-04-12(13).
③ 杨福家,等.博雅教育[M].上海:复旦大学出版社,2014:28.
④ 邬大光.重视本科教育:一流大学成熟的标志[J].中国高教研究,2016(6):5-10.

提出"本科教育是哥大的核心"理念才重新崛起。近年来,我国也开始意识到本科教育的重要性。教育部原副部长林蕙青就曾明确提出:"一流本科是一流大学的重要基础和基本特征。"[①]地方院校中相当一部分新建本科院校至今还没有硕士研究生教育,只有本科教育。只有本科教育,不重视本科教育,还谈什么一流呢?有的地方院校虽然有硕士研究生教育甚至有博士研究生教育,但毕竟不是主体,主体还是本科教育。既然主体还是本科教育,不把本科教育做好也说不过去。所以,地方院校要突出应用,就应该努力把应用本科教育做好,培养出一流的应用本科人才。二是要做一流的应用研究,尤其是科技成果的转化。美国非常重视科技成果的转化,先后出台了《拜杜法案》《史蒂文森——怀勒技术创新法》《联邦政府技术转让法》等,为美国科技成果转化提供了重要的法律保障。美国大学都把科技成果转化看成是其重要的工作,在组织机构方面,基本上都专门设置了技术转让办公室,其功能是筛选成果,完成专利申请。以斯坦福大学为中心而建立起来的高技术密集区"硅谷"科技园,是世界大学科技成果转化平台的典范。但是,我国高校科技成果转化很不乐观,总体情况是成果多转化少。教育部科学技术司《2019 年高等学校科技统计资料汇编》显示,2019 年,我国高校产出的专利授权数 184 934 项,专利出售数 6 115 项,专利出售率仅为 3.3%。[②] 这个数据远远低于发达国家 70%~80% 的水平。地方本科院校科技成果中论文形式居多,实用性不强,难以转化。即使是北京地方院校在专利申请和专利转让方面仍然处于较低水平阶段,比如在专利转让合同数量方面,2019 年,北京地区高校专刊授权数 11 258 项,专利出售数仅 514 项。北京地方院校尚且如此,我国其他地方院校可想而知。地方院校要在应用研究方面要争创一流,科技成果转化就是其重要的职责和使命,也是地方院校的长处。三是要强化社会服务职能的发挥。人才培养、科学研究和社会服务三大基本职能是针对大学的一般特性而言的,不同类型的高校可以有所侧重。应用型高校要使其"应用"落地,就必须与经济社会发展相对接,在服务中体现应用。因此,应用型高校要尽可能彰显社会服务职能的发挥,提高其高校的学科与社会需求之间契合度,做一流的社会服务。

(五)开放办学建一流,寻求学科共生

纵观世界一流大学,没有哪一所不是国际化程度很高的大学。因为国际化对促进大学内部人才资源流动、丰富大学生的学习经历、增强大学科研团队实力及学术领域间同行交流和发挥大学的竞争优势、提高大学国内外知名度等方面都有很大的影响。2010 年才开始发布的土耳其世界大学学术表现排名的评价指标主要包括上一年的文献总数、论文总数,过去五年的期刊总影响力、期刊引用总影响力、论文总引用数和国际合作 6 项内容,其中国际合作占 15%。[③] QS 世界大学排名运用的指数及所占权重最高的是学术领域同行评价,占 40%,

————————————

① 朱振国.创新创业教育要贯穿本科教学全过程[N].光明日报, 2016-05-09(06).

② 中华人民共和国教育部科学技术司.2019 年高等学校科技统计资料汇编[EB/OL].(2020-09-18)[2021-09-20].中华人民共和国教育部政府门户网站.

③ 周洋洋.从排名体系看大学国际化战略实施[J].高教学刊,2015(19):19-21.

其次是教师与学生的比例和单位教职的引用率,分别占 20%,再次是学生就业评价和基于雇用者的评价占 10%,以及国际教师和国际学生占总教师、总学生数的 10% 等。[①]

我国"双一流"建设《总体方案》也明确将"推进国际交流合作……加强国际协同创新……切实提高我国高等教育的国际竞争力和话语权"作为五项改革任务之一。也就是说,要创建"双一流",就必须开放办学,努力提升国际化水平,提高办学质量。地方院校身处地方,但地方不等于落后和封闭。不说当今中国的省会城市,就是地州市所在地,开放的程度都已经很高了。在"一带一路"背景下,地方院校更应该有所作为,服务并融入其中,加强与其他国家、地区的交流合作,互通有无。唯有这样,才能落实《纲要》中"培养大批具有国际视野、通晓国际规则、能够参与国际事务和国际竞争的国际化人才"的目标。所以,只要有国际化的办学理念和具体可行的实施办法,地方院校也能够办成具有国际声誉的大学。

地方院校如何通过国际化创建一流? 笔者以为主要应该从以下三个方面入手:

第一是鼓励学生国际流动。要做国际化教育,首先需要招收国际留学生和将本校学生派往国外学习。招收国际留学生的比例是衡量一所大学国际化程度和办学水平的重要指标。因为留学生教育是学校形成国际化氛围的关键因素。没有一定量的留学生,就没有学校的国际化。地方院校要争创一流,首先就要招收国际留学生,并且要逐步达到一定的量。"按国际通行标准,中国大学要进入世界一流大学之列,外国留学生比例应达到 15% 以上。"[②]就地方院校而言,在短期内要想达到这个标准,难度很大,但是不等于今后达不到。铜仁学院规划在 2030 年 12 000 学生中就计划达到 2 000 人的国际留学生,即约达16.67%。学生的国际流动,从方向上看,分为流入(国际留学生)和流出(本国学生接受时间不等的海外学习)两种形式。应该说,近几年我国地方院校重视招收国际留学生的越来越多,但是将本校学生派往国外学习的不多。铜仁学院在贵州省地方院校中国际化程度处于靠前位置,2015 年、2016 年和 2017 年连续三年均出国(出境)的本科学生人数分别是 104 人、111 人和98 人,即约 100 人,这三届学生平均约 2 000 人,出国(出境)学习的只占 5%。这个比例在地方院校中还是比较高的,绝大多数学校在 1% 左右。因此,在加大招收国际留学生的同时,也应该加大派国内学生出国学习的力度。

第二是师资队伍的国际化。香港科技大学成立才短短 30 余年,之所以能够一跃成为世界名校,关键就在于其一直秉承"着眼世界"的创校理念,尤其重视师资队伍的国际化。创校校长吴家玮教授说得很明白:"一流的人,带来的是一流的人。二流的人,带来的是三流的人。三流的人,带来的人上不了流。在科技和企业管理这些进展神速、飞越时空的学术领域里,不赶一流,就上不了流。"[③]在这种选聘人才观指导下,截至 2020 年 6 月,香港科技大学现

① QS 世界大学排名[EB/OL].(2017-08-23)[2017-09-30].中国教育在线.
② 崔庆玲.来华留学教育的发展对策探析[J].黑龙江教育(高教研究与评估),2007(11):11-13.
③ 吴家玮.同创香港科技大学:初创时期的故事和人物志[M].北京:清华大学出版社,2007:29.

有约 679 名教职工,教师 100% 拥有博士学位。地方院校不可能都按照香港科技大学的办法做,因为没有那样的环境和条件,但是既然要争创一流,就必须考虑师资队伍的国际化问题。没有师资队伍的国际化,就不可能办成国际化的大学。当前,我国地方院校重视招收国际留学生的越来越多,但是有师资队伍国际化意识的不多,真正开展师资队伍国际化建设的更少。因此,地方院校师资队伍国际化首先是要有这方面的意识,寻求不同背景、不同国籍的学科教师之间的共生发展,然后有规划和要求,并实质性地开展这方面的工作。否则,师资队伍的国际化就会落空。

第三是本土国际化。当然,地方院校的国际化不仅是招多少留学生和派多少学生出国,更重要的是形成国际化的氛围,让更多没有机会出国的学生获得国际化的经验,从而推动本土国际化的发展。本土国际化是一种世界潮流。能够出国学习,获得国际化的经验,对提高人才培养质量至关重要,但是能够出国的学生毕竟是有限的,就是欧洲学生有海外学习经验也只有 10%。[①] 如何才能使所有学生都能够获得国际化的经验呢? 瑞典学者本特·尼尔森(Bengt Nilsson)认为“本土国际化(Internationalization at Home,IaH)”是最佳选择,并率先在瑞典的马尔默大学开展人才培养的本土国际化探索。所谓本土国际化泛指除学生流动之外的一切国际活动。这些活动能为没有机会出国的学生完成“留学”生涯,提供国际化的经验,从而实现国际化人才本土化培养的过程。本土国际化对我国来说意义更大,因为我国除“985”“211”大学学生国际流动的量稍大一点外,地方院校无论是招收国际留学生量,还是派往国外学习的学生量都比较少。地方院校仅靠少量国际留学生和数量有限的出国学习的学生要想在全球化一浪高过一浪的今天,赢得世界声誉几乎是不可能的,唯一的选择就是实施本土国际化战略。地方院校实施本土国际化战略,让所有的学生能够获得国际化的经验,成为具有国际化视野的高素质人才。地方院校如何推行本土国际化呢? 其一般做法有:一是建立国际化课程标准和体系;二是大力营造国际化的语言环境;三是开发有国际留学生参与的课外活动,增加本土学生与国际留学生交流的机会。这些只是通用的本土国际化的做法,不同的学校可以结合自身的实际探索新的方法。但不管方法怎样,本土国际化的方向是地方院校国际化的重要选择,做得好,能够迅速提升人才培养质量和学校的国际化水平,对地方院校走向一流有着十分重要的意义。

五、开放办学背景:“康奈尔计划”经验启示学科建设

我国新建本科院校随着应用转型的不断深入,正在走向新型大学,即新型大学在我国现阶段就属于应用型大学。这种新型大学在我国不仅包括应用技术类大学,也包括服务类大学。不管是应用技术类大学还是服务类大学,都是应用型大学。说应用技术类大学是应用型大学好理解,说服务类大学是应用型大学似乎让人感到有些唐突,但是只要想到,服务是需要应用的,即“服务”与“应用”是紧密相连的,也就不难理解了。其实,服务类大学不仅是

---

① 丁笑炯.本土国际化:国外院校培养国际化人才的新理念[J].世界教育信息,2008(9):67-69.

一种以服务为宗旨的应用型大学,而且是典型的新型大学。因为在我国服务类大学出现较晚,从刘献君在2007年提出"教学服务型大学"算起,到今天为止,也才短短十几年的时间。十几年的时间成就了一种大学类型,不是新型大学是什么? 我国由新建本科院校发展而来的应用型大学,无论是应用技术类大学,还是服务类大学,作为一种新型大学,其内在特质是,通过培养应用型人才和进行应用研究服务社会,重视与经济社会发展需求相对接,强调大学社会服务职能的发挥。谈到大学社会服务职能,人们想到的大多是美国特别重视社会服务职能发挥的"威斯康星理念",但实际上自美国《莫雷尔法案》颁布以后,康奈尔大学(Cornell University)作为美国赠地学院的杰出代表,在创建之初就率先"提出了很多革命性的现代大学办学理念,其中包括社会服务的思想,威斯康星大学正是在吸收了康奈尔大学办学思想的基础上,将其进一步发扬光大"[1]的。康奈尔大学这些理念基本上都体现在"康奈尔计划"之中,即"康奈尔计划"在一定程度上代表了康奈尔大学的办学思想和理念。因此,探究"康奈尔计划"会对我国新型大学建设有所启发和借鉴,以期对学科建设有所启示。

(一)借鉴:"康奈尔计划"的形成与发展

1."康奈尔计划"形成的背景

19世纪中后期美国工业革命的资本主义正处在大发展阶段,尤其是工农业的快速发展,迫切需要大学培养大量实用型的专业人才。为此,美国联邦政府在1862年出台了《莫雷尔法案》,支持高等教育中的农业和工业学院,要求在每个州至少建立一所农工学院。投资者埃兹拉·康奈尔(Ezra Cornell)和第一任校长安德鲁·D.怀特(Andrew D.White)就是借助《莫雷尔法案》的支持,于1865年4月27日创建了康奈尔大学,1868年开始招生,即康奈尔大学真正开始招生办学是从1868年算起的。与此同时,"康奈尔计划"也开始启动。康奈尔不仅提供资金资助,而且在办学理念上也做出了巨大贡献。他在康奈尔大学首届开学典礼上宣称"我们要创办这样一所大学,在那里,任何人都可以获得任何学科的教育(I would found an institution where any person can find instruction in any study)。"[2]这表明他要创办的是一所人民的、平等的、实用的大学,即康奈尔大学面向所有人,造福社会大众,满足美国各阶层人民接受高等教育的需要。他的这句话后来成为康奈尔大学的校训和办学宗旨,并贯穿于"康奈尔计划"和办学实践中。康奈尔的实用办学理念深深地影响了"康奈尔计划"的启动与实施。怀特阐释、细化并具体落实了康奈尔的办学宗旨,提出了五大办学思想:一是"基础思想(Foundation Ideas)",即大学应将自由教育与实用教育紧密结合等基本理念;二是"构成思想(Formative Ideas)",即学校开设的所有课程具有同样重要的地位等构成理念;三是"治理思想(Governmental Ideas)",即保持大学董事会以及校友委员会的持续创新等管理理

① 董泽宇,李莉.美国康奈尔大学社会服务机制研究[J].兰州学刊,2010(5):141-143.
② WESTERMEYER P.An Analytical History of American Higher Education[M].Springfield,Illinois:Charles C.Thomas Publisher,1997:66.

念;四是"全面或荣誉思想(Permeating or Crowning Ideas)",即让学生懂得在个人发展中劳动与奉献是个人的本质和能量等褒扬理念;五是"淘汰思想(Eliminated Ideas)",即戒除在治学上不严谨和迂腐的学风等惩戒理念。[1] 他尤其强调学生个人的自由以及通识性与专业性的课程等,并亲自提出了"康奈尔计划(Cornell Plan)"。他在 1866 年向大学董事会提交的《大学组织规划》以及他和投资者康奈尔的大学教育思想的综合被"后来称之为'康奈尔计划'的原型"[2]。"康奈尔计划"的形成,也与欧洲近代大学先进的教育思想在美国逐渐引入有关。据统计,从 1814 年起至第一次世界大战前,到德国大学学习的美国人大约有一万名。这些人回到美国后,成为德国现代大学教育思想的主要传播者,怀特就是其中之一。他的教学和科学研究不应分开等教育观念和思想就直接来源于德国。

2."康奈尔计划"的主要内容

虽然从字面上看,"康奈尔计划"是一个计划,但并不是一个真正的计划文本。因为"康奈尔计划"是怀特结合投资者康奈尔的办学思想和他本人在 1868 年康奈尔大学开学典礼上的就职演说提出的,其含义已经远远超出了原本"康奈尔计划"所包含的内容。

关于"康奈尔计划"的主要内容,于 1985 年出版《美国高等教育史》(*A History of American Higher Education*)的作者维斯特迈耶将其总结概括为以下几个方面:第一,一种"全目标课程(an all-purpose curriculum)",也有人翻译为"全方位课程",是由康奈尔和怀特共同提出的课程理念,是"康奈尔计划"中最为核心的一部分,即学校课程和专业设置主要由普通课程和专业构成,具体为"5 种普通课程+9 个专业"课程体系;第二,所有学科、专业和课程在地位和权利上都是平等的、无差别的,学习某一学科的四年与学习另一学科的四年是一样的;第三,重视科学研究,并注重对学生科研能力的培养;第四,通过开展商业、管理和人际关系的科学研究服务社会;第五,对所有学生开放,具体包括高中毕业的学生可进入大学学习、成绩优秀的高中毕业生可获得大学奖学金、杰出的大学毕业生不论是留在康奈尔大学继续研习还是到其他任何地方深造都可获得三年以上学业的学术奖学金、顶尖的研究学者可获得特殊津贴等。[3] 维斯特迈耶所概括的"康奈尔计划"主要内容是在对康奈尔和怀特的大学思想进行历史性描述和分析的基础上,对康奈尔大学主要特点进行的概括性描述。因此,"康奈尔计划"的主要内容也是康奈尔大学创建者康奈尔和怀特所提出并遵循的建校理念,体现了他们关于大学教育实用与服务的思想。也有学者认为,"康奈尔计划"的主要内容还不止维斯特迈耶提出的五点,它的内容更广泛,包括学校管理、治校原则、大学董事会构成、教授聘任及管理、学科课程设置、学期构成、学费收取、学生劳动与体育、学业考核以及大学与州立学校系统之间的关系等 38 个项目,其主要内容至少有自由教育与实用教育紧密结

① BISHOP M.A History of Cornell[M].Ithaca,New York:Cornell University Press,1962:88-89.
② 朱鹏举.美国康奈尔计划发展研究:大学服务职能的视角[D].保定:河北大学,2014:21.
③ WESTERMEYER P.A History of American Higher Education[M].Springfield,Illinois:Charles C.Thomas Publisher,1985:70.

合、涵盖多种学科的"通用课程"体系和有限度的选修制度、大学开展科学研究、通过对商业管理和人际关系领域的研习来服务社会、宽松民主的教师管理和客座教授制度、平等开放的招生策略、通过奖学金制度与州公共教育系统建立密切联系、大学教育无宗派化八个方面。[①]其实,无论是五个方面的看法,还是八个方面的概括,"康奈尔计划"主要内容都已经得到了很好地展示,其中最具特色的是,康奈尔大学在学科课程设置上反对美国高等教育中当时普遍存在的课程差别对待的做法,认为学校开设的各门课程同等重要,没有等级差别,并提倡在学校设置多种专业课程,以便让学生可以根据需要进行自由选择。

3."康奈尔计划"的实施及拓展

"康奈尔计划"的提出和实施确实是革命性的,它体现了两位创办者的办学思想,改变了美国传统院校只注重人文教育的办学模式,冲破了传统的束缚,使大学不再是故步自封的"象牙塔",积极与社会相融合,适应了美国当时工业化社会对实用专业人才的迫切需求。但是"康奈尔计划"的有效实施和进一步拓展,则是在后来的办学进程中逐步完成的。在"康奈尔计划"的实施及拓展中,不得不提到除怀特之外的第二任校长亚当斯和第三任校长舒尔曼。怀特在他的任期内提出了"康奈尔计划",但只是初步实践,而使"康奈尔计划"进一步实施和使大学服务社会的理念变成现实,则是在亚当斯和舒尔曼的任期内完成的。亚当斯于1885—1892年在康奈尔大学担任校长,他在任期内借助《哈奇法案》和《第二莫雷尔法案》的颁布与实施,建立了农业实验站,创立了农业"推广项目",成立了农民协会,开办了暑期学校,从而使学校的一批专家、学者走出校门,与社会紧密融合,并重组了农业学院,提高了拨款额度。舒尔曼是在1892年接替亚当斯成为第三任校长的,在他的任期内,舒尔曼加强了专业学院的建设,成立了医学院,拓展了康奈尔大学社会服务的领域,加大了农业科学技术研究,创建了与纽约州共同举办"契约性学院"的合作模式,制订了"成人教育计划",开展了专门针对校外社会人员进行的大学课程与社会专业的培训。到1920年舒尔曼离任,康奈尔大学已经一跃成为美国乃至世界的著名大学。其后,尤其是第二次世界大战结束后,"康奈尔计划"还得到了进一步拓展,使社会服务办学模式走向多样化,主要表现在:第一,组建了新的与社会联系更加密切的学院。康奈尔大学在1945—1949年就新成立了工商公共管理学院、化学矿冶工程学院、营养学院、工业劳资关系学院、护理学院、航空工程学院,以及核研究实验室等。第二,加大了与政府、社区和企业的合作,形成产学研一体化,并成为美国政府与纽约州的"智囊"。第三,重视国际化办学,形成了一整套系统而独特的国际化办学模式。

(二)反思:我国新型大学建设的现状及困境

1.由新建本科院校走向新型大学

"新型大学"一词,并非今天才有,一些老牌大学在起步发展阶段也提出过要创建新型大

---

① 李文英,朱鹏举.美国"康奈尔计划"的发展与影响[J].河北大学学报(哲学社会科学版),2012,37(4):22-26.

学的口号。但这里所讨论的新型大学则是专指由新建本科院校应用转型发展而来的新型大学。我国新建本科院校的出现可以追溯到 1998 年。这一年,我国高等教育管理体制改革取得突破性的进展,其标志就是经教育部批准在襄阳师范专科学校、襄樊教育学院、襄樊职业大学合并组建襄樊学院(2012 年 2 月,更名为湖北文理学院)和在淄博师范专科学校、淄博教育学院、山东建筑材料工业学院分院、淄博大学、淄博市职工大学、淄博广播电视大学、淄博职业技术学院基础上组建淄博学院。这两所高校均由省人民政府领导,实行省市共建、以省为主的办学管理体制。正是这两所高校的合并组建拉开了我国新建本科院校蓬勃发展的序幕。之所以说这两所高校的合并组建只是拉开了新建本科院校发展的序幕,是因为新建本科院校成批量诞生的开始还是在 1999 年。在这一年,国家以师范院校为突破口,开始将本科院校的设置向地级市倾斜,先后批准设置了黄冈师范学院、临沂师范学院(2010 年 11 月,更名为临沂大学)、湖北师范学院(2016 年 3 月,更名为湖北师范大学)等 10 所师范类新建本科院校。2000 年,新建本科院校设置的步伐加快,教育部先后批准设置了宜春学院、内江师范学院、黔南民族师范学院等 41 所高校;2001 年,组建了涪陵师范学院(2006 年 9 月,更名为长江师范学院)、遵义师范学院、渝西学院等 9 所新建本科院校;2002 年,批准设置了白城师范学院、合肥学院、怀化学院等 33 所新建本科院校。此后,国家按照"一年西部,一年中东部,一年民办院校"的审批进度,又相继批准设置了一批新建本科院校。贵州省的铜仁学院、安顺学院、凯里学院就是在正值"西部年"的 2006 年被批准升格为本科的。经过近 20 年的发展,据铜仁学院高等教育与职业教育研究院统计,到 2016 年 12 月止,我国批准设置的新建本科院校已经达到 427 所,由于荆州师院于 2003 年 4 月参与组建长江大学、南通师院于 2003 年 5 月参与组建南通大学、包头师院于 2003 年 6 月参与组建内蒙古科技大学,因二次合并建制撤销,我国目前实有新建本科院校 424 所,独立学院 275 所,新建本科院校和独立学院共计 699 所,在全国 1 260 所普通本科院校中占 55.4%。因此,就一般情况而言,新建本科院校是指自 1999 年党中央、国务院做出高等学校扩招的重大决策、大力调整高校布局结构以来组建的本科院校。因为这些学校组建时间短,本科办学的历史不长,所以通常被称为"新建本科院校"。

新建本科院校办学历史短,是劣势,也是优势。其优势是,这些学校没有历史包袱,可以轻装上阵,"有利于新型发展道路的选择,从而办成新型的大学"①。关于新建本科院校的发展,国家已经明确提出要引导其朝应用型大学方向发展。目前,关于要不要应用转型,已经基本达成共识,不转型肯定不行,尤其是《教育部关于"十三五"时期高等学校设置工作的意见》明确将我国高等教育总体上分为研究型、应用型和职业技能型三大类型之后,还在犹豫的新建本科院校已经没有退路,走研究型大学之路达不到要求,而职业技能型高校是专科层次教育,唯一可供选择的就是应用型高校发展方向。关于应用型高校的办学定位,《教育部

---

① 侯长林.教学服务型大学是典型的新型大学[J].铜仁学院学报,2017,19(2):45-47.

关于"十三五"时期高等学校设置工作的意见》也有明确规定:"应用型高等学校主要从事服务经济社会发展的本科以上层次应用型人才培养,并从事社会发展与科技应用等方面的研究。"其实,这就是目前所说的新型大学的内涵和要求。新建本科院校朝应用型大学方向发展,最终走向哪儿? 就是走向教育部在"十三五"时期高等学校设置工作的意见中已经规划的新型大学。

何谓新型大学? 我国在对此进行讨论时,最先使用的概念是"新大学"。比如柳友荣曾经发表《"新大学"去同质化发展的策略》(与黄国萍合写,2011 年)、《百校调查:中国"新大学"发展研究》(2012 年)、《国内外"新大学"研究的回顾与展望》(2012 年)等文章和出版《中国"新大学"的崛起》(2013 年)一书,对"新大学"进行了阐释。从其对新大学的理解看,他眼中的新大学也就是我们今天所讨论的新型大学,具体是指 1998 年至今设置的新建本科院校,主要从事本科教育,"面向区域经济社会,以学科为依托,以应用型专业教育为基础,以社会人才需求为导向,培养高层次应用型人才的新型的院校"①。在这里笔者还想说的是,"新型大学"既不是指办学时间方面的"新",也不是指办学类型方面的"新",而是"重在学校发展模式的创新。各新建本科院校要充满自信、不负使命,根植地方、依靠地方、融入地方……走出一条中国特色新型本科院校发展之路"②。

2.由"新建"到"新型"跨越存在的问题

关于新型大学建设,早在 2013 年 11 月召开的全国新建本科院校联席会议暨第十三次工作研讨会上,教育部高教司原司长张大良就已经提了出来,他说:"要科学把握从'新建'到'新型'的改革与发展大势,在服务与促进地方经济社会发展中,去实现全国新建本科院校由'新建'到'新型'的跨越发展。"③新建本科院校要走向新型大学,实现由"新建"到"新型"的跨越发展,确实还存在很多问题,主要表现在以下几个方面:第一,对新型大学的前景认识模糊。2014 年 2 月 26 日召开的国务院常务会议作出引导一批普通本科高校向应用技术转型发展的决定以后,有的新建本科院校对应用转型有畏难情绪,甚至产生恐惧心理。刘振天教授还专门撰写题为《地方高校转型发展要克服恐惧症》的文章,对其进行讨论。笔者以为,地方高校之所以会对应用转型产生恐惧,原因是多方面的,但是最关键的还是对应用转型所要建设的新型大学了解不多,不知道新型大学为何物。第二,对学校未来发展缺少思考和规划。我国新建本科院校校长具有教育学学习背景的比较少,具有高等教育学学习背景的更少,对世界高等教育的发展、演变及其规律认识不足,对新建本科院校的创建及发展缺少思考和长远规划,就是想仰望学校未来发展的星空,也难以达到预期目的。第三,服务地方能力不强。绝大多数地方新建本科院校由于建校时间短,应用型人才培养的质量不高,服务社会的能力很有限,地方的一些工程技术项目承担不了,技术支撑不够。第四,科学研究水平

① 柳友荣.中国"新大学":概念、延承与发展[J].教育研究,2012(1):75-80.
②③ 张大良.对焦需求 聚焦服务 变焦应用 把新建本科院校办成新型本科院校[J].中国大学教学,2016(11):4-9,16.

不高。新建本科院校由于学科基础薄弱,学科生态位定位不准,学科群落没有形成,科学研究的能力不强。④此外,还有课程体系与应用型人才培养不适应、学生视野不开阔等问题。这些问题不解决,建设新型大学的目标很难实现。

（三）启示:推动新型大学建设,支持学科发展

推动新型大学建设,在建设过程中要有信心和决心、有自己的"计划"、强化服务社会职能的发挥、更加重视科学研究、要构建相应的课程体系、走国际化道路,而这些举措必然能够为学科发展提供强有力的支持。

1.新型大学建设要有信心和决心

以新建本科院校为主体正在建设的新型大学越来越引起人们的重视,尤其是教育部高教司原司长张大良和高等教育评估中心原主任吴岩于 2016 年 10 月 29—30 日在成都召开的全国新建本科院校联席会议暨第十六次工作研讨会上,分别做了题为《对焦需求 聚焦服务 变焦应用 把新建本科院校办成新型本科院校》和《从新建大学走向新型大学——中国新建本科大学应用型发展道路》的专题报告后,新型大学的建设更加引起社会关注。但客观地说,有的新建本科院校之所以在应用转型的过程中犹豫、观望,原因是多方面的,主要还是对建设新型大学信心不足或者看不到希望。如果新建本科院校管理者研究并领悟了"康奈尔计划"的真正内涵,尤其是了解了康奈尔大学早期发展与我国当前新建本科院校的关联之后,一定会对新型大学有新的认识和感悟。新建本科院校一般建在地级城市,肩负着为地方经济社会发展服务的责任和使命,强调应用人才培养和应用型科学研究。康奈尔大学建在纽约州的伊萨卡市,也属于地方性管理的大学,从创建之初,就特别重视与工业化社会需求相适应的实用专业人才培养和农业科学技术的推广。康奈尔大学既是典型的服务型大学,也是典型的应用型大学。康奈尔大学是在应用型服务型大学的道路上成为世界名校的,这种发展的模式和路径自然会给我国正走在建设新型大学道路上的新建本科院校以信心和力量。更何况,"康奈尔计划"中非常清楚地提出要建"一所无愧于我们这块土地和时代的新型大学"。我们要建的新型大学与"康奈尔计划"中提到的新型大学方向基本相同、内涵基本一致,这难道不会让我们在其中得到一些启示,找到一些勇气和决心?

2.新型大学建设要有自己的"计划"

康奈尔大学从创办至今才不到 200 年的历史,仅从办学历史看,远远不能与欧洲的一些古老大学比,但是谁也不能否定它是世界最著名的大学之一,无论是人才培养质量、科学研究水平,还是服务社会能力都堪称世界一流。康奈尔大学成功的因素很多,但是离不开创办之初提出并不断完善的"康奈尔计划"。康奈尔大学的发展基本上是按照"康奈尔计划"进行的。康奈尔大学的发展规划及发展路径有三个明显的阶段:第一个阶段即"康奈尔计划"的初步实施阶段(1868—1885 年)。在这一阶段,康奈尔大学主要通过创设实用性的课程培

④　罗静.教学服务型大学学科生态化发展探讨[J].贵州社会科学,2015(12):115-120.

养专业人才对社会进行服务。第二阶段即康奈尔大学走向正统与规范阶段(1886—1913年)。在这一阶段,康奈尔大学在继续重视培养应用性专业人才的同时,将服务社会的重点转移到通过强化科学研究为其所在的州进行社会服务。第三阶段即一跃成为美国乃至世界著名学府阶段(1914—1949年)。在这一阶段,康奈尔大学励精图治,在人才培养、科学研究和服务社会等方面都得到了长足发展。回顾康奈尔大学发展的历史,重新审视"康奈尔计划",不得不佩服康奈尔大学的创始人和继任者们先进的办学理念,以及超前的谋划和对大学发展的精心设计。我国正在朝新型大学发展的新建本科院校是不是对未来都有规划? 其规划是不是都内在包含了先进的办学理念? 笔者没有调查,不敢妄断,不过,可以得出的基本判断是,不排除新建本科院校中有做出高水平规划的,但相当一部分新建本科院校即使有规划,其规划的质量和水平都是不理想的。铜仁学院对未来的发展及其规划是非常重视的,但也仅仅是在"十三五"规划的基础上做了一个"十四五"发展规划,"十五五""十六五"乃至更长一点的规划,还没有思考。这就是我国新建本科院校走向新型大学,与康奈尔大学当初建设新型大学的差距。笔者在用康奈尔大学发展规划展望铜仁学院的未来前景时曾经发出过这样的疑问:铜仁学院"如果下一步和再下一步都与康奈尔大学的发展轨迹相同,有一天铜仁学院是不是可以成为中国的康奈尔大学?"[1]铜仁学院要想成为中国的康奈尔大学,需要多方面的支持和努力,但笔者以为最重要的还是要有一个像"康奈尔计划"一样的"铜仁学院计划"。我国新建本科院校不可能都办成像康奈尔大学那样的世界名校,但是不想当将军的士兵不是好士兵,有梦想未尝不是好事。在这里还想说的是,想成为中国的康奈尔大学不是说要做康奈尔大学第二,而是要做具有中国特色的康奈尔大学。所以,学习康奈尔大学的成功经验,创建新型大学是完全可以而且应该的。事实上,我国新建本科院校也只有制订了一个具有先进的办学理念并且切实可行的发展"计划",才有可能走向新型大学。

3.新型大学建设要强化服务社会职能的发挥

新建本科院校在走向新型大学的过程中,不管是建设应用技术类大学,还是建设教学服务型大学或创业型大学,都属于应用型大学的发展范畴。应用的目的就是进行社会服务。因此,建设新型大学其服务社会的大学职能都需要强化。"康奈尔计划"特别强调的就是服务社会。康奈尔大学逐步构建了系统完备的社会服务网络。今天康奈尔大学的社会服务项目众多,已经形成了康奈尔合作推广系统、工业与劳工关系系统和康奈尔公共服务中心三大系统,其中规模最大的是康奈尔合作推广系统,因为其英文为 Cornell Cooperative Extension,故简称为 CCE 系统。CCE 系统成立于 1913 年,面向都市和农村提供农业与食物系统、营养与家庭健康、社区与经济活力、青少年成长、灾难预防和园林园艺、能源与气候变化、环境与自然资源等领域的服务。康奈尔大学服务社会的面很宽,并将服务社会与人才培养、科学研究紧密结合,成为世界上人才培养、科学研究与服务社会融合的典范。虽然康奈尔大学在科

———————————————

① 侯长林.教学服务型大学是典型的新型大学[J].铜仁学院学报,2017,19(2):45-47.

学研究方面似乎没有柏林大学有名,在服务社会方面比不上威斯康星大学,因为柏林大学奉行科学研究至上,威斯康星大学奉行服务社会至上,但是康奈尔大学办学理念的"融合"精神,使其不仅成为美国高等教育的典范,也成为世界高等教育的典范,很值得学习和借鉴。应该说,我国新建本科院校在建设新型大学的过程中都注意到了服务社会的大学职能,每当谈到大学职能时也都把服务社会与人才培养、科学研究等相提并论,但是落实不够,比如人才培养和科学研究等大学职能都有相应的教务处、科研处等办事机构,而服务社会职能是悬空的,没有对应的职能部门,绝大多数学校基本上还停留在口头上重视阶段。同时,我国新建本科院校对服务社会与人才培养、科学研究的融合与融通的意识还没有形成。其实,融合与融通在一定程度上比单个的作用和意义更大。法国著名社会学家 E.迪尔凯姆(E. Durkheim)就曾说过:"青铜的硬度并不存在于形成它的铜、锡、铅等具有柔韧性的物质之中,而是存在于它们的合成物之中。"①同理,大学教育的价值并不存在于人才培养、科学研究和服务社会单个方面之中,而是存在于人才培养、科学研究和服务社会的深度融合之中。不过,铜仁学院已经开始注意到这些问题,并于 2016 年在学校层面设立了校级社会服务中心,在专业学院设立了社会服务科,负责抓社会服务工作,并已初见成效,仅 2016 年社会服务项目经费就突破了 1 000 万元,还进行了社会服务反哺教学和科学研究的探索,开设了与社会服务紧密相连的项目课程。

4. 新型大学建设要更加重视科学研究

在新建本科院校应用转型的过程中,有人提出不要科学研究、淡化学科的想法。正因为有这种观念的存在,2016 年有省级应用转型试点高校在国家自然科学基金项目的申报中出现了"零"的空白。当然,应用转型的高校应该以应用研究为主,重在横向项目的争取,但是不至于一所高校在全国自然科学基金项目中一个成功申报的项目也没有。一个国家自然科学基金项目也没有申报成功,虽然不能说这所高校一点科学研究也没有,但至少可以说其科学研究不强或对科学研究重视不够。"康奈尔计划"则大力倡导开展科学研究,主动为社会服务。怀特非常重视科学研究,认为"大学教授要具有两种品性:发现真理和传播真理"②。怀特制定的全职教授和客座教授管理制度规定:除客座教授只是做讲座或报告外,全职教授既要上课又要做科学研究。在怀特亲自指导下,康奈尔大学在创建之初就开设了研究生课程。在他看来,知识的实用价值固然重要,但是知识的价值不仅取决于实用性,更取决于知识本身的逻辑价值,大学的价值体现在实用性的课程和研究两个方面。康奈尔大学积极为学生提供科研项目、科研信息和科研机会,并在 1879 年建立伊萨卡农业试验站。伊萨卡农业试验站,既是农业科学和机械技术的推广站,也是其进行教学和研究的工作站。同时,在怀特的领导下,康奈尔大学还建立了化学、农学以及摄影实验室等一批应用科学实验室。当

---

① E.迪尔凯姆.社会学方法的准则[M].狄玉明,译.北京:商务印书馆,1995.

② BISHOP M.A History of Cornell[M].Ithaca,New York:Cornell University Press,1962:88.

时这种通过建立实验室来进行科学研究的方式还是罕见的,截至 1872 年,全美国也只有六所学院开始采用这种方式进行科学研究。[①] 如今康奈尔大学能够具有极高的学术声誉和影响,成为全球公认的研究型大学,与其发展初期就重视科学研究是分不开的。因此建设新型大学不是不要科学研究,反而应该更加重视科学研究,加强学科建设,把科学研究作为强化社会服务和提升人才培养质量的重要途径和手段。只不过,科学研究的重点应该放在应用研究方面,学科建设的重点应该放在应用学科建设上。

5.新型大学建设要构建相应的课程体系

"康奈尔计划"的核心是"5+9"课程体系。康奈尔大学在教学管理方面设普通科学文学与艺术部(学院)和特殊科学与艺术部(学院)两个部(或学院)。普通科学文学与艺术部(学院)主要负责通识课程(公共课)的教授。通识课程(公共课)包括普通课程、科学课程和选修课程 3 大类。其中,普通课程由人文与古典课、哲学与文学课、科学与文学课 3 种课程组成,再加 1 种科学课程和 1 种选修课程,共计 5 种普通课程。而特殊科学与艺术部(学院)主要负责为学生提供面向社会的职业教育。特殊科学与艺术部(学院)下设农业、土木工程、制造艺术、矿业、教育、公共法学政治与历史学、法律、医药与治疗、商业与贸易 9 个院系。这就是康奈尔大学著名的"5+9"课程模式。"5+9"课程模式很好地体现了自由教育与实用教育以及通用课程与学科平等性的统一等康奈尔大学独特的教育理念,为康奈尔大学人才培养质量的提升,甚至包括康奈尔大学的迅速崛起找到了重要的路径。有的新建本科院校认为,应用转型就是要大力提倡实用,通识课程不能解决现实问题,因而就将其放在了可有可无的位置。这种做法显然是错误的。康奈尔大学的基调是实用,但是仍非常重视通识课程(公共课)的开设。在怀特看来,通识课程(公共课)虽然不能直接解决现实问题,但是可以帮助学生熟悉人文、社会科学、数学和自然科学等不同学科领域的知识、方法,同时较好地掌握一门外语,了解文化的广度(包括地理和历史),培养学生有效的写作能力和数据分析能力,以及创造力和批判性思维能力。康奈尔大学既重视实用教育又重视通识教育的做法,难道不能给我们启示吗? 不过,我国新型大学的建设,关键还是要建立与之相适应的课程体系,形成独特稳定的应用型人才培养模式。新建本科院校的应用转型,转到最痛苦的地方是教师,转到最深处是课程,最难处也是课程。教师不转,应用转型主体缺失;课程不转,应用转型落不了地。因此,新建本科院校能不能最终走向新型大学,关键还是取决于课程体系的构建和课程模式的形成。

6.新型大学建设要走国际化道路

新建本科院校走向新型大学,要对接地方,服务地方,彰显区域特征,是不是与举办国际教育有冲突? "康奈尔计划"给出了很好的回答。康奈尔大学虽然地处纽约州的伊萨卡市,但是其一开始办学就确立了国际化办学的思路,注重培养学生的国际意识,采取了一系列激

---

① EDDY E D.Colleges for Our Land and Time[M].New York:Harper and Brothers,1957:74.

发创造力的国际化办学举措,比如鼓励学生和不认识的室友一起生活,倡导在美国之外以及在有不同观点的环境里生活,重视营造多元化、国际化的氛围。新型大学是地方性大学,但不是封闭性大学。在某种意义上,正因为新型大学身处地方,身处不发达地区,更应该开放,更应该举办国际教育。在今天这样一个高度开放的时代,"没有国际教育的大学算不上真正的大学"①。

① 侯长林.没有国际教育的大学算不上真正的大学[J].铜仁学院学报,2017,19(1):53-55.

第六章　现代职业教育体系背景下应用型学科实践探索经验

一、学科服务实践:知识溢出视角下"新型大学·特色小镇"建设模式探讨

《纲要》提出,要"建立高校分类体系,实行分类管理"。《教育部关于"十三五"时期高等学校设置工作的意见》指出,要"探索构建高等教育分类体系。以人才培养定位为基础,我国高等教育总体上可分为研究型、应用型和职业技能型三大类型",并认为"应用型高等学校主要从事服务经济社会发展的本科以上层次应用型人才培养,并从事社会发展与科技应用等方面的研究"。2016 年《国务院关于深入推进新型城镇化建设的若干意见》(国发〔2016〕8 号)强调了新型城镇化在现代化建设和经济发展、民生工程方面的重大意义,并明确指出,"要总结推广各地区行之有效的经验,深入推进新型城镇化建设,充分释放新型城镇化蕴藏的巨大内需潜力,为经济持续健康发展提供持久强劲动力"。基于此,探讨知识溢出视角下"新型大学·特色小镇"建设模式,可以作为应用型高校学科服务实践活动的经验总结。

(一)知识溢出理论

"溢出"是指物质从容器中无意地被泄漏出来或被浪费掉,经济学家把该概念进行拓展,认为溢出的"物质"也可以是"技术""知识"等。因此,学界在 20 世纪 60 年代提出了"知识溢出"概念。1960 年,美国经济学家麦克杜格尔(MacDougall)在探讨东道国接受外商直接投资的社会收益时,首次将"知识溢出"作为一个重要现象提出来。1962 年,"知识溢出"这个术语在 Simuni 进行审计定价和风险收费研究时首次使用。无论是知识的提供者(知识溢出源),还是知识的接受者(知识受体),知识溢出对双方都是有效应的。从知识溢出现象的研究视角来看,溢出效应的发生来自两个方面,一是示范、模仿和传播,二是竞争。根据知识溢出的介质不同,可以"将知识溢出分为无介质的知识溢出、以产品为介质的知识溢出、以信息传播为介质的知识溢出和以流动的人力资本为介质的知识溢出"[①]。从知识溢出过程来看,知识溢出源、知识溢出途径、知识吸收能力等因素都会对知识溢出效应产生深刻的影响。

地方本科院校尤其是新建地方本科院校在土地、资金和产业资源等方面与地方政府在推进新型城镇化过程中的科技、教育、文化资源互为短板,也互为长处。从知识溢出视角切入,以地方本科院校转型发展建设新型大学和地方政府建设特色小镇为抓手,将二者有机融合,取长补短,从知识溢出源、知识溢出途径及保障措施三个方面探索"新型大学·特色小镇"建设模式,能创新地方本科院校与地方政府深度融合体制机制,推动双方共同发展。

---

① 刘爽.知识溢出效应的关键影响因素:基于知识溢出接受方视角的实证研究[D].杭州:浙江工商大学,2008:16.

(二)"新型大学·特色小镇"是国家推进产业转型升级和创新驱动发展的战略抉择

1.新型大学建设是地方本科院校转型发展模式的创新

当前,我国高等教育得到了很大提升与发展,建成了世界上最大规模的高等教育体系,促进了经济的快速增长。但是,随着经济结构的调整和产业的转型升级,尤其是创新驱动发展战略的提出和实施,我国高等教育结构性矛盾更加凸显,毕业生就业难和就业质量低的问题没有得到有效缓解,生产、经营、管理、服务一线所需要的应用型、复合型、创新型人才紧缺,以及高校人才培养结构和质量不能适应经济结构调整和产业转型升级的矛盾日益加剧。为此,2015年10月出台的《教育部 国家发展改革委 财政部关于引导部分地方普通本科高校向应用型转变的指导意见》,明确要求地方高校要主动适应我国经济发展新常态,主动与产业转型升级和创新驱动发展相对接,并融入其中,把办学思路真正转到为地方经济社会发展服务上来,通过产教融合培养应用型技术技能型人才,增强学生就业创业能力,从而提高学校服务区域经济社会发展和创新驱动发展的能力。

2016年10月,教育部高等教育司原司长张大良在全国新建本科院校联席会议暨第十六次工作研讨会讲话指出,新建本科院校不要受新建时间的影响,要把新建本科院校的"新"办成新型本科院校的"新",把创新的重点放在学校发展模式上,尤其是各新建本科院校要对学校的发展充满自信、不负使命,主动融入地方、依靠地方、根植地方,"把握由来、坚守本来、吸收外来、面向未来,走出一条中国特色新型本科院校发展之路"[①]。教育部高等教育评估中心原主任吴岩在会上作报告,他认为新型大学要有新判断:向后看,新型大学普遍要经过10~20年的发展历程;向前看,新建本科院校正走向应用型大学、新型大学;向上看,新型大学是国家提高高等教育整体质量的重要部分;向下看,新型大学是保障人民群众高等教育公平的主要部分;向内看,新型大学已初步探索和建立起自我质量保障制度;向外看,新型大学具有不可替代的服务区域经济社会发展的需要。

2.特色小镇建设是地方政府新型城镇化发展平台的创新

特色小镇"非镇非区",既不同于传统行政区划单元上的"镇",也不同于产业园区的"区",而是在"创新、协调、绿色、开放、共享"的发展理念指导下,将经济、旅游、健康、环保、科技、教育等要素融为一体,结合产业、旅游、文化,以及社区功能的创新创业发展平台[②]。

从发展的角度看,我国特色小镇建设与国外的相比,起步较晚,最初提出的是浙江省。浙江省在历史上创造过辉煌的"块状经济",曾一度跌入低谷,陷于结构散、层次低、创新弱、品牌小的窘境。如何变叠加为嵌入,变模仿别人为自我创新?如何从窘境中涅槃重生?这些都需要有突破性的力量来自我更新。在这种形势下,浙江省政府借鉴国外特色小镇的建设思路,尤其是受法国的普罗旺斯小镇、瑞士的达沃斯小镇、美国的格林威治对冲基金小镇

① 张大良.对焦需求 聚焦服务 变焦应用 把新建本科院校办成新型本科院校[J].中国大学教学,2016(11):4-9,16.
② 翁建荣.高质量推进特色小镇建设[J].浙江经济,2016(8):6-10.

等建设的启示,跳出旧体制,打造新载体,在 2015 年 4 月出台了《浙江省人民政府关于加快特色小镇规划建设的指导意见》,在创建程序、政策措施等方面对特色小镇建设进行了规划。事实证明,浙江省特色小镇建设取得了很大的成功。为此,习近平总书记在 2015 年 12 月底对浙江"特色小镇"建设做出重要批示:"抓特色小镇,小城镇建设大有可为,对经济转型升级、新型城镇化建设,都具有重要意义。"①之后,我国先后出台了《国务院关于促进资源型城市可持续发展的若干意见》(国发〔2007〕38 号)、《中共中央 国务院关于落实发展新理念加快农业现代化实现全面小康目标的若干意见》(中发〔2016〕1 号)、《国务院关于深入推进新型城镇化建设的若干意见》(国发〔2016〕8 号)、《住房城乡建设部 中国农业发展银行关于推进政策性金融支持小城镇建设的通知》(建村〔2016〕220 号)、《住房城乡建设部 国家发展改革委 财政部关于开展特色小镇培育工作的通知》(建村〔2016〕147 号)、《国家发展改革委关于加快美丽特色小(城)镇建设的指导意见》(发改规划〔2016〕2125 号)等引导、指导、鼓励建设特色小镇,并明确:到 2020 年,全国要培育 1 000 个左右各具特色、富有活力的现代制造、商贸物流、传统文化、教育科技、美丽宜居、休闲旅游等特色小镇,作为引领和示范,带动全国小城镇建设。

当前,特色小镇建设取得了丰硕的成果。从高校与地方的合作来看,充分利用高校智库为打造特色小镇出谋划策的案例较多,但真正将政府、高校、行业、企业等深度融合共建特色小镇是西北工业大学首开先河的。西北工业大学"翱翔小镇"暨无人机产业化基地建设项目建在西咸新区沣西新城核心区,于 2017 年 2 月启动,该项目由西北工业大学与西咸新区沣西新城和西安科为航天科技集团合作共建。整个项目规划占地 5 平方千米(约 7 500 亩),预计总投资 350 亿元人民币,预计到 2022 年左右,该项目所打造的"翱翔小镇"将粗具规模,形成产业、科技、博览、教育、综合服务五大功能板块,在未来发展过程中可带动上千亿元产业增值。

(三)知识溢出视角下"新型大学·特色小镇"建设模式探讨

将大学建在小镇上在欧洲早已成为一种传统。在德国,大学几乎都建在偏僻的小城镇,英国也一样,比如牛津大学所在的牛津市、剑桥大学所在的剑桥市,都是古老的美丽市镇。可以说,"选择偏僻的小城镇建立大学几乎成了他们建校选址的传统"②。我国的新型大学如何建? 建在哪里? 与特色小镇融合,构建"新型大学·特色小镇"模式不失为一种重要选择。

1."新型大学·特色小镇"建设模式定位

"新型大学·特色小镇"建设模式主要体现在两个方面:一是从高校看,应用型高等院校应充分利用国家引导地方本科院校应用转型发展的机遇,以理、工、农、医、管理、经济等与地方经济社会发展需求紧密结合的应用技术类学科专业为主体,人文艺术类学科专业为协作,

---

① 张舰.生活不止住在北上广深 还有特色小镇[N].北京青年报,2017-03-23(B02).
② 侯长林.校园文化学导论[M].北京:中国文联出版社,2000:84.

以"产教城融合、政校企一体"办学模式为统领,创新融合路径,提升知识、技术、人力及产业资源共享度,丰富新型大学的内涵。高校因建在小镇而具有"新型"特质。二是从地方看,政府充分利用国家新型城镇化进程中关于特色小镇建设的政策优势,用土地、资金、产业、项目等资源吸引应用型高等院校,建设集高等教育、科研、产业、创业、文化、旅游功能为一体的"校在镇中,镇在园中"的"产教城融合"的特色示范小镇,最大限度释放政策红利,促进利益相关各方"抱团",成为相生相伴、共生共荣的利益共同体。小镇因高校的融入而具有"特色"。三是从空间规划看,打破传统的大学建校模式,打开大学围墙,以各学院为相对独立的建设单位,相对分散地布局在小镇中。地方政府也将其他如文化馆、博物馆、体育馆、图书馆、剧场以及商住两用的建筑项目等,有机融入小镇总体规划中,以实现公共资源最大化共享。"新型大学·特色小镇"建设模式如图 6-1 所示。

图 6-1 "新型大学·特色小镇"建设模式简图

2."新型大学"与"特色小镇"互为知识溢出源

高校在知识、思想、价值、文化等方面处于区域的"塔顶",人才培养、科学研究、服务社会和文化传承创新是高校的基本职能。地方本科院校尤其是新建地方本科院校大多布局在高等教育资源欠缺的地市,是当地的最高学府,拥有当地最优质的智力资源(高层次人才、现代化的科学研究设备等)、最先进的人才培养资源(学术报告厅、体育馆、图书馆、文化中心等)和最良好的人文环境。地方本科院校应用转型过程中,以服务地方经济社会发展为己任,在学科建设、专业设置、师资队伍打造、应用型人才培养、科学研究选题和服务社会对象选择及文化传承创新等方面都与地方经济社会发展需求紧密联系、深度融合。如铜仁市政府举办的铜仁学院就有"铜仁需求·国家标准"的核心办学理念,要求无论是学校的整体建设,还是践行高校职能,都要立足"铜仁需求",按照"国家标准"开展工作。因此,对地方来说,高校就是知识溢出源。

地方政府是地方高校的举办者,一方面,它是高校知识溢出的受体或目的地,另一方面,它也是高校生存的根基。它所拥有的自然环境、历史沿革及人文、旅游、矿产等资源禀赋都是高校学科专业设置和发展的依托;它所拥有的发达的或者欠发达的行业、产业资源都是高校人才培养的资源所在。高校教师实践经验不足,真实的学生实习、实践等教学场所缺乏,这些短板正好可以用地方行业、企业的技术员、工程师和生产、经营环境来弥补。也就是说,对高校来说,地方也是知识溢出源。

3."产教城融合、政校企一体"是知识溢出视角下"新型大学·特色小镇"建设模式实现的重要路径

发达国家提出建立知识、教育和知识共享机制,加大知识溢出力度。对我国地方本科院校来说,产教深度融合是走应用转型道路的重要途径和抓手,但对"新型大学·特色小镇"合作模式来说,"产教城融合、政校企一体"是知识溢出视角下"新型大学·特色小镇"建设模式实现的重要途径。具体表现在以下三个方面:

(1)体制机制路径。建立地方本科院校与地方政府和行业企业合作共建的"新型大学·特色小镇"多主体联合办学机制,创新"产教城融合、政校企一体"的新型大学办学体制机制。

(2)资源共享路径。以"小镇处处是校园、校园处处是小镇"的理念,打破高等学校"孤岛效应",变"象牙塔"为"黄金岛",延长"海岸线",变"大塔"为"小岛",建立学校、产业、科技、博览、综合服务等机构和资源的空间布局交融格局,充分利用知识和技术溢出效应及经济辐射效应,创新资源共享模式,提升资源共享水平。

(3)"文化+"路径。从高等学校人文艺术类文化资源与地方文化资源融合入手,用"文化+"理念打破传统的思维模式,不断增强文化认知,从"小文化"向"大文化"扩展,从"浅融合"向"深融合"推进,推动地方政府挖掘新供给、新动力,着眼供给侧培育小镇经济,创新产业转型发展路径,提升小镇文化艺术品位和文化感染力。

4.抓好"三个融合"是"新型大学·特色小镇"建设模式落到实处的重要保证

(1)建筑物空间布局融合。"新型大学·特色小镇"是大系统,包含学校、社区、产业园区、公司企业、公共服务及后勤保障设施(图书馆、体育场、食堂、宾馆、娱乐设施、街道、商铺等)等群落。在小镇建设规划时,公共设施着眼整个系统所需科学布局,学校建设所需土地不连片,学科专业与相关产业园区及企业相生相伴,文化建设与社区发展血脉相融,从空间布局上为"产教城融合、政校企一体"打下基础。

(2)应用型高等学校学科专业与地方产业融合。高等学校要深入调研,把握地方(政府、行业、企业)总体发展需求,把握各行各业对人才的多样化需要,充分利用小镇的产业园区和企业资源,加强应用学科建设,加强应用研究和科技创新,加强应用型人才培养,使办学立足地方,面向区域,对焦需求,聚焦服务,变焦应用。

(3)园区、社区与学校融合。园区充分利用高等学校高层次人才和高水平研发资源,将研发中心建在学校,形成"校中有厂,厂中有校"格局,将产业技术难题融入教师科学研究和学生毕业论文选题,真题真做,将高等学校资源用好用活。同时,社区与学校融合,学校师生除了通过生活、交通、商务等消费拉动小镇经济发展外,还通过举办科技普及、学术交流、艺术展演、体育竞赛等活动传播正能量,提升小镇社区生活品位,带动社区文明,将"大学的仁

慈影响扩展到州里每一个家庭"①。

总之,"新型大学·特色小镇"建设模式既是地方新建本科院校主动响应国家号召,在应用转型过程中以"产教城融合、政校企一体"为突破口,加快融入区域经济社会发展生态圈所设计的一种高效、快捷和行之有效的创新模式,也是地方政府充分利用国家新型城镇化建设的政策优势和所在地的行业、产业资源,吸引走应用转型发展道路的高等学校主动融入产业发展的智慧选择。从知识溢出视角看,双方融合的成本是 1+1 小于 2,而知识溢出并整合后,除了创新驱动行业、产业和学校的快速、良性发展外,"校在镇中,镇在园中"的新布局还可能带来旅游、休闲等新产业的繁荣,资源效应是 1+1 远远大于 2,模式效应是"事半功倍"。

二、典型指导案例:对铜仁学院"铜仁需求·国家标准"办学理念的解析

本书的研究基于铜仁学院的办学实践经验,极具代表性。铜仁学院作为铜仁市唯一一所地方本科院校,近几年在我国高等教育深化改革的大潮中坚定应用型发展定位,实现了跨越式发展。学院 2006 年升本,2010 年获得贵州省高等学校学士学位授予权单位资格,2015年顺利通过教育部本科教学水平评估,是贵州省首批应用技术型高校省级改革试点单位,并积极争取跻身国家转型试点单位。铜仁学院坚持"依托武陵,突出应用,服务发展"的办学特色,按照"上水平,出特色"的办学要求,融入铜仁市"四化同步、一业振兴"和"两区一走廊"的战略定位,主动适应地方产业优化对人才需求的变化,制定了《专业集群建设提升行动计划》,按照"夯实基础、突出应用、培育特色、提高质量"的原则,依据"专业群对接产业链服务地方经济,特色学科对接资源优势推动地方产业发展"的思想,深入分析武陵山区尤其是梵净山自然和人文资源优势和相关产业发展状况,设计特色专业整体发展规划,着力调整特色专业布局,构建特色学科专业体系,优化特色学科专业结构,发展特色专业集群,应用学科建设成效显著。

本书中不少观点和理念既是推动铜仁学院实现跨越发展的实践经验,也是对铜仁学院向应用型转型发展过程的一个全面总结,对地方新建本科院校发展具有一定的理论指导意义,也为我国应用学科建设提供了典型案例。在这些办学经验中,本书特以铜仁学院"铜仁需求·国家标准"办学理念为典型指导案例进行分析。

2016 年 5 月 30 日,在学校组织召开的"赴毕节考察学习总结座谈会"上,侯长林校长首次提出"铜仁需求·国家标准",并进行了阐释。②

之后,在专业学院整合与学科专业结构优化调整工作的关键阶段,侯长林校长亲自带队赴即将重组整合的 16 个专业学院调研,在座谈会上,当谈到如何打造办学特色时,他再次提出:要"立足铜仁需求,勇做国家标准"。他说:"铜仁需求,梵净山需求,是铜仁学院发展的

① CURTI M,CARSTENSEN V.The University of Wisconsin:A History,1848-1925[M].Madison:University of Wisconsin Press,1949:88-89.
② 田黎星,等.他山之石,可以攻玉:2016 年 5 月 26 日毕节考察学习总结[Z].铜仁学院校办通报,2016(5).

立足点。立足'铜仁需求'不是降低标准,而是凝聚特色,把特色做到极致。"[1]笔者认为,"铜仁需求·国家标准"8个字包含着丰富的内容,对其进行解析,既有理论意义,又具实践价值。

(一)"铜仁需求·国家标准"的来源

1.来源于美国威斯康星大学"为州服务"的办学理念

1904年,美国威斯康星大学校长范·海斯在就职演讲中明确提出他的办学理念:"州立大学的生命力在于她和州的紧密联系。州需要大学来服务,大学对州负有特殊责任。教育全州男女公民是州立大学的任务,州立大学还应促进与本州发展有密切关系知识的迅速成长。州立大学教师应运用其学识专长为州做出贡献,并把知识普及全州人民。"[2]范·海斯把"为州服务"和"把知识普及全州人民"看成是"州立大学"发展的逻辑起点,看成是他的神圣使命,他甚至宣称:"服务应成为大学的唯一理想。"[3]为了实现他的"为州服务"办学理念,他认为,州立大学除了要传播知识外,还要考虑州的经济社会发展需要。于是,他提出,第一,大学必须参与所在州的具体社会事务,将威斯康星大学的边界拓展到州的边界,把全州看作威斯康星大学的教学场所。第二,大学要与州政府建立紧密的伙伴关系,相互支持,互惠互利。威斯康星大学派学科专家到州政府各部门任职,充当顾问及担负相应领导工作,同时,还要大力发展知识、技术的推广与应用事业,促进科技成果转化和扩展服务工作。范·海斯的这些想法后来成为"威斯康星理念"的主要内容。我国地方本科院校应用转型,其实就是要转向服务地方的需求。只有与地方需求对接,学科专业才能发展,大学也才能发展。在国内,有些地方本科院校尤其是部分新建地方本科院校,在办学过程中不考虑地方需求,眼睛"朝上看",跟着更高级别的老牌大学的办学思路走,以为这样就可以把大学办得"高大上"。殊不知,这恰好把自己赖以生存的根基丢了,悬在空中,虚无缥缈。立足地方需求,既是地方经济社会发展的需要,更是大学自身学科专业发展的需要。范·海斯领导的威斯康星大学做的是州的需求,却并没有矮化自己,反而把威斯康星大学做成了国际品牌。铜仁学院是铜仁市人民政府举办的大学,侯长林校长提出的"铜仁需求·国家标准"和范·海斯校长提出的"为州服务"的办学理念有异曲同工之妙,是"威斯康星理念"在铜仁学院的实践和发展。

2.来源于铜仁学院"教学服务型大学"的类型定位

铜仁学院在应用转型的过程中,同其他新建本科院校一样有过迷茫,经历过挫折。铜仁学院刚开始转型时,也随大流把发展方向定位为应用技术大学,但在推进和深入的过程中,发现走进了"丢西瓜,捡芝麻"的死胡同,原先师范专科学校的基础得不到彰显,"应用技术"的发展既没有积淀,也没有行业背景,无法做大做强。好在学校领导很快进行调整和重新设计,结合学校实际和转型发展的内在要求,把铜仁学院发展的类型定位为教学服务型大学。

---

① 我们已经走在"聚"的关键点上:在专业学院进行"整合优化调整"调研时的讲话[Z].铜仁学院校办通报,2016(6).
②③ 陈学飞.美国、德国、法国、日本当代高等教育思想研究[M].上海:上海教育出版社,1998:45.

因为"没有技术积累和积淀,也没有行业技术支撑和支持,如果定位在应用技术大学,显然是不符合实际的"①。铜仁学院对办学定位的调整,既体现了学校领导对高等教育规律和学校未来发展趋势的把控能力,也体现了他们敢于自我纠偏的胸怀和气度。教学服务型大学办学定位经过学校教代会、党代会的充分讨论,已经成为广大师生的共识,成为行动的方向。教学服务型大学关注"服务"是其本质的要求,如何体现"服务"是必须回答的问题。显然,作为处于一定区域的新建地方本科院校就应该首先把眼光投向其所处的地方。铜仁学院为铜仁市服务,就成了必然的选择。因此,可以说"铜仁需求·国家标准"就是铜仁学院教学服务型大学办学定位的具体体现。

3. 来源于校长侯长林特殊的办学经历

侯长林校长在高职院校工作多年,在 2010 年就把 2003 年才合并升格为大专的铜仁职业技术学院带进了国家骨干高职院校建设行列,他深知"地方需求"对一所地方性高校办学的重要性。在铜仁职业技术学院工作期间,他曾经提出过办学"要紧紧盯着地委书记、行署专员的眼球转"②的理念。可以说,"地方需求"的办学理念在他的心里是根深蒂固的。到铜仁学院工作后,在推进学校应用转型的过程中,他也始终坚守"为地方服务"的办学理念。所以,"铜仁需求"是他一贯的办学主张。

过去,侯长林校长在组织召开的学校办学思想大讨论的会议上,说过"立地才能顶天"的话语。我认为,"铜仁需求·国家标准"与"立地才能顶天"是完全相通的,甚至更加形象和具体,回答了铜仁学院"立地"和"顶天"的内容、路径和标准。或者说,仅仅用"立地才能顶天"指导办学,还不具有铜仁学院特色,有泛化之嫌,对每一所地方本科院校都适用,不是铜仁学院独有的办学理念。而"铜仁需求·国家标准"就不一样,既具体、明确,又有很强的针对性。因此,可以说"铜仁需求·国家标准"的办学理念,是"立地才能顶天"的"铜仁学院化",既具有应用转型高校的共性,也具有铜仁学院的个性,是打上了铜仁学院印记的办学理念。

(二)"铜仁需求·国家标准"的内涵

"铜仁需求·国家标准"是一种办学导向和理念:对学校来说,既适合指导整体发展,也适合指导某一方面工作;对教职工来说,既适合指导群体发展,也适合指导个人进步;对学生来说,既有益于当前价值的提升,也有益于后发优势的培养。

1."铜仁需求"的内涵

侯长林校长从谈及"立地必须顶天"到提出"铜仁需求·国家标准",笔者认为其逻辑起点都是"地方本科院校"与"地方"的"鱼水关系","鱼失水则死,水失鱼犹为水也"。关于"铜仁需求"的内涵,笔者认为有"虚指"和"实指"两个方面的内容。

所谓"虚指",指"铜仁需求"中的"铜仁"不是真正指铜仁市,而是指学校所在的区域,可

---

① 侯长林,罗静,叶丹.应用型大学视域下新建本科院校办学定位选择[J].教育研究,2015,36(4):61-69.
② 侯长林.侯长林文集(高职教育卷)·大学精神与高职院校跨越发展[M].北京:北京理工大学出版社,2012:110.

大可小。对铜仁学院来说,可能是铜仁市,可能是梵净山,还可能是武陵山区,也可能是贵州省,甚至在某些特色学科和专业领域,还可能是中国乃至世界。因此,这里的"虚指"主要是引导铜仁学院积极响应国家号召,走应用转型发展之路,培养高素质应用型人才,提高服务地方的能力水平,为地方发展贡献力量。学校是发展变化着的,铜仁学院的总体办学水平是随着服务社会的领域逐步拓宽和服务社会的质量逐步提高而提升的。在朝应用型方向转型发展的起步阶段,受"师范专科学校"的历史沿革和办学基础所限,铜仁学院服务社会的领域比较窄,质量也不高。但随着学校办学水平的提升,其服务面向会沿着铜仁需求、贵州需求乃至国家需求的方向发展。因此,"铜仁需求"的"虚指"给铜仁学院应用转型提供了广阔的发展空间。

所谓"实指",指"铜仁需求"中的"铜仁",就是指铜仁市。根据《铜仁统计年鉴——2020》显示,全市总面积1.8万平方千米,辖2区8县、9个省级经济开发区、1个省级高新技术产业开发区,总人口约446万,聚居着汉、苗、侗、土家、仡佬等29个民族,少数民族人口占总人口的70.45%。铜仁学院地处铜仁市,就要从"铜仁需求"入手,以铜仁市经济社会发展为己任,做铜仁市全方位发展的主人。因此,这里的"实指"给铜仁学院的应用转型提出了明确任务,使学校找到服务社会的实实在在的对象,使广大教职工在自己的岗位上看得更真切,摸得更实在,很快找到服务"铜仁需求"的抓手。比如,学校如何从学科专业角度服务"铜仁需求"?学校宣传部叶丹部长等结合铜仁市丰富的生物、矿产、文化等资源禀赋,提出的铜仁学院梵净山林业生态、梵净山锰钾汞高效利用与治理、梵净山民族文化、梵净山区域高等教育与职业教育四大学科专业集群发展的想法,就很好地回答了这个问题。

总之,从"铜仁需求"的内涵来看,"虚指"更多是理念和方向,"实指"更倾向于操作和践行,二者相互支撑,相互补充,为铜仁学院转型发展明确任务、指明方向、找准路径。

2."国家标准"的内涵

"标准"的原意是"衡量事物的依据或准则",加上"国家"二字,就应该是一个国家衡量事物的依据或者准则。我国制定有《中华人民共和国标准化法》,在这部法律中,对"需要统一的技术要求"制定了标准,分为国家标准、行业标准、团体标准和企业标准四个类别,其中国家标准是由国务院标准化行政主管部门编制计划,协调项目分工,组织制定(含修订),统一审批、编号并发布的标准化内容。

在"铜仁需求·国家标准"的理念中,笔者认为,"国家标准"更多的是"虚指"而不是"实指"。第一要义是"高标准",指学校谋划发展目标,制定事业规划等要高标准,要"跳起来摘桃子"。这与铜仁学院"苦心励志、追求卓越"的大学精神和"上水平,出特色"的阶段性目标都是一脉相承的。第二要义是"快速度",传递的是一种昂扬向上的精神力量,蕴藏的是"求快求发展"的内生爆发力,展现的是向"国家标准"看齐的团结奋进的良好形象。在全国新建地方本科院校"万马奔腾"转型发展的关键阶段,如何能够抢抓机遇,进入国家视野的"第一方阵",获取更多政策红利,是需要深思的问题。当前,在某些学术领域,或者某项工作中,我们可能还只是"地方标准",但只要有发展的信心和决心,开足马力,提升速度,向"国家标准"进发,就能够带动学校综合实力提升。第三要义是"全覆盖",包含学校工作的方方面面。从大学职能来看,覆盖人才培养、科学研究、服务社会三个方面;就具体任务来讲,涉及对教学、管理、服务等不同性质、不同岗位的工作要求。因此可以说,"国家标准"是高要求,无止境,只有更高,没有最高。

(三)"铜仁需求·国家标准"办学理念的启示

1.要根据"铜仁需求"办学,按照"国家标准"建设学校

铜仁学院根据什么需求办学,涉及的是学校办学定位的问题,定位不准,需求就难以确定。如果定位在教学型大学,就可以不考虑或少考虑地方需求,只要把教学工作抓好,把眼光盯住人才质量就行了,即人才培养问题成了学校关注的焦点,优质学生的培养是学校最大的需求。当然,对优质学生的界定也要联系到需求上来,即需求的主体是什么?是行业、企业,还是政府?是国家层面、省级层面,还是市州、区县层面等等。如果定位在研究型大学,就抓住科学研究不放,产出高水平的科研成果,是学校最大的需求。当然,与教学型大学一样,研究型大学也存在科学研究的需求主体,是以国家层面需求为主,还是以省级、市州、区县层面为主?科学研究的内容主体是什么,是以基础研究为主还是应用研究为主?诸如此类问题都不能单纯地思考。

教学服务型大学是应用型大学的一个类别。铜仁学院通过"从上到下,从下到上"的多次办学思想大讨论,将学校类型定位在教学服务型大学上。其中心动词是"服务",首先需要考虑的就是如何凸显"服务"的问题。铜仁学院是铜仁市政府举办的高校,是黔东这块土地上唯一的一所本科院校,从地理空间上看,由近及远有铜仁(梵净山)—武陵山片区—中国南方—中国,由行政区划上看,有铜仁市—贵州省—西南地区—中国。自然,作为教学服务型大学,服务地方就是我们的宗旨,至于地方的半径有多大,是实指的"铜仁",还是虚指的"铜仁",这取决于我们的服务能力和水平,服务能力和水平越高,所服务区域的半径就越大。对铜仁学院这样的新建地方本科院校来说,当前的主要服务区域就应该是"铜仁市",不排除随着学校的快速发展,办学实力和格局发生变化,办学类型相应发生变化,服务的对象和层级也会发生变化。

尽管如此,无论任何时候,我们的服务标准都不能低,要用如前所述的"高标准""快速度""全覆盖"来要求自己,要朝着"国家标准"方向来建设铜仁学院。过去,由于学校办学底子薄,我们不敢提国家标准,只敢把学校发展的目标定在区域一流上。但现在通过应用转型发展,学校有了一定的基础,尤其是进入贵州省首批向应用型转型发展的高校试点,并已上报列入国家100所产教融合项目建设单位,有望跻身国家高水平应用型高校建设的行列,那就更要"跳起来摘桃子",坚定不移地按照国家高水平应用型高校的标准进行建设。这是国

家发展给我们带来的利好政策,是铜仁学院发展的历史性机遇,我们这一代铜仁学院人必须抢抓机遇,不辱使命,为学校的发展贡献力量。

2.要根据"铜仁需求"设置专业,按照"国家标准"培养人才

铜仁学院现建有43个专业,涉及10个学科门类、32个专业类型。显然,在经济不发达、教学资源有限的西部地区的新建地方本科院校,如此设置学科专业,可见其建设学科专业的难度、厚度和水平。回顾过去,造成这种现状的原因很多,总的来说是没有科学规划和统筹,反而因为求大求全的思想作祟,在学科专业的设置上把关不严,显得随意。比如,对专业来说,有沿着"师专"时期传统积淀申办的,有根据师资队伍情况申办的,也有根据社会需求申办的,甚至有政府领导打招呼申办的,等等。没有综合考虑专业设置的两个关键因素:需求和可能。在这样的前提下,怎么能够按照"国家标准"培养人才? 这种现状要不要优化调整,怎么优化调整? 这都是需要思考和解决的问题。《中共铜仁学院委员会 铜仁学院关于印发〈铜仁学院关于专业学院整合与学科专业结构优化调整方案〉的通知》(院党发〔2016〕30号)文件的出台,将原有的16个专业学院优化整合为10个专业学院,从组织机构上"将拳头握了起来";在新专业申报工作中,建立了"由所在专业学院自己选择'增一退一'"的机制,从内容上实质性地迈出了学科专业优化调整的第一步。这些动作,是"治本"(贵州省教育厅原副厅长代其平语),是"壮士断腕"(贵州省教育厅高教处处长邸姜滔语),是我校根据铜仁需求和专业群的发展,优化整合专业资源,按照"国家标准"培养人才,迈出的"自我诊改"的坚实的一步。相信我们有信心和决心尽快优化调整学科专业结构,打造特色学科专业集群,按照"国家标准"培养人才,服务经济社会发展。

3.要根据"铜仁需求"进行科研,按照"国家标准"产出成果

侯长林校长在2015召开的学校科技工作大会上的讲话中指出:"铜仁学院作为朝应用型大学转型发展的本科高校,科学研究的重点是应用研究,同时也为基础研究打开一扇窗。"铜仁学院进行应用研究,就是要考虑"铜仁需求",但是不能只做"铜仁标准",要尽可能提升科学研究的水平,做"贵州标准",直至"国家标准",甚至"国际标准"。如果将"需求"和"标准"的3个因素分别组合,可以得出9种不同组合(表6-1)。

表6-1　应用型科研需求、标准组合表

标准	需求		
	铜仁	贵州	国家
铜仁	1 铜仁需求、铜仁标准	2 贵州需求、铜仁标准	3 国家需求、铜仁标准
贵州	4 铜仁需求、贵州标准	5 贵州需求、贵州标准	6 国家需求、贵州标准
国家	7 铜仁需求、国家标准	8 贵州需求、国家标准	9 国家需求、国家标准

在应用科学研究过程中，一个层面的需求至少要与完成任务的标准同步（比如对"贵州需求"的研究至少要达到"贵州标准"），才有研究的意义和获得研究资助的可能。表6-1中的1、4、5、7、8、9组合是有研究意义和获得研究资助的可能的；而2、3、6组合都是需求高于标准，基本没有研究意义，也不可能获得研究的资助。再者，假定将一位教师的研究水平分为铜仁、贵州、国家3个级别，然后将表6-1中的1、4、5、7、8、9组合分别与3种级别的水平组合，就可能形成18种不同组合（表6-2）。

表6-2　应用型科研需求、标准及教师科研水平组合表

水平	组合					
	铜仁需求 铜仁标准	铜仁需求 贵州标准	铜仁需求 国家标准	贵州需求 贵州标准	贵州需求 国家标准	国家需求 国家标准
铜仁水平	a 铜仁需求 铜仁标准 铜仁水平	b 铜仁需求 贵州标准 铜仁水平	c 铜仁需求 国家标准 铜仁水平	d 贵州需求 贵州标准 铜仁水平	e 贵州需求 国家标准 铜仁水平	f 国家需求 国家标准 铜仁水平
贵州水平	g 铜仁需求 铜仁标准 贵州水平	h 铜仁需求 贵州标准 贵州水平	i 铜仁需求 国家标准 贵州水平	j 贵州需求 贵州标准 贵州水平	k 贵州需求 国家标准 贵州水平	l 国家需求 国家标准 贵州水平
国家水平	m 铜仁需求 铜仁标准 国家水平	n 铜仁需求 贵州标准 国家水平	o 铜仁需求 国家标准 国家水平	p 贵州需求 贵州标准 国家水平	q 贵州需求 国家标准 国家水平	r 国家需求 国家标准 国家水平

在表6-2的18种组合中，经分析有3种情况：第一，b、c、d、e、f、i、k、l 8种组合，研究水平低于要求标准，如果不努力提高，是不可能完成研究任务的；第二，a、h、j、o、q、r 6种组合，都是研究水平和要求标准同步的，只要用心研究，是可以完成研究任务的；第三，g、m、n、p 4种组合，研究水平都高于要求标准，只要用心研究，完全可以完成研究任务，而且还有可能提高标准完成任务。

因此，每一位教师在应用科学研究对象和内容的选择上，一定要立足"铜仁需求"，结合自身研究水平，联系学科专业方向，从完成研究任务的"可能"和"效率"入手，确立自己的研究领域。当然，即使是暂时只有"铜仁水平"研究能力的教师，只要有起步，有开端，在完成"铜仁需求、铜仁标准"的研究任务过程中提升自己的研究水平，也有可能最终实现凭借自己的"贵州水平"甚至"国家水平"来完成"贵州标准"和"国家标准"的任务，产出高水平的成果。

4.要根据"铜仁需求"服务社会，按照"国家标准"提高服务质量

铜仁学院将办学类型定位为教学服务型大学，就要以服务社会为己任，努力把服务社会

的工作做好。服务社会,就铜仁学院而言,就是要根据铜仁需求,服务好铜仁发展。但是,根据铜仁需求服务社会,不能只做铜仁标准,要按照向"国家标准"靠拢的趋势做好服务社会的工作,让社会满意,让人民满意,让举办方——铜仁市人民政府满意。

不过,随着铜仁学院办学水平的提升,其服务社会的范围可以逐步拓展,服务质量可以逐步提升,比如由仅仅提"铜仁需求"发展到不仅提"铜仁需求",还适当做一部分"贵州需求",乃至"国家需求"。但前提是要把"铜仁需求"做好做扎实,在服务"铜仁需求"的过程中逐步提升。铜仁学院已经成立了社会服务中心,各专业学院成立了社会服务科,专门建立社会服务团队研究、规划社会服务工作,将铜仁学院"社会服务"的旗帜插到黔东大地,尽快实现"黔东处处是校园"。因此,铜仁学院社会服务的立足点主要是"铜仁需求",我们也要做好长期坚守"铜仁需求"的心理准备。至于少部分教师提前瞄准"贵州需求"或"国家需求",这是好事,就像打仗一样,他们是先遣队,学校也要支持和鼓励。

第七章 现代职业教育体系背景下应用型学科生态化发展研究的结论与反思

应用型学科作为我国职业教育发展的指向标,找准应用型学科生态位是构建现代职业教育体系的核心要素。目前,职业教育已经成为我国高等教育体系的重要组成部分,然而现代职业教育还未形成完整的体系,《国务院关于加快发展现代职业教育的决定》中已经明确,现代职业教育的办学层次有中等职业教育、高职专科教育、应用型本科教育和专业学位研究生教育,这样的决定彻底打破了职业教育学历是"天花板"的局面。其后,国家层面先后出台了《现代职业教育体系建设规划(2014—2020年)》《教育部 国家发展改革委 财政部关于引导部分地方普通高校向应用型转变的指导意见》以及《教育部关于"十三五"时期高等学校设置工作的意见》,是国家在应用型人才培养方面做出的重大战略部署。很显然,现代职业教育体系构建已被提上议事日程,而应用型学科的生态化发展是架构现代职业教育体系与应用型人才培养的桥梁,但是将现代职业教育体系、学科及应用型学科、学科与生态化等几个要素全部结合起来进行的研究几乎还是空白,即现代职业教育体系背景下应用型学科生态化发展研究是一个全新的话题,拓展和创新的空间很大,且关于应用型学科的研究目前主要集中在本科阶段。高职专科院校和中职学校的学科建设研究几乎没有,更没有见到关于中职教育、高职专科教育、应用本科教育、专业学位研究生教育的学科体系方面的研究成果。本书通过对现代职业教育背景下应用型学科生态化发展的文献综述、现状、问题、实践探索等方面进行了仔细的梳理,努力尝试对现代职业教育背景下学科生态化发展进行研究,并对研究结论从背景分析、理论探究、实践验证三个层面进行归纳。

一、研究结论

(一) 背景分析层面

1.意义囊括,三义彰显

应用型学科的生态化发展是架构现代职业教育体系与应用型人才培养的桥梁,职业教育的"升级"通道得以畅通,人才培养的"直通车"与"立交桥"就会成功构建。因此,现代职业教育学科体系关乎现代职业教育体系的命脉。本书将现代职业教育体系背景下应用型学科生态化发展作为研究的课题,其意义主要归结为以下三点:①顺应国家构建现代职业教育体系的战略规划。国外在职业教育体系构建方面,已经做了比较深入的探索,形成了比较典型的职业教育体系。我国也非常重视职业教育体系的构建,《国务院关于加快发展现代职业教育的决定》中已经明确,现代职业教育的办学层次有中等职业教育、高职专科教育、应用型本科教育和专业学位研究生教育,这样的决定彻底打通了职业教育的直升通道。②解决应用型学科发展问题。国外学者对学科比较关注,有不少研究成果,通过对国外学者的相关研究成果的探索,笔者发现学科研究主要有两大特征:一是学科研究的维度基本上是在学校的科目和学校纪律或规训两方面展开;二是学科研究的内容主要包括某一学科发展问题的探讨、对组织与学科关系的研究和对跨学科、多学科问题的研究三个方面。国内对学科进行研究的学者也不少。关于学科与生态的研究,近几年才开始受到学者的关注。③契合现代职业教育体系构建与应用型学科发展的内在诉求。随着我国经济发展职业教育体系的构建势在必行,从已有的研究来看,基于现代职业教育体系背景下应用型学科生态化发展研究的拓展空间还很大,尤其在中职教育学科建设的研究更是大缺口。由此看来,今后有关职业教育体系学科方面的研究,应该从中职教育的学科建设贯通到专业学位研究生教育的学科建设,并深入研究相互间的衔接与贯通,形成一种相互协调、相互促进的生态系统。故从生态视角研究现代职业教育体系中的学科建设将是很好的选择,也能促进跨学科研究。

2.研究动态,丰歉兼具

通过梳理和研究动态表明已取得的有关现代职业教育体系、学科及应用学科、学科与生态化方面的研究成果,代表了国内在这些领域的高水平研究。但是将现代职业教育体系、学科及应用型学科、学科与生态化等几个要素全部结合起来进行研究的还未涉及。关于应用型学科的研究目前主要集中在本科阶段。高职专科院校和中职学校的学科建设研究几乎没有,更没有见到关于中职教育、高职专科教育、应用本科教育、专业学位研究生教育的学科体系方面的研究成果。

基于中国知网(CNKI)分析发现,在现代职业教育体系背景下,关于应用型学科的内容,不同学者从不同角度其进行了研究,首先,关于应用型学科的研究阐述。关于应用型学科的表述最早出现在1993年中共中央、国务院发布的《中国教育改革和发展纲要》中"重点发展应用学科"。其研究内容主要从应用型学科的内涵、存在问题、原因分析、对策研究这四大板块来加以阐述。其次,关于学科生态化发展的研究阐述。基于学科生态、学科系统等内涵,一些学者深入探讨了生态学视角下,学科系统中的学科特征、学科与学科之间的关系等内容。在现代职业教育体系背景下,现代职业教育体系、应用型学科及学科生态化发展三方面的研究已取得了丰硕的成果,成就值得肯定,但在研究内容、研究方法、研究视角、研究对象方面仍存在着一些不足。

3.问题梳理,新旧交替

本书对中职教育、高职教育、普通高等教育学科问题进行了探讨。首先,对中职学校有没有学科这一问题予以探索。本书认为,中职学校在强化技能型人才培养过程中不谈学科是对的。但是,作为人才培养的主体,中职专业教师必须要有学科的意识和思维,才能拓展发展空间,谋求更大的提升。否则,只讲专业,教师就会缺失向上提升发展的动力。因此,笔者得出学科与中职专业教师的关系:第一,学科是中职专业教师专业课程开发的源泉;第二,学科是中职专业教师创新人才培养的摇篮;第三,学科是中职专业教师科技研发能力提升的依托。基于此,本书认为:中职学校既然有学科存在,就应该鼓励对其进行研究,尤其是在学科背景下开展中职教师专业能力提升研究,给出中职教师专业能力提升的新策略和新路径;中职学校管理者在教师队伍建设过程中,要适度引入学科概念,引导专业教师客观认识学科存在的合理性和必要性;中职专业教师要主动寻找学科归属,合理建立学科团队,在学科平台上发展自己,找回向上提升的动力。

其次,探讨了高职教育的应用型学科问题。学科虽然是一个老话题,但对高职教育来说仍然是一个敏感问题。从高职教育发展情况来看,不仅有学科存在的基础,而且学科对高职教育发展质量的影响将越来越大。因此,高职教育不应该再回避学科问题,而应结合自身特点,坚持应用型学科发展导向,树立应用型学科思维,营造高职教育学科发展环境,结合高职教育属性,坚持高职教育应用型学科发展方向,以应用型学科发展为抓手,推动高职院校在全面转型提升等方面加强高职教育学科建设,引领和带动高职教育的转型升级发展。除此之外,本书还以"学科建设"尚未形成高职教育内涵发展之"共识"为切入点,选择遭受质疑和争议的高职教育专业发展地位与作用、专业学术理论研究及其认知、专业人才培养现实困惑等三个热点话题,从高职教育学科发展政策指向不明、高职教育理论体系缺失和高职教育发展阶段性特征所局限等方面探究了具体成因。在此基础上,本书从高职教育的"大学属性"(知识性、学术性、文化性、社会性、创新性)和"职业属性"(紧贴产业、对接职业、校企协同、服务就业、技术逻辑)两个方面提出高职教育"学科建设"应是"专业建设"的根基,并且具有"跨界生长""复合交叉"和"协同融合"三个显著特色。基于创建高职教育跨领域"一流专业应用学科"的视角,从坚持产业导向的学科跨界融合发展路径、树立学科生态化的协同发展理念、构建专业学科融合发展模式等三个方面就如何弥补专业学科短板、加强高职专业学科建设进行了创新思考。

最后,探讨了普通高等教育应用型学科问题。伴随地方本科院校的应用转型,应用型学科建设中仍有一些问题没有从根本上得到解决,其中还不乏一些新问题出现,所以,要建好应用型大学,作为大学核心要素的应用型学科,其建设问题仍需持续关注。笔者研究发现地方本科院校应用型学科建设存在以下的问题:方向和领域凝练不精准或有重复,学科团队的聚合力与竞争力不足,科研成果不聚焦且质量层次不高,学科建设的科研条件仍有待提升,学科建设的制度机制需健全完善,应用型学科文化建设重视度不高。解决此类问题就需要:

找准优势与特色、促创新成果产出;合理遴选成员、兼顾培养与引进;政校企深度合作、重点发展交叉平台;科学加文化管理、健全相关制度机制;培育学科文化、丰富学科内涵。

4.问题归因,求启共存

笔者研究发现,我国传统教育历来"重学轻术",即使在今天,"重学轻术"的思想仍然根深蒂固。我国高职教育诞生很晚,直到1980年初才开始建立职业大学,到现在也才有40余年的发展历史,并且由于"重学轻术"传统观念的影响,应用型人才一直得不到应有的重视。即使在2015年10月,《教育部 国家发展改革委 财政部关于引导部分地方普通本科高校向应用型转变的指导意见》出台后,部分新建本科院校在转型发展的路上仍然不情不愿,或者羞羞答答,认为转型发展、培养应用型人才有"自我矮化"之嫌,担心回到专科层次或者高职教育的阵营。对国家高等教育分类发展来说,这是非常利好的改革号角,必须有本科层次的职业教育,在应用学科上才能有完整的"术科体系",也才能授予相应的"术位体系"。因此,可以说,我国应用学科体系已经初步建构,开始形成有中职、高职专科、应用型本科、专业学位研究生等不同层次组成的学科体系。但是,这种构建只是初见端倪,还存在不少问题,具体表现在以下几个方面:中职和高职专科学校学科生态位缺失;应用型本科学科生态位较弱;专业学位阶段应用学科生态位不明显。解决以上问题需要:强化应用学科生态位的对策:补齐中等职业教育和高职专科教育应用学科生态位的缺陷;强化应用型本科高校应用学科生态位的主体地位;构建专业学位研究生教育应用学科生态位的框架。

(二)理论探究层面

1.内涵剖析

厘清应用型学科生态化的内涵首先应厘清学科、基础学科、应用学科及学科生态位的概念及内涵。关于学科的说法很多,但不管对学科怎么定义或表述,它都应该是知识产生和积累的产物,当知识积累到一定阶段需要整理和分类时,人类才进入了学科时代,也就是说,学科是知识谱系,是知识的门类。所谓基础学科,是指研究社会基本发展规律并提供人类生存与发展基本知识的学科,一般多为传统学科,如数学、物理学、化学、哲学、社会科学、历史、文学、逻辑学等。应用学科是相对于基础学科而言的,是研究基础学科所产生知识的应用,由能够直接指导生产服务一线工作,提高人类生活水平、生存质量所需要的知识、经验、方法、策略形成的系统的理论体系。所谓学科的生态位,就是指在学科系统中某个学科占据的空间和具有的功能,尤其是指学科在空间及竞争中的关系。一个学科要生存与发展,必须要找准自己的生态位,没有自己独有的生态位,就没有自己生存与发展的空间。

谈到应用学科常常会联想到基础学科,所以除了要厘清学科、基础学科、应用学科及学科生态位的概念及内涵外,还需厘清基础学科与应用学科的联系与区别。本书研究得出基础学科与应用学科的联系表现在:知识的统一性和整体性;学科的"本"和"用"。基础学科与应用学科的区别主要体现在:基础学科与应用学科哲学基础不同;基础学科与应用学科研究内容不同;基础学科与应用学科对研究团队的要求不同;基础学科与应用学科的科学研究和人才培养使命不同;基础学科与应用学科服务社会的对象和方式不同;基础学科与应用学科体系构建不同;基础学科与应用学科支撑的教育类型不同。本书还探索出应用学科的生长内涵及路径:促进基础学科与应用学科的生态平衡;推动应用学科与专业一体化发展;坚持为地方经济社会发展服务的原则;重视应用学科的交叉发展;培育应用学科的特色;构建应用学科的文化体系。

2.理论探寻

理论是指导实践的基础,实践是检验真理的唯一标准。因此,要厘清现代职业教育体系背景下应用型学科的生态化发展首先要找到其发展的理论基石。现代职业教育体系包括中等职业教育、高职专科教育、应用型本科教育和专业学位研究生教育,从中我们不难看出除了中等职业教育还没达到大学的度以外,其余均属于大学的范畴,而大学要可持续良性发展,必须厘清统摄性问题。遗憾的是,大学统摄性问题还没有引起高等教育界学者的广泛关注。因此,对大学统摄性进行研究与思考十分必要。大学统摄性主要包括:大学哲学基础的统摄性;大学定位的统摄性;大学职能的统摄性;大学特色的统摄性,大学哲学基础、定位、职能和特色不是孤立存在,而是紧密相连,有其内在逻辑的。其具体表现为:一方面,大学哲学基础决定大学定位并对大学职能和特色产生影响,大学定位决定大学职能并对大学特色产生影响,大学职能决定大学特色;另一方面,大学特色会强化大学职能、定位和哲学基础,大学职能会强化大学定位和哲学基础,大学定位会强化大学哲学基础。因此,不同的大学,由于各自的情况和所处的发展阶段不一样,大学哲学基础统摄性点的选择就要综合考虑各方面因素进行确定,大学定位、大学职能和大学特色三大模块统摄性点的选择,也要根据大学的具体情况,考虑大学所涉及的多方面因素,但是尤其要考虑其模块所处的位置及其前面模块的情况,并尽可能与其相对应。本书认为要强化大学的统摄性就需要有统摄性的意识、统摄性培育的规划、统摄性培育实施方案,并构建统摄性培育的评价机制。

(三) 实践验证层面

1.案例与策略

首先,从总体上阐述地方院校对"双一流"建设的策略。"双一流"建设将在未来50年内主导中国高等教育的发展,地方院校只要抓住历史机遇,制定科学的发展战略,选准发展路径,也有可能走向卓越,成为中国乃至世界一流大学。地方院校对"双一流"的追求,要根据自身的实际进行选择。本书认为尽管各院校的情况各不相同,但是其主要策略有:合理定位建一流,争创区域一流和学科点的突破;扎根地方建一流,将"双一流"建设目标与地方经济社会发展尤其是产业转型升级相结合,努力成为地方创新发展的智库和策源地;特色发展建一流,主要指特色学科的发展和特色文化的发展两个方面;突出应用建一流,努力培养一流的应用型人才,做一流的应用研究并强化服务社会职能;开放办学建一流,通过国际化办学,鼓励学生国际流动,做好师资队伍的国际化和本土国际化工作。

其次,通过选择应用转型的一种高校类型——教学服务型大学,对其发展进行了系列研究。教学服务型大学是高校应用转型的一个方向和目标,教学服务型大学首先是大学,因此,根据大学的统摄性职能(哲学基础、定位、职能和特色),对其展开深入的研究。具体体现在:第一,对教学服务型大学的哲学基础的探讨。本书认为高等教育哲学基础是多元的,企图用一元化哲学基础来概括多元化发展的高等教育哲学基础是不可能的。教学服务型大学哲学基础体现在其大学职能的发挥上,政治论统摄下的人本论、认识论和文化论的有机结合是教学服务型大学哲学基础的最佳选择。第二,对教学服务型大学的办学定位困境及突破策略进行了探讨。生态位理论视角下,当前教学服务型大学办学定位中存在办学生态位重叠、办学生态位宽度失衡以及办学生态位态势分离的困境。基于此,本书提出:错位办学与精准定位并重、有限办学和恰当宽度融合、特色办学与协调包容的共存策略,以期突破生态位困境,明确教学服务型大学的办学定位。第三,从教学服务型大学的入学教育生态位体系构建上进行了研究。入学教育的好坏直接影响高校后续的学生思想政治教育工作成效。立足生态学的角度,高校入学教育应是高等教育中一个小的动态生态系统,只有确保这一小生态系统的物质、能量及时供给,才能提高入学教育实效。为了提高入学教育实效,笔者借用生态学的理论从入学教育的环境、主体、内容和过程四个方面着手,构建了完整的入学教育生态体系,其中环境生态的构建最为重要,且入学教育环境分别制约着教育主体、过程和内容,保证其生态性运转。第四,将问题落实到教学服务型大学的学科生态化发展的讨论上来。本书认为从生态学的角度看,高等教育是一个有机的、复杂的生态大系统。并且从生态化的角度看,教学服务型大学学科存在适应性不强、协同发展不够、生态位定位不准、群落没有形成和建设不系统等问题。要解决这些问题,使教学服务型大学学科生态化发展顺利进行,就应该坚持学科发展的地方导向,强化其地方性和应用性,把握学科生态化发展规律,重构学科评价体系。

最后,本书通过选择几所具体的中职学校和应用型本科高校进行了深入探索。第一,选取了铜仁市德江县中等职业学校、印江县中等职业学校、思南县中等职业学校、万山区中等职业学校、松桃中等职业学校这5所中等职业学校的专业课教师为研究对象,研究了学科视域下中职教师的专业能力。笔者研究发现学科视域下中职教师专业能力发展存在以下问题:更新教学能力水平有限、运用职业教育的相关理论和方法优化教学设计能力薄弱、对新的教学评价方法学习有限、参与课程开发机会受限、实施科学研究能力不足等。笔者通过分析发现,影响中职教师专业能力发展存在问题的因素有:从个体来看存在中职教师专业能力提升缺少内驱力、中职教师学科基础薄弱;从学校来看存在学校学术氛围有待优化、教师培训模式有待转型、中职学校缺乏学科概念;从社会环境来看存在社会缺乏对中职教师的认可、社会缺乏对中职学生创新能力培养的正确认识等因素。基于以上研究,笔者提出了应唤醒中职教师专业能力提升的学科自觉、厘清中职学校应用学科与专业建设关系、打造中职学校教师专业能力提升平台的对策。第二,以定位为教学服务型大学的铜仁学院为一个典型,对其办学理念进行解析。"铜仁需求·国家标准"8 个字包含着丰富的内容。它来源于美国威斯康星大学"为州服务"的办学理念、铜仁学院"教学服务型大学"的类型定位和侯长林校长特殊的办学经历。"铜仁需求"的内涵有"虚指"和"实指"两个方面的内容,而"国家标准"的内涵则更多的是"虚指",包括"高标准""快速度"和"全覆盖"三方面的要求。"铜仁需求·国家标准"启示我们,无论是学校的整体建设,还是人才培养、科学研究和服务社会单个方面,都要立足"铜仁需求",按照"国家标准"开展工作。除此之外,本书还在明确学科生态位概念的基础上,借用学科生态位测度模型对铜仁学院 10 个校级学科进行了观测评价,具体每个学科独特的生态位随影响因子呈正向变化。笔者得出的结论如下:①排在前五的学科整体学科生态位宽度大,在学科系统中影响力大;②铜仁学院 10 个学科生态位呈"金字塔"形排布;③学科发展依赖 3 个优势学科,政策相对倾斜于 3 个弱势学科。

2.模式的构建

本书对地方本科院校应用转型发展的模式构建和高等职业教育的模式构建进行了研究。第一,对地方本科院校应用转型发展的模式构建的研究。本书探寻出了"新型大学·特色小镇"的建设模式。本书认为新型大学建设是地方本科院校应用转型发展模式的创新,特色小镇建设是地方政府新型城镇化发展平台的创新。"新型大学·特色小镇"建设模式的特殊意义在于,地方本科院校因建在小镇而具有"新型"特质,小镇因地方本科院校的融入而具有"文化"特色。从知识溢出视角看,"新型大学"与"特色小镇"互为知识溢出源,产教城融合和政校企一体是"新型大学·特色小镇"建设模式实现的重要途径,建筑物空间布局融合、高校学科专业与地方产业融合、园区社区与高校融合,是"新型大学·特色小镇"建设模式落到实处的重要保障。第二,对高等职业教育的模式构建的研究。在"大众创业、万众创新"时代背景下,约占高等院校半数的高职院校,如何在创新创业中发挥主力军和生力军作用,展现高职教育产业属性和教育属性,实现立地、应用技术改良更新式的创新,形成独具高职特色的"双创"教育模式,成为亟待解决的问题。本书基于共生理论视角下,高职院校"双创"教育离不开地方企业的参与,以此为突破点,通过高职院校"双创"教育 HVC(Higher Vocational Colleges)—LE(Local Enterprises)共生联动模式的构建,探析其模式存在的必要性(相需共存)和可行性(兼容共生),总结出该模式的三个基本要素:共生单元(高职院校+地方企业)、共生模式(HVC—LE 互惠+连续共生)和共生环境(政策引导+空间支持),以及运行机制：目标协调机制——目标协同+组织联动、环境保障机制——经费支持+文化熏陶+制度支撑、利益分配机制——共享利益+责任共担、监控评价机制——共建标准+共同评价。

3.借鉴与启示

当前，我国职业教育正处于国家高度重视时期，而对职业教育的研究也尚未成熟。为了能够为职业教育发展提供更加顺畅的通道，借鉴和模仿是更好地为职业教育转型服务的绿色通道。我国新建本科院校随着应用转型的不断深入，正在走向新型大学，即新型大学在我国现阶段所指的就是应用型大学。我国由新建本科院校发展而来的应用型大学，无论是应用技术类大学，还是服务类大学，作为一种新型大学，其内在特质是通过培养应用型人才和进行应用研究服务社会，重视与经济社会发展需求相对接，强调大学服务社会职能的发挥。本书认为谈到大学服务社会职能，人们想到的大多是美国特别重视服务社会职能发挥的"威斯康星理念"，但实际上自美国《莫雷尔法案》颁布以后，康奈尔大学作为美国赠地学院的杰出代表，在创建之初就率先"提出了很多革命性的现代大学办学理念，其中包括社会服务的思想，威斯康星大学正是在吸收了康奈尔大学办学思想的基础上，将其进一步发扬光大"[①]的。康奈尔大学这些理念基本上都体现在"康奈尔计划"中，即"康奈尔计划"在一定程度上代表了康奈尔大学的办学思想和理念。因此，探究"康奈尔计划"对我国新型大学建设有一定的启发和借鉴。"康奈尔计划"是康奈尔大学的投资者康奈尔和第一任校长怀特的大学教育思想的综合体现，其主要内容及形成、实施与发展，对我国新建本科院校转向建设新型大学有很多启示，具体表现在：新型大学建设要有信心和决心、有自己的"计划"、强化服务社会职能的发挥、更加重视科学研究、构建相应的课程体系、走国际化道路。

二、研究反思

(一)案例样本选择的范围问题

案例样本选择的范围问题主要体现在样本的选择范围不够广泛上。从本书所选取的样本来看，没有涉及其他省份，只涉及了一个省份的一个市，其中只选择了5所中职学校和1所高职院校以及1所应用型本科院校，这就使研究得出的结论还不具有普适性。本课题组对该课题的研究也不是止步于此，所以本课题组成员将在后续的研究中选取更多的中职学校、高职、应用型本科院校加以更深入的研究，以期弥补和完善本课题研究中样本选取范围不够广泛的缺陷，从而提高本课题研究的效度与信度，提升本课题的普适性。

(二)针对研究对象的偏颇问题

研究对象的分配问题上还是很不对称。这主要从研究的内容来看，本书研究的对象主要还是针对高职和应用型本科院校，对中高职学科发展问题的研究还不够，对中职教育的学

① 董泽宇,李莉.美国康奈尔大学社会服务机制研究[J].兰州学刊,2010(5):141-143.

科问题没有落到深处。虽然课题组已经做了大量的前期工作,但是由于受到诸多因素的影响,比如长期的"重学轻术"思想的影响以及在中高职教育提学科是一个崭新的话题,所以本书仍然存在一些不足。要让中高学校职重视学科发展,这需要经历一个长期的过程,不可能一蹴而就,因此,需要课题组成员更加注重中高职学科发展理论的研究。

一、著作类

[1] 雅斯贝尔斯.什么是教育[M].邹进,译.北京:生活·读书·新知三联书店,1991.

[2] 伯顿·R.克拉克.高等教育系统:学术组织的跨国研究[M].王承绪,徐辉,殷企平,等译.杭州:杭州大学出版社,1994.

[3] 伯顿·克拉克.高等教育新论:多学科的研究[M].王承绪,徐辉,郑继伟,等译.2版.杭州:浙江教育出版社,2001.

[4] 卡尔·雅斯贝尔斯.大学之理念[M].邱立波,译.上海:上海人民出版社,2007.

[5] E.迪尔凯姆.社会学方法的准则[M].狄玉明,译.北京:商务印书馆,1995.

[6] 奥德姆,巴雷特.生态学基础:第五版[M].陆健健,王伟,王天慧,等译.北京:高等教育出版社,2009.

[7] Clark Kerr.大学的功用[M].陈学飞,陈恢钦,周京,等译.南昌:江西教育出版社,1993.

[8] 亚伯拉罕·弗莱克斯纳.现代大学论:美英德大学研究[M]徐辉,陈晓菲,译.杭州:浙江教育出版社,2001.

[9] 约翰·S.布鲁贝克.高等教育哲学[M].王承绪,郑继伟,张维平,等译.3版.杭州:浙江教育出版社,2001.

[10] 中国蔡元培研究会.蔡元培全集:第四卷[M].杭州:浙江教育出版社,1997.

[11] 陈学飞.美国、德国、法国、日本当代高等教育思想研究[M].上海:上海教育出版社,1998.

[12] 道格拉斯·C.诺思.制度、制度变迁与经济绩效[M].杭行,译.上海:格致出版社,2008.

[13] 郭树东.研究型大学学科生态系统发展模型及仿真研究[M].北京:北京交通大学出版社,2011.

[14] 侯长林.大学精神与高职院校跨越发展:高职教育卷[M].北京:北京理工大学出版社,2012.

[15] 侯长林.走向大学深处[M].湘潭:湘潭大学出版社,2016.

[16] 侯长林.我生命中的十年[M].成都:巴蜀出版社,2015.

[17] 侯长林.现代大学教育名著解读[M].北京:人民出版社,2016.

[18] 金耀基.大学之理念[M].2 版(增订版).北京:生活·读书·新知三联书店,2008.

[19] 李永峰,唐利,刘鸣达.环境生态学[M].北京:中国林业出版社,2012.

[20] 路甬祥.学科交叉与科学的意义[M]//李喜先.21 世纪 100 个交叉科学难题.北京:科学出版社,2005.

[21] 中共中央马克思恩格斯列宁斯大林著作编译局.马克思恩格斯选集:第四卷[M].北京:人民出版社,1972.

[22] 潘懋元,王伟廉.高等教育学[M].3 版.福州:福建教育出版社,2013.

[23] 孙儒泳.动物生态学原理(第三版)[M].北京:北京师范大学出版社,2001.

[24] 王述英,白雪洁,杜传忠.产业经济学[M].北京:经济科学出版社,2006.

[25] 吴家玮.同创香港科技大学:初创时期的故事和人物志[M].北京:清华大学出版社,2007.

[26] 杨福家,等.博雅教育[M].上海:复旦大学出版社,2014.

[27] 杨金土.30 年重大变革:中国 1979—2008 年职业教育要事概录(上卷)[M].北京:教育科学出版社,2011.

[28] 袁纯清.共生理论:兼论小型经济[M].北京:经济科学出版,1998.

[29] 张楚廷.高等教育哲学[M].长沙:湖南教育出版社,2004.

[30] 张明新.媒体竞争分析:架构、方法与实证——一种生态位理论范式的研究[M].武汉:华中科技大学出版社,2011.

[31] 赵中建.教育的使命:面向二十一世纪的教育宣言和行动纲领[M].北京:教育科学出版社,1996.

[32] 中国社会科学院语言研究所词典编辑室.现代汉语词典(汉英双语)[M].2002 年增补本.北京:外语教学与研究出版社,2002.

[33] 周光迅,方建中,吴小英.哲学视野中的高等教育[M].青岛:中国海洋大学出版社,2006.

[34] 周予同.中国现代教育史[M].福州:福建教育出版社,2007.

[35] 周明星.中国职业教育学科发展 30 年(1979—2008)[M].上海:华东师范大学出版社,2009.

[36] 侯长林.校园文化学导论[M].北京:中国文联出版社,2000.

二、论文类

期刊类：

[1] 蔡宗模,吴朝平,杨慷慨.全球化视野下的"双一流"战略与地方院校的抉择[J].重庆高教研究,2016,4(1):24-32.

[2] 陈昌芸,侯长林.地方高校发展转型的涵义及出路:基于政策文本的分析[J].职教论坛,2016(22):72-78.

[3] 陈昌芸.对教学服务型大学服务社会的探讨[J].铜仁学院学报,2017,19(2):53-57.

[4] 陈建伟,王兴国,韩建强.全日制专业硕士研究生培养中存在的问题[J].河北联合大学学报(社会科学版),2014(2):96-99.

[5] 陈军民.基于升本愿景下高职学科建设的探讨[J].教育与职业,2014(12):21-23.

[6] 陈沛,王处辉.全日制专业硕士报考吸引力偏低的原因探析[J].教育科学,2012,28(3):54-59.

[7] 陈鹏,庞学光.大职教观视野下现代职业教育体系的构建[J].教育研究,2015,36(6):70-78.

[8] 陈锡坚.重视学科文化建设 提升大学核心竞争力[J].中国高教研究,2008(8):47-49.

[9] 陈学东.近代学科规训制度的中国本土化[J].山西师大学报(社会科学版),2004,31(2):66-72.

[10] 陈衍.地方本科院校转型:路径选择与实践创新[J].职业技术教育,2015,36(12):17-22.

[11] 陈映江,张仁陟,陈英,等.基于生态位理论的学科生态位构建及应用研究[J].高等农业教育,2012(1):46-50.

[12] 陈永芳.中职教师培养培训体系的内涵及其衔接[J].职业技术教育,2009,30(25):52-55.

[13] 程印学.新建本科院校学科建设的策略取向[J].教育研究,2009(12):91-94.

[14] 崔建华.北京高等教育的学科生态特征分析[J].北京工业大学学报(社会科学版),2009,9(6):75-80.

[15] 崔庆玲.来华留学教育的发展对策探析[J].黑龙江教育(高教研究与评估),2007(11):11-13.

[16] 丁笑炳.本土国际化:国外院校培养国际化人才的新理念[J].世界教育信息,2008(9):67-69.

[17] 董慧.校企协同创新创业人才培养体系研究[J].中国高校科技,2016(11):38-41.

[18] 董泽宇,李莉.美国康奈尔大学社会服务机制研究[J].兰州学刊,2010(5):141-143.

[19] 杜卫,陈恒.学科交叉:应用型本科院校学科建设的战略选择[J].高等工程教育研究,

2012(1):127-131.

[20] 段红红,徐权.应用型本科院校学科、专业与课程一体化模式的构建[J].黑龙江高教研究,2012(9):168-170.

[21] 韩云鹏,吴俊影.构建江西现代职业教育体系的三点思考[J].职教论坛,2013(34):56-59.

[22] 方展画.高等教育"第四职能":技术创新[J].教育研究,2000(11):19-24.

[23] 冯志敏,单佳平.地方大学特色学科的发展战略[J].中国高教研究,2010(2):53-55.

[24] 高雪春.教学服务型大学学科与专业耦合发展研究[J].铜仁学院学报,2016,18(5):47-51.

[25] 葛亚宇.对高校应用学科建设的几点思考[J].南京经济学院学报,1997(3):72-75.

[26] 耿文杰.中职教师专业发展有效途径探究[J].中国职业技术教育,2015(28):101-104.

[27] 古力文,曾俊榕.中职教师教育中教师专业能力建设及其途径[J].职业技术,2017,16(2):82-86.

[28] 顾海良."双一流"建设要坚持以学科建设为基础[J].中国高等教育,2017(19):15-16.

[29] 关晶,李进.现代职业教育体系研究的边界与维度[J].中国高教研究,2014(1):90-93.

[30] 郭桂英,姚林.关于我国高校办学定位的研究[J].江苏高教,2002(1):59-62.

[31] 郭秋平.大学办学定位的理性探讨[J].现代教育管理,2011(5):50-53.

[32] 韩延明.论我国新建本科院校走出困境科学发展的战略战术[J].中国高教研究,2011(6):59-62.

[33] 何光耀,黄家庆.论地方新建本科院校的转型发展:地方本科高校转型发展研究之二[J].广西社会科学,2014(10):207-211.

[34] 侯长林.大学本身是值得探究的:主持人语[J].铜仁学院学报,2015(6):62-64.

[35] 侯长林,罗静,叶丹.应用型大学视域下新建本科院校办学定位选择[J].教育研究,2015,36(4):61-69.

[36] 侯长林,罗静.论教学服务型大学的哲学基础[J].贵州社会科学,2017(1):113-117.

[37] 侯长林,张新婷.对教学服务型大学的理性探讨[J].铜仁学院学报,2015,17(3):52-58.

[38] 侯长林."康奈尔计划"对新型大学建设的启示[J].铜仁学院学报,2017,19(4):56-63.

[39] 侯长林.教学服务型大学是典型的新型大学[J].铜仁学院学报,2017,19(2):45-47.

[40] 侯长林.没有国际教育的大学算不上真正的大学[J].铜仁学院学报,2017,19(1):53-55.

[41] 侯长林,罗静,郑国桂.雅斯贝尔斯大学整全人教育思想探讨[J].教育探索,2016(1):17-21.

[42] 胡赤弟.论区域高等教育中学科—专业—产业链的构建[J].教育研究,2009(6):83-88.

[43] 胡春雷,肖玲.生态位理论与方法在城市研究中的应用[J].地域研究与开发,2004,23(2):13-16.

[44] 胡艳,郝国强.中职教师专业发展及其影响因素研究[J].中国职业技术教育,2014,51(19):39-46.

[45] 黄德宽.找准立足点 探索地方高校文科发展路径[J].中国高等教育,2009(8):12-14.

[46] 黄辉.法学方法论生态化的界定[J].东南学术,2005(5):159-161.

[47] 黄立晴.中职教师教学能力现状及对策研究[J].教育评论,2015(8):123-126.

[48] 黄洋,陈小虎.新建本科院校事业发展的现状与发展趋势[J].中国高教研究,2011(10):50-52.

[49] 惠转转,孟庆国.中职教师培养质量追踪调研与对策建议:基于职业技术师范院校与普遍高校比较的视角[J].职教论坛,2015(28):26-30.

[50] 姜大源.提高现代职教体系学科地位[J].职业技术教育,2013(33):23.

[51] 姜大源.现代职业教育体系构建的理性追问[J].教育研究,2011(11):70-75.

[52] 姜茂,朱德全.自由与共生:职业教育与区域经济联动发展的生态学审视[J].职教论坛,2014(10):17-20.

[53] 蒋洪池.大学学科文化的内涵探析[J].江苏高教,2007(3):26-29.

[54] 蒋茂东,胡刚,万云霞.高等教育"学与术"发展不平衡的思考:兼论高等职业教育的术科建设[J].中国职业技术教育,2008(33):17-18,24.

[55] 康翠萍.高校学科建设的三种形态及其政策建构[J].高等教育研究,2015,36(11):37-41.

[56] 孔繁敏.应用型学科专业的改革与实践探索[J].北京教育(高教版),2008(7):17-19.

[57] 孔寒冰,邹碧金,王沛民.高等学校学术结构重建的动因探析[J].清华大学教育研究,2001,22(2):78-82.

[58] 李福华.高等教育哲学基础新探:兼评布鲁贝克高等教育哲学基础观[J].华东师范大学学报(教育科学版),2003,21(4):25-33.

[59] 李进.论现代职业教育体系的治理现代化[J].中国高教研究,2014(11):19-24.

[60] 李静.新建本科院校应用型学科建设问题的理论探索[J].广西民族师范学院学报,2012,29(1):140-142.

[61] 李立国."双一流"背景下需求导向的学科专业调整优化[J].大学教育科学,2017(4):4-9.

[62] 李立国.什么是现代大学[J].中国人民大学教育学刊,2013(2):20-30.

[63] 李梦卿,安培.卓越中职教师培养的基本认知、价值追求与实施路径[J].教育发展研究,2015(17):34-39.

[64] 李庆春.树立区域意识建设特色学科:以惠州学院学科建设为例[J].惠州学院学报(社会科学版),2011,31(4):98-101.

[65] 李文英,朱鹏举.美国"康奈尔计划"的发展与影响[J].河北大学学报(哲学社会科学版),2012,37(4):22-26.

[66] 李燕铭.关于苏南建立现代职业教育制度的思考[J].职教论坛,1995(5):6-7.

[67] 李永久.新建应用型本科院校学科专业结构调整研究:以辽东学院为例[J].辽东学院学报(自然科学版),2013(4):286-290.

[68] 李运萍.中职教师应具备的技能结构及层次分析[J].职教论坛,2012(13):67-70.

[69] 林开敏,郭玉硕.生态位理论及其应用研究进展[J].福建林学院学报,2001,21(3):283-287.

[70] 刘承云.地方应用型本科院校学科建设的问题与对策[J].西南农业大学学报(社会科学版),2012(8):155-159.

[71] 刘贵华.一流大学科研条件的保障措施[J].机械工业高教研究,2002(1):93-96.

[72] 刘虎,匡瑛.职业教育集团内部共生机制的构建:生态学的视角[J].职教论坛,2010(22):9-12.

[73] 刘慧,钱志刚.学科—专业—产业链:应用型本科院校转型发展路径探索[J].高等理科教育,2015(6):17-22.

[74] 刘开淼,魏立志.关于高校生态教育的若干思考[J].教育探索,2009(2):3-4.

[75] 刘理.谈引领社会的大学职能[J].大学(学术版),2010(5):30-33.

[76] 刘培艳.学科-专业-产业链视野中的高职院校定位与发展战略[J].现代教育管理,2013(11):80-84.

[77] 刘维俭.中职教师专业发展的影响因素及提升路径[J].职教论坛,2016(12):26-29.

[78] 刘文锴.应用型本科院校办学定位分析[J].中国高等教育,2016(9):32-34.

[79] 刘献君.建设教学服务型大学:兼论高等学校分类[J].教育研究,2007(7):31-35.

[80] 刘献君.论高校学科建设中的几个问题[J].中国地质大学学报(社会科学版),2010,10(4):6-11.

[81] 刘献君.论高等学校定位[J].高等教育研究,2003,24(1):24-28.

[82] 刘振天,杨雅文.大学定位:观念的反思与秩序的重建[J].清华大学教育研究,2003,24(6):90-95.

[83] 刘志民,龚怡祖,李昌新.大学定位与农科院校的抉择[J].高等农业教育,2003(5):7-9.

[84] 柳友荣.中国"新大学":概念、延承与发展[J].教育研究,2012(1):75-80.

[85] 卢冠忠.新建应用型本科院校学科建设的思考与探索[J].中国高等教育,2007(18):51-52.

［86］陆军,宋筱平,陆叔云.关于学科、学科建设等相关概念的讨论[J].清华大学教育研究, 2004,25(6):12-15.

［87］吕秋君,车承军,叶树江,等.区域经济发展对应用型本科院校学科专业建设的导向研究[J].教育探索,2015(6):64-66.

［88］吕秋君,郭树东,路晓鸽.应用型本科院校学科专业与地方企业契合探析[J].黑龙江高教研究,2013(12):63-65.

［89］罗静.对铜仁学院"铜仁需求·国家标准"办学理念的解析[J].铜仁学院学报,2016,18(6):49-54.

［90］罗静.教学服务型大学学科生态化发展探讨[J].贵州社会科学,2015(12):115-120.

［91］罗静.打造特色学科,提升新建地方本科院校办学水平[J].铜仁学院学报,2013,15(6):122-125.

［92］罗静.对现代职业教育体系中应用学科生态位的探讨[J].铜仁学院学报,2017,19(5):55-60.

［93］罗静.教学服务型大学学科生长性考察[J].铜仁学院学报,2016,18(5):43-46.

［94］罗良针,周姗姗,张阳.省域高职院校的学科专业体系构建研究:以江西省为例[J].职教论坛,2014(12):13-16.

［95］马金虎.论高等教育生态位的重叠与矫正[J].教育评论,2010(3):3-5.

［96］马树超,范唯,郭扬.构建现代职业教育体系的若干政策思考[J].教育发展研究,2011(21):1-6.

［97］牛金成.高校办学定位研究:内涵、属性与内容[J].现代教育科学(高教研究),2012(4):18-20.

［98］欧光琳.川西地区中职教师教育科研能力的现状与对策[J].当代职业教育,2015(10):65-69.

［99］欧阳育良,戴春桃.论我国现代职业教育体系的构建[J].职业技术教育,2004,25(1):56-59.

［100］潘懋元,石慧霞.应用型人才培养的历史探源[J].江苏高教,2009(1):7-10.

［101］潘云鹤,顾建民.大学学科的发展与重构[J].高等工程教育研究,1999(3):8-12.

［102］庞青山,曾山金.大学学科制度内涵探析[J].现代大学教育,2004(4):16-20.

［103］彭干梓,夏金星.中国职业教育发展史中的三次高潮[J].职教论坛,2009(19):61-64.

［104］彭世华.高职院校的学科建设问题[J].中国职业技术教育,2004(26):41-42.

［105］沈云慈.教学服务型大学的"道"与"路"[J].高等教育研究,2014(3):40-44.

［106］司尚奇,曹振全,冯锋.研究机构和企业共生机理研究:基于共生理论与框架[J].科学学与科学技术管理,2009,30(6):15-19.

[107] 斯琴,范哲超.我国高等职业教育创业教育研究热点的可视化分析[J].中国职业技术教育,2017(4):86-90.

[108] 宋孝金,陈艳权.应用型本科学科专业结构调整的实践与思考:以三明学院为例[J].榆林学院学报,2014(1):81-84.

[109] 眭依凡.大学校长的办学定位理念与治校[J].高等教育研究,2001,22(4):49-52.

[110] 孙海峰.中职院校教师科研能力现状分析与提高对策[J].科技与企业,2016(9):185.

[111] 孙建京,吴智泉.地方大学应用型学科专业建设探讨[J].北京教育(高教版),2015(5):66-68.

[112] 孙绵涛.学科论[J].教育研究,2004,25(6):49-55.

[113] 涂宝军,王峰.新建本科院校向应用型高校的转型发展[J].江苏高教,2016(5):84-87.

[114] 万力维.学科:原指、延指、隐指[J].现代大学教育,2005(2):16-19.

[115] 王刚,赵松岭,张鹏云,等.关于生态位定义的探讨及生态位重叠计测公式改进的研究[J].生态学报,1984,4(2):119-127.

[116] 王洪,高林,杨冰.应用型大学是高等教育大众化的必然结果[J].教育与职业,2006(12):5-7.

[117] 王洪才,陈娟.促进学生就业:当代高校一项重要新职能[J].江苏高教,2010(4):77-80.

[118] 王洪才."双一流"建设的重心在学科[J].重庆高教研究,2016,4(1):7-11.

[119] 王怀宇.北京地方院校科技竞争力提升策略:从京沪地方院校科技竞争力比较谈起[J].中国高校科技,2015(1):46-49.

[120] 王建刚,石旭斋.高校学科专业建设中应处理好的几个关系[J].中国高教研究,2004(8):69-70.

[121] 王乐.高校基础学科与应用学科协调发展对策研究[J].沙洋师范高等专科学校学报,2008,9(6):72-75.

[122] 王乐.论基础学科与应用学科协调发展:兼论大学学科建设[J].襄樊职业技术学院学报,2007,6(6):40-42.

[123] 王珉.实施科教兴省战略　建立现代职业教育制度[J].职业技术教育,1995(5):10-11.

[124] 王向东.浙江省中职师资培养培训现状调查与对策建议[J].职业技术教育,2013,34(10):50-54.

[125] 王心如.论大学办学定位与发展战略[J].南京医科大学学报(社会科学版),2004,4(3):185-188,233.

[126] 王颖丽.地方性应用型本科院校学科建设的对策研究[J].辽宁行政学院学报,2011

(7):108-110.

[127] 王玉良.生态学视角下的大学学科建设刍议[J].黄冈师范学院学报,2011,31(1):140-141,144.

[128] 翁建荣.高质量推进特色小镇建设[J].浙江经济,2016(8):6-10.

[129] 邬大光.重视本科教育:一流大学成熟的标志[J].中国高教研究,2016(6):5-10.

[130] 吴全全.职业教育"双师型"教师内涵及能力结构解读[J].中国职业技术教育,2014(21):211-215.

[131] 吴伟平.高职院校学科带头人成长规律与培育机制研究[J].当代教育科学,2013(15):50-52.

[132] 吴智泉.应用型大学发展应用性学科探析[J].民办教育研究,2009(7):70-73.

[133] 肖凤翔,唐锡海.我国职业教育学科自觉的思考[J].教育研究,2013(1):113-118.

[134] 谢桂华.关于学科建设的若干问题[J].高等教育研究,2002,23(5):46-52.

[135] 徐魁鸿.国际文化交流:现代大学的第四职能[J].现代教育管理,2010(6):11-13.

[136] 徐学军,唐强荣,樊奇.中国生产性服务业与制造业种群的共生:基于Logistic生长方程的实证研究[J].管理评论,2011,23(9):152-159.

[137] 宣勇,凌健."学科"考辨[J].高等教育研究,2006(4):18-23.

[138] 宣勇,钱佩忠.知识增长与学科发展的关系探析[J].大学(研究与评价),2007(1):21-26.

[139] 宣勇.基于学科的大学管理模式选择[J].中国高教研究,2002(4):43-44.

[140] 杨红霞.高等教育哲学基础的拓展:以美国高等教育发展为例[J].清华大学教育研究,2006,27(1):96-100,117.

[141] 杨天平.学科概念的沿演与指谓[J].大学教育科学,2004(1):13-15.

[142] 杨移贻.大学存在的哲学基础:大学教育思想的深层思考[J].江苏高教,1999(1):25-29.

[143] 游明伦.新时代高职产教融合人才培养模式的变革与创新[J].铜仁学院学报,2018,20(2):57-67.

[144] 余承海,程晋宽.西方服务型大学的发展模式与展望[J].江苏高教,2009(6):147-149.

[145] 俞涛,曾令奇.学科知识的逻辑与学科范式的构建:基于职业导向的高校学科建设分析[J].职业技术教育,2014(7):21-26.

[146] 翟亚军.大学学科建设模式新解:基于世界一流大学的分析[J].学位与研究生教育,2009(3):42-47.

[147] 翟亚军,王战军.基于生态学观点的大学学科建设应然研究[J].科学学与科学技术管理,2006,27(12):111-115.

[148] 张大良.对焦需求 聚焦服务 变焦应用 把新建本科院校办成新型本科院校[J].中国大学教学,2016(11):4-9,16.

[149] 张大友,冉隆锋.地方高校教学应用型学科专业建设的培育路径研究:以长江师范学院为例[J].贵州师范学院学报,2013,29(9):74-78.

[150] 张光明,谢寿昌.生态位概念演变与展望[J].生态学杂志,1997(6):46-51.

[151] 张海峰.学术观念与高职教育学科建设[J].高等教育研究,2000,21(4):92-94.

[152] 张海涛,邹波.应用技术型本科高校学科专业一体化路径研究[J].中国成人教育,2016(17):60-63.

[153] 张洪志.道德论:高等教育哲学发展的新阶段[J].石油教育,2005(2):96-99.

[154] 张克非.试论高校应用学科建设[J].兰州大学学报(社会科学版),1996(2):97-102.

[155] 张茂林.高等教育哲学基础的辩证分析及其启示[J].黑龙江高教研究,2012,30(12):12-15.

[156] 张晓青."政行企校"合作背景下的高等职业教育学科建设问题与策略[J].教育与职业,2013(35):18-20.

[157] 张振元."现代职业教育体系"命题探析[J].职教论坛,2011(28):4-9.

[158] 张忠迪.论大学教育生态化[J].教育评论,2009(1):24-26.

[159] 赵荷花.地方本科院校转型发展的问题与对策[J].教育与职业,2015(7):24-26.

[160] 赵洪奎.职业院校校本课程开发:教师的欠缺[J].职业技术教育,2005,26(4):72-73.

[161] 赵金锋,王红岩,何艳华.应用型本科院校学科专业一体化建设的基本策略[J].职业技术教育,2012(35):17-19.

[162] 赵文平.中职教师课程实施能力现状及培养策略研究[J].广州职业教育论坛,2013(5):11-14,28.

[163] 赵雪,李蕾蕾,赵宝柱.中等职业学校教师专业知识与专业能力现状调查分析[J].职业技术教育,2013,34(10):55-59.

[164] 周光礼."双一流"建设中的学术突破:论大学学科、专业、课程一体化建设[J].教育研究,2016,37(5):72-76.

[165] 周建松.关于全面构建现代职业教育体系的思考[J].中国高教研究,2011(7):74-76.

[166] 周倩.省部共建高校办学定位中存在的问题和对策建议[J].现代教育科学(高教研究),2012(11):166-169.

[167] 周洋洋.从排名体系看大学国际化战略实施[J].高教学刊,2015(19):19-21.

[168] 朱春全.生态位态势理论与扩充假说[J].生态学报,1997,17(3):324-332.

[169] 朱振林.生态位重叠与生态位空场:生态系统视角下高等学校的错位发展[J].黑龙江高教研究,2013,13(4):31-33.

[170] 顾德建,汤勤华.江苏省部分中职校本课程开发现状研究[J].价值工程,2013,13
　　　(34):225-226.

[171] 邹晓平.高等教育中的"应用型"概念辨析[J].现代教育论丛,2015(4):2-9.

[172] 刘志扬,黄水平.改革开放以来我国高等职业教育发展历程回顾[J].课程教育研究
　　　(学法教法研究),2015(17):233-234.

[173] 侯长林.没有创新的师傅哪来创新的徒弟[J].成才之路,2014(7):9.

学位论文类:

[1] 陈利敏.种群生态视角下的学科会聚:模型构建与实证分析[D].杭州:浙江工业大
　　学,2012.

[2] 陈映江.高等学校学科生态位理论构建与应用[D].兰州:甘肃农业大学,2011.

[3] 葛少卫.高校学科生态系统及其管理研究[D].南京:南京航空航天大学,2009.

[4] 刘爽.知识溢出效应的关键影响因素:基于知识溢出接受方视角的实证研究[D].杭州:
　　浙江工商大学,2008.

[5] 刘涛.新建普通本科院校学科建设策略研究[D].济南:山东大学,2012.

[6] 罗云.论我国重点大学的学科建设[D].武汉:华中科技大学,2002.

[7] 彭熠.从学科专家到专业教师:基于NBPTS标准的美国教育硕士人才培养研究[D].长
　　沙:湖南师范大学,2014.

[8] 蒲星权.重庆高校市级重点学科生态位适宜度研究[D].重庆:重庆师范大学,2014.

[9] 王梅.基于生态原理的学科协同进化研究[D].天津:天津大学,2006.

[10] 熊磊.大学学科生态系统及其建设策略研究[D].武汉:中南民族大学,2011.

[11] 徐丽娟.高职院校学科建设研究[D].武汉:中南民族大学,2009.

[12] 薛淑娟.武汉城市圈"中-高-研"职业教育体系设计研究[D].武汉:湖北工业大学,2010.

[13] 闫智勇.现代职业教育体系建设目标研究[D].天津:天津大学,2013.

[14] 张静.现代职业教育体系构成要素研究[D].天津:天津大学,2014.

[15] 朱鹏举.美国康奈尔计划发展研究:大学服务职能的视角[D].保定:河北大学,2014.

[16] 李军.基于生态位原理的中国高等学校生态竞争研究[D].天津:天津大学,2006.

三、其他类

报纸类:

[1] 樊丽萍.建设"双一流",重在选择正确的学科发展路径[N].文汇报,2017-09-24(3).

[2] 侯长林,罗静,陈昌芸.地方院校的"双一流"机会在哪儿[N].光明日报,2017-08-15(13).

[3] 侯长林.高职教育也该充满想象力[N].光明日报,2015-10-04(07).

［4］侯长林.建设一流大学,听听雷丁斯的声音［N］.光明日报,2016-04-12(13).

［5］梁国胜.黄达人:准确理解本科应用转型的内涵［N］.中国青年报,2014-06-16(11).

［6］黄海军,李立国.如何优化我国研究生教育学科结构［N］.光明日报,2016-04-05(13).

［7］梁国胜.建设教学服务型大学应是一部分本科高校转型选择［N］.中国青年报,2016-05-30(11).

［8］刘振天.谁来给高校办学定位［N］.中国教育报,2012-10-01(5).

［9］罗静.中职学校要不要谈学科［N］.中国青年报,2017-09-11(10).

［10］宋晓梦.田长霖教授谈 21 世纪如何创新重组研究型大学［N］.光明日报,2000-01-12(B1).

［11］田巨为.探索"双一流"背景下地方高校学科建设新模式［N］.中国社会科学报,2017-9-14(08).

［12］王磊.理性看待高职示范建设:万里长征走完了第一步［N］.中国青年报,2013-05-06(T5).

［13］徐松如.李进:中国现代职业教育体系建设［N］.社会科学报,2012-08-23(04).

［14］杨振宁.对于中国科技发展的几点想法［N］.光明日报,1982-03-05(02).

［15］张舰.生活不止住在北上广深 还有特色小镇［N］.北京青年报,2017-03-23(B02).

［16］朱振国.创新创业教育要贯穿本科教学全过程［N］.光明日报,2016-05-09(06).

外文文献:

［1］ CHEN LIDONG, MA SHUYING, SHI LEI, et al.The construction of the secondary vocational teachers training system based on 'cooperation between school and enterprise'［J］.Knowledge Discovery and Data Mining,2012,AINSC 135:573-578.

［2］ DE BARY H A.Die Erscheinung der Symbiose［M］.Strasbourg:Verlag von Karl J.Trubner,1879.

［3］ KUHLMANN D O,ARDICHVILI A.Becoming an expert:developing expertise in an applied discipline［J］.European Journal of Training and Development,2015(4):262-276.

［4］ EDDY E D,MORRILL J S.Colleges for our land and time［J］.Biochemical Journal,1957(290):349-354.

［5］ GRINNELL J.Field tests of theories concerning distributional control［J］.American Naturalist,1917(51):602.

［6］ LUFT J.The challenges of being a fox-library and information science as an applied discipline［J］.BIBLIOTHEK-Forschungund Praxis,2015,39(2):132-137.

［7］ GIBBONS M,et al.The New Production of Knowledge:The Dynamics of Science and Research in Contemporary Societies［M］.London:Sage publications Ltd.,1994.

［8］BISHOP M.A History of Cornell［M］.Ithaca，New York：Cornell University Press，1962.

［9］WESTERMYER P.A History of American Higher Education［M］.Springfield，Illinois：Charles C.Thomas Publisher，1985.

［10］WESTMEYER P.An Analytical History of American Higher Education［M］.Springfield，Illinois：Charles C.Thomas Publisher，1997.

［11］CURTI M，CARSTENSEN V.The University of Wisconsin：A History，1848-1925［M］.Madison：University of Wisconsin Press，1949.

网络资料：

［1］中华人民共和国教育部.教育部关于"十三五"时期高等学校设置工作的意见［EB/OL］.（2017-02-17）［2017-09-30］.中华人民共和国教育部政府门户网站.

［2］联动［EB/OL］.（2017-06-15）［2017-09-30］.百度百科.

［3］QS世界大学排名［EB/OL］.（2017-08-23）［2017-09-30］.中国教育在线.

［4］贵州省教育厅.贵州省教育厅关于印发《贵州省高等职业教育人才培养质量提升工程实施方案》的通知.［EB/OL］.（2016-01-07）［2017-10-28］.中华人民共和国教育部政府门户网站.

［5］国务院办公厅.国务院办公厅关于深化高等学校创新创业教育改革的实施意见［EB/OL］.（2015-05-13）［2017-08-26］.中国政府网.

［6］教育部，国家发展改革委，财政部.教育部 国家发展改革委 财政部关于引导部分地方普通本科高校向应用型转变的指导意见［EB/OL］.（2015-10-23）［2017-09-30］.中华人民共和国教育部政府门户网站.

［7］中华人民共和国教育部.教育部关于加快研究型大学建设增强高等学校自主创新能力的若干意见［EB/OL］.（2017-07-18）［2017-09-28］.中华人民共和国教育部政府门户网站.

［8］刘奕湛.我国高等职业教育院校数超1 300所［EB/OL］.（2016-06-28）［2017-02-15］.新华网.

［9］习近平在北京大学师生座谈会上的讲话［EB/OL］.（2014-05-05）［2017-08-25］.中国网.

［10］俞仲文.谈"新职教"：提升新形势下职教发展质量之路［EB/OL］.（2017-08-10）［2017-10-08］.中国教育在线.

［11］张大良.发挥高等学校优势作用 更好服务经济社会发展［EB/OL］.（2017-12-18）［2018-01-03］.人民网.

［12］中华人民共和国教育部科学技术司.2019年高等学校科技统计资料汇编［EB/OL］.（2020-09-18）［2021-09-20］.中华人民共和国教育部政府门户网站.

其他未说明的文章类型：

[1] 田黎星,等.他山之石,可以攻玉:2016 年 5 月 26 日毕节考察学习总结[Z].铜仁学院校办通报,2016(5).

[2] 我们已经走在"聚"的关键点上:在专业学院进行"整合优化调整"调研时的讲话[Z].铜仁学院校办通报,2016(6).

会议论文集：

夏卉荣,尼勃斐.提高中职教师职业能力的有效措施[C]//中国职工教育和职业培训协会秘书处.中国职协 2013 年度优秀科研成果获奖论文集:下,2013.

中等职业学校教师群体的问卷调查

尊敬的老师:

您好!这是一份调查问卷,仅供学术研究之用。您的答案无对错之分,**请按照题目的要求表达自己真实的行为或想法**。您的答案对我们来说非常重要,我们会对您的答案严格保密。谢谢您的参与和支持。

一、基本情况

1. 性别:(1)男　(2)女

2. 年龄:_____

3. 职称:(1)助教　(2)讲师　(3)副教授　(4)教授

4. 教龄:_____

5. 学历:(1)大专　(2)本科　(3)研究生

6. 您目前教授的课程属于:(1)专业基础课　(2)专业应用课　(3)专业实践课

7. 您入职前是否有企业工作经验:(1)是　(2)否

8. 您是否是师范专业毕业:(1)是　(2)否

9. 您是否为该校全职教师:(1)是　(2)否

二、问卷部分

序号	请根据以下每句话与您符合的程度,在右侧相应的5个选项里打"√",每题只有一个答案,请不要多选或漏选	很不赞同	较不赞同	不确定	比较赞同	非常赞同
1	我会对教学问题和专业问题进行研究,并通过论文形式公开发表	1	2	3	4	5

续表

序号	请根据以下每句话与您符合的程度,在右侧相应的5个选项里打"√",每题只有一个答案,请不要多选或漏选	很不赞同	较不赞同	不确定	比较赞同	非常赞同
2	我的教学通常能够按计划顺利完成	1	2	3	4	5
3	我在教学设计中注重理论联系实际	1	2	3	4	5
4	我熟悉课程开发工作流程	1	2	3	4	5
5	我在教学中与学生互动良好	1	2	3	4	5
6	我会从学习过程和结果两方面对学生进行评价	1	2	3	4	5
7	我会从知识、技能和态度等不同维度对学生进行评价	1	2	3	4	5
8	我经常参加学校专业培养方案修订或课程开发工作	1	2	3	4	5
9	我不以学习成绩作为评价学生的唯一标准	1	2	3	4	5
10	我会定期到行业机构进行学习和交流	1	2	3	4	5
11	我与专业对口的行业人士建立了广泛而密切的联系	1	2	3	4	5
12	我认为科研能够对中职教育的发展起到指导和引领的作用	1	2	3	4	5
13	我认为科研能够很好地促进我的教学能力提升	1	2	3	4	5
14	我经常参加社会培训、业务咨询等社会服务	1	2	3	4	5
15	学校为我与企业联系和合作提供了多样化的渠道和平台	1	2	3	4	5
16	我会对学生学习和教学进度进行监督与调整	1	2	3	4	5
17	在教学设计中我能考虑学生的个别差异性	1	2	3	4	5
18	我经常关注和学习一些新的教学评价方法	1	2	3	4	5
19	我的专业能力在本地行业或企业中有较高的知名度	1	2	3	4	5
20	我在教学过程中充分运用了多媒体辅助手段	1	2	3	4	5
21	我认为科研能够很好地提升我的专业素养(知识、技能、解决问题的能力)	1	2	3	4	5
22	我能够运用职业教育的相关理论和方法优化教学设计	1	2	3	4	5
23	我很愿意参与研究	1	2	3	4	5
24	我有开发校本课程的强烈意愿和能力	1	2	3	4	5
25	我很清楚本专业的教学目标	1	2	3	4	5
26	我能够胜任科研工作	1	2	3	4	5

27. 您认为开展科研有必要吗？_____

    A. 不必要   B. 不太必要   C. 说不清

    D. 比较必要   E. 必要

28. 您参与科研工作的目的是_____。

    A. 评职称/评优   B. 促进自身专业发展   C. 解决教育教学问题

    D. 开阔视野   E. 应付考核   F. 为了学习评估

29. 您不愿意参与科研工作的原因(多选)_____。

    A. 不做也可以   B. 缺乏激励措施   C. 缺乏氛围

    D. 不知道怎么做   E. 工作任务重,没有精力

30. 您对当前学校开展科研工作的情况评价_____。

    A. 情况不好   B. 情况一般   C. 说不清楚

    D. 情况较好   E. 情况很好

31. 您常用的科研方法(多选)_____。

    A. 经验总结法   B. 调查法   C. 实验法

    D. 文献研究法   E. 其他方法   F. 不清楚

32. 您的论文及科研成果发表数量是_____。

    A. 0 篇   B. 1~3 篇   C. 4~6 篇   D. 7 篇以上

33. 您的论文及科研成果发表等级为_____。

    A. 市级刊物   B. 省级刊物   C. 核心期刊

    D. SCI/EI/SSCI   E. 各类增刊   F. 其他   G. 无

34. 您的论文及科研成果获奖数量是_____。

    A. 0 篇   B. 1~3 篇   C. 4~6 篇   D. 7 篇以上

35. 您的论文及科研成果获奖等级为(多选)_____。

    A. 市级三等   B. 市级二等   C. 市级一等

    D. 省级三等   E. 省级二等   F. 省级一等

    G. 全国三等   H. 全国二等   I. 全国一等

    J. 无

36. 您参加科研课题或教改项目数量为_____。

    A. 偶尔参加(参加 1 项以上)   B. 经常参加(参加 3 项以上)

    C. 没有参加

37. 您参加科研课题或教改项等级为_____。

    A. 校级   B. 市级   C. 省部级

    D. 国家级校外横向合作课题   E. 无

38. 您参编或主编教材的数量为_____。

    A. 1 部以上   B. 3 部以上   C. 没有参编或主编

39. 您认为阻碍教师专业能力提升的主要问题有哪些？应如何解决这些问题？

后记

HOUJI

杜甫的《偶题》中有一句"文章千古事,得失寸心知",大意是文章是传之千古的事业,而其中甘苦得失只有作者自己心里知道。以往我更关注前半句"文章千古事",借此告诫自己好好写文章,珍惜学术羽毛,以敬畏之心做学问。当参与《现代职业教育体系背景下应用型学科生态化发展研究》的写作、出版成书过程,我开始切身体验到"得失寸心知"的真正内涵。专著的撰写从来都不是预设好的,也不曾远离生活,它是一场基于已知求未知,真实地与生活融为一体的修行。关于"现代职业教育体系应用型学科"一系列研究成果的衍生,都立足中国职业教育的真实问题,基于已有研究成果,破而后立,真正实践了"不唯上、不唯书、只唯实"的原则,并生出了自己的见地。而在这段历程中,得到与失去、快乐与痛苦、辛苦与勤勉等,这些都唯有自己才能知晓体悟。

当然,在这一过程中,我有幸徜徉在侯长林教授和罗静教授思维跌宕的研究世界里,接受他们"沧海之气"的家国情怀和研究担当的熏陶。两位教授对学术的热爱和信仰令我深受触动。至少在我的观念世界里,著书立说真的需要很多爱,把这些事情纳入内心欢喜的一部分,才能支撑自己在学术的道路上走下去。于我来说,很幸运地遇到了两位老师,并在其言传身教下,开启了自己的漫漫学术征途。"星光不问赶路人,时光不负有心人",有时候无须追问为了什么,行动会有答案。这本书的出版就是最好的见证。人生之路、研究之路、创新之路,皆在脚下!那就在探索未知的路途中,且行且歌吧!

而此时此刻,翻开记忆的绵帛,很有必要进行一个简短的总结。《现代职业教育体系背景下应用型学科生态化发展研究》从成稿到出版,历时 2 年多。作为全国教育科学规划教育部重点项目"现代职业教育体系背景下应用型学科生态化发展研究"(DJA160284)的研究成果,本书汇集了团队成员的智慧。绪论部分由罗静带领团队成员共同撰写,第二章为侯长林、罗静和陈昌芸撰写,第三章为罗静、胡佳佳撰写,第四章为罗静、王锋和游明伦撰写,第五章为闫豪旭、陈昌芸、胡佳佳、侯长林和罗静撰写;第六章为罗静独立撰写,第七章为李博、陈昌芸撰写。首先,感谢李博、李周珊和蒋炎益多次参与书稿的资料整理、编排和校对工作,感动于心。其次,感谢铜仁市碧江区中等职业学校张应刚老师为本书调研数据采集、研究成果运用提供的鼎力支持。再次,感谢重庆大学出版社各位编辑为本书的出版付出的辛勤劳动。最后,特别感恩北京大学郭建如教授百忙之中垂阅拙作,欣然为本书作序,承蒙其指导,不胜感激!此外,本书的出版得到了贵州省区域内一流建设培育学科"教育学"(黔教科研发〔2017〕85 号)的资助。在此一并表示深深的敬意与谢意!

陈昌芸

2021 年 12 月